思想觀念的帶動者
文化現象的觀察者
本土經驗的整理者
生命故事的關懷者

Master

對於人類心理現象的描述與詮釋
有著源遠流長的古典主張，有著素簡華麗的現代議題
構築一座探究心靈活動的殿堂
我們在文字與閱讀中，找尋那奠基的源頭

佛洛伊德

（Sigmund Freud）————

著

宋文里————

選文・翻譯・評註

FREUD IS BACK II
Selected Works of Sigmund Freud

# 魔鬼學

宋文里
作品集

## 從無意識到憂鬱、自戀、死本能

{ 目次 }

# 佛洛伊德的檔案熱：科學的虛構

沈志中

國立臺灣大學外文系教授

　　宋老師在譯者導讀中指出，他認為〈十七世紀魔鬼學神經症的案例〉一文將是我們「走向精神分析的入門之鑰」，並希望能將該文置於本書的五篇選文之首[1]。但這個願望顯然在編排過程中被抑制了，僅留下書名「魔鬼學」這個醒目的不妥協標記。對此，我想借用序言的位置，讓這個充滿著譯者敏銳直覺的願望能夠繼續迴盪。

　　事實上，讀者很難不察覺到佛洛伊德這篇文章顯露出某種莫名的熱情。它原只是佛洛伊德為歷史學者提供的醫學諮詢意見，最後卻發展成一篇獨立的論文。而更令人大感意外的是，佛洛伊德甚至在文中直接將他所評論的歷史文獻稱為「個案史」（Krankengeschichte）[2]，彷彿歷史文獻所記載的人物克里斯多夫·海茲曼（Christoph Haizmann）就是躺在他診療椅上的真實病患。

　　這股熱情是因為佛洛伊德發現了這個文獻檔案就是精神分析的完美疾病史嗎？如同他在 1906 年將嚴申（Jensen）的小說

---

1　見本書第 14 頁。
2　該詞字面意義為：疾病史。參閱：《佛洛伊德全集》德文版（*G.W.*, XIII, 318）、本書第 215 頁。

《格拉蒂娃》（*Gradiva*）當成一部理想的「疾病與治療史」（Kranken und Heilungsgeschichte）[3]。但這篇魔鬼學案例是寫於1922 年的最後幾個月。換言之，是在佛洛伊德發表《自我與「它」》（*Das Ich und das Es*）並確立了「超我」的概念之後。就精神分析理論而言，該文所論及的構想都是早已經確立的概念，如閹割情結、伊底帕斯情結、父親的角色、小孩對父親的曖昧情感以及面對父親時的女性位態等，都在「小漢斯」（Kleine Hans）與「史瑞伯」（Schreber）案例中已經有過詳細的討論。顯然佛洛伊德並不需要新的「理想病例」來證實這些已經確立的觀點，更何況是藉助歷史文獻所記載的史料。

那麼，佛洛伊德的熱情算是某種文獻研究的「檔案熱」嗎？或許。但可惜的是，佛洛伊德的文獻考證卻又顯得不夠周詳，以致馬卡派恩（Ida Macalpine）與杭特（R. A. Hunter）兩位作者便質疑，即使佛洛伊德在這篇文章中的推論是對的，但不可否認的是它根據的仍是錯誤的史料。

或許，我們可以試著從兩方面去理解佛洛伊德對這份歷史檔案的熱情。

首先是精神分析的考古學理想。精神分析是一種記憶回溯的工作，若記憶能夠像考古所發掘出土的石頭一樣會說話（Saxa loquuntur!），那麼精神分析將會輕易許多。因此，佛洛伊德會期望在「兒童期神經症」（Neurosen der Kinderzeit）中直接觀察到在成人身上必須透過深入研究與重建才能觸及的現象。同樣地，在「種系發生」（phylogenesis）的構想下，佛洛伊德也認

---

3　*G.W.*, VII, p. 69.

為人類歷史中的「著魔」或「附身」現象可以澄清現代人的神經症。

　　但更重要的是佛洛伊德捍衛科學虛構的勇氣。為何文獻記載的史料可以成為精神分析的「疾病史」？這個問題應該反過來問：佛洛伊德的疾病史書寫都是基於臨床的觀察嗎？一般都認為佛洛伊德有五大精神分析病例，但嚴格而論，「小漢斯」是督導分析的案例，「史瑞伯」則是根據一部自傳的分析，真正屬於佛洛伊德臨床觀察的病例只有「朵拉」（Dora）、「鼠人」（Rattenmann）與「狼人」（Wolfsmann）。而即使這些疾病史是建立在臨床觀察上，佛洛伊德所分析的材料始終是被分析者敘述的回憶、夢與幻想等等，這些被稱為「虛構」（fictions）的內容。虛構不僅是被分析的對象，也形塑出精神分析論述的形式。正如瑟圖（Michel de Certeau）所言，佛洛伊德的論述顯示出「虛構重新返回了科學的嚴肅性」[4]。精神分析的病史書寫與所有歷史一樣，都是一種「科學行為」之下的產物。無論病例書寫的材料是來自臨床觀察，或是幻想、文學虛構等，重要的是這些病例書寫是經過一套「科學行為」——精神分析科學——重新組織後所建構出的產物。

　　這也是為何佛洛伊德一開始自己都不禁感到驚訝，他的「疾病史（Krankengeschichten）讀起來就像小說（Novellen）」[5]。然

---

**4**　參閱：瑟圖（Michel de Certeau）《在科學和虛構文學之中的歷史和精神分析》（*Histoire et psychanalyse entre science et fiction*. Paris: Gallimard, 1987, p. 113.）

**5**　參閱：佛洛伊德，《歇斯底里研究》（*Studien über Hysterie*），*G. W.*, I, p. 227.

而佛洛伊德並未因此退縮。相反地，如德希達（Derrida）所強調，正因為佛洛伊德的勇氣，精神分析才能夠帶來某種革命。只是這個勇氣並非一般所論，在於佛洛伊德提出了兒童性生活的觀點，或挑起了人類的自戀傷害，讓人知道「我」並非自己的主人，而是在於他勇於以最為實證的科學之名，寫下許多的「理論虛構」（fictions théoriques）[6]。因此，若精神分析在二十一世紀的今天仍保有其價值，正是因為它在只講求科學實證的年代，仍捍衛著一種「科學的理論虛構」。

佛洛伊德從一份記載神蹟的歷史文獻中重建出另一個疾病史，將聖母戰勝惡魔的歷史事蹟，重新轉寫成一則因現實生活的困境與喪父的憂鬱所導致的神經症病例。這正是這篇疾病史最重大的貢獻，也是它如宋老師所言，是精神分析之入門捷徑的原因。

---

[6]　德希達、胡狄內斯科（Jacques Derrida, Elisabeth Roudinesco），《明天會如何⋯⋯對談錄》（ *De quoi demain... Dialoque*. Paris: Fayard/Galilée, 2001, p. 281）

# 意義的殊途：從文字抵達語言的說話者之位

翁士恆

國立東華大學諮商與臨床心理學系助理教授

1976 年，德國美茵河畔克林根貝格小鎮（Klingenberg am Main）發生了一件驅魔的爭議事件。一位二十四歲的女孩安娜莉絲・米契（Anneliese Michel），在驅魔過程後死亡。安娜從十六歲開始就有癲癇與精神疾病的症狀，並以精神科藥物控制她的病情，但病情上上下下的一直沒有好轉。安娜的家族是虔誠的天主教徒，他們相信在安娜的心靈之中住有「惡魔」，因此向當地的主教申請驅魔的儀式。安娜停止服用精神科藥物，同時在驅魔過程中認定了住在自己身體內的六個「惡魔」，因此她停止進食，期望驅魔能一竟其功。最後安娜的體力透支、多重器官衰竭，驅魔失敗，她的生命也結束於斯。

法律的審判是一個傳統與現代知識方法的論證，精神疾病的藥物保護了安娜的身體，但是救贖的了她的靈魂嗎？而驅魔的宗教儀式雖然沒有能保住安娜的生命，但是過程與結果是出於安娜的自由意志，肉身死亡，她的靈魂難道真的沒有從病苦的禁錮中釋放嗎？這是科學心理學與宗教學的辯論，可惜對於生、死、病、苦，卻有著平行時空的巨大差異。

最後，執行驅魔儀式的兩位神父被判決有罪，但卻比檢方求

處的刑罰輕了許多。法官有了權衡雙方對話的人間審判結果。

時至今日，對於疾病與受苦的辯論還在延續，實證與人文心理學間還有著厚實的牆垣讓彼此的聲音難以穿越。在人類學家譚亞・魯爾曼（Tanya Luhrmann）的著作《兩種心靈》（*Of Two Minds*）中，更是說明了生物醫學體系與精神分析體系的「分裂」，成為面對精神疾病患者的處遇中，雖共存卻猶如平行時空的兩種典範。認識心靈的角度，兩方一直有著不同的眼光；對於好奇人類心靈的探索者，該何去何從？

李維倫[1]在談到宋文里於本土心理學的發展途徑時，提到後者從漢語所定位的「尋語」途徑之路，因為我們找不到探索心靈「自己的」語言，讓探索心靈者的「自我」可以在面對受苦對象中，「在陳顯之處找到不可陳顯之意涵」。當與受苦者面面相望，這樣的對視中有我們看到的與我們沒有看到的深刻意涵。

所以宋文里用「重讀」的方法，從譯者的主動位置找到「說」心理學的主體位置，透過重讀與再譯去逼近語言自身就會限制的意義原點。沈志中[2]引用班雅明（Walter Benjamin），認為翻譯是一種獨特的語言，它的功能是「讓作品得以在另外一個語言中延續其生命」。在理解與詮釋的不斷循環中，讀者也有了「說自己話」的主動位置。

這本重要的「重讀」譯作之中，宋文里再譯了五篇重要的佛洛伊德經典文章：〈無意識〉、〈十七世紀魔鬼學神經症的案例〉、〈哀悼與憂鬱〉、〈論自戀症：一則導論〉以及〈超越享

---

1　李維倫（2016）〈華人本土心理學的主體策略〉。《本土心理學研究》，3-78。

2　來自沈志中於宋文里《重讀佛洛伊德》的序文。

樂原則〉。這五篇文章，都是精神分析學者會不斷閱讀，深入其中以尋得靈光的幽谷之地。這幾篇文章也有著不同的漢語譯本，讓我們可以一窺其中的奧祕。而最特別的是，宋文里這次的譯作讓讀者有了「得以對話辯證的位置」。

其一，是對於心理學核心概念的漢語意涵，宋文里在譯註之處仔細地考究了如此譯之為名的原因，有些有著漢語的深層意涵，有些有其歷史脈絡。在其中可以看到譯者讓翻譯不只是提供了中文的意義，而且是從字源、從兩種語言的歧異之處提供意義追索的軌跡。其二，是評註之處，譯者更是提供了自身對於內文的理解以及詮釋，生活化的語言在此顯現，相對於文本，評註之處出現了另一個說話者的話語，共同對話並且共同追索。

沒有什麼是比這樣的譯本更理想的原典文章了。一篇文章，有著不同的抵達意義之途。讀者可以帶著咖啡，進入文本與譯註的探索，抵達屬於文章的「原初」意涵；也可以取一罐啤酒，藉評註所加持的幽默，有了「啊哈！」的理解，抬頭與譯者乾杯。能見證意義可以如此疊加、重新賦予生命的作品，真的是一大享受！

而當我也開始翻譯心理學的經典，更是深知翻譯的辛苦與心苦，當然也有著翻譯後所成就自己的價值感。看著宋文里老師，有他在前引導，我也學習到了我在翻譯這條路所擁有的多重途徑。翻「一ㄟ」，在這本書中，是翻「譯」、翻語言的殊「異」，而穿越了佛洛伊德所定步心理學的百年時空間，譯者與讀者也翻「議」著恰適其分的理解，同在而共有。

# 譯者導讀

　　這本佛洛伊德（Sigmund Freud）著作精選集，在最早的編輯計畫中曾將本書定位為一本精神分析的「入門讀物」。但更準確地說：這可能是一本「可以引導讀者深入堂奧的作品」。

　　佛洛伊德自己為「入門」這個目的，先後寫了好幾種大小不同的作品，譬如〈精神分析五講〉（1910）、〈兩篇百科全書條目〉（1923）、〈精神分析引論〉（1916-1917）、〈精神分析大綱〉（1940）等等，其中沒有包含本書所選的五篇在內。譯者的想法是：如果不是為了淺嘗即止的意思，那麼，這五篇作品，以其出版的先後而言，確實別有一番深意：

- 〈論無意識〉一文是「後設心理學」諸篇中的主要代表作；
- 〈論自戀〉一文是美國分析師寇哈特（Kohut）「自體心理學」系列作品主要軸線的根據；
- 〈哀悼與憂鬱〉一文是英國精神分析第二代「對象關係學派」（客體關係學派）的導火線；
- 〈超越享樂原則〉是佛洛伊德邁入晚期之際，具有起承轉合意味的集大成作品，曾被俄國心理學家維高斯基（Lev Vygotsky）讚譽為精神分析和唯物辯證法的接合之作；

- 至於〈十七世紀魔鬼學神經症的案例〉，[1] 那是要把精神分析拿來跟漢傳的鬼神、巫術信仰互通聲氣時，最不可忽略的作品，雖然佛洛伊德本人無此用意，但我們卻在此找到了便於走向精神分析的「入門之鑰」。

對於這五篇文選的編排，我最早建議的順序如下（雖然和最終的編排順序並不一致）：

1.〈十七世紀魔鬼學神經症的案例〉
（A Seventeenth-Century Demonological Neurosis [1922, 1923]）
2.〈論無意識〉（The Unconscious [1915]）
3.〈哀悼與憂鬱〉（Mourning and Melancholia [1915, 1917]）
4.〈論自戀症：一則導論〉（On Narcissism: An Introduction [1914]）
5.〈超越享樂原則〉（Beyond the Pleasure Principle [1919, 1920]）

依此順序，在我的心目中，最能讀出本書特色的方式，也是理解佛洛伊德學說的一種特殊方式，可概括為一套主題想法（conception），亦即選譯本書時主要的編織軸線：「魔鬼學：從無意識到憂鬱、自戀、死本能」。

其中的內在關聯，就作品出版的年代來看，是逆時性的，也就是比較像一種倒敘法——〈魔鬼學〉是進入晚期時寫的一個特別案例；〈自戀〉和〈憂鬱〉兩篇是中期在發展**後設心理學**（metapsychology）之時的作品；〈超越享樂原則〉是邁入晚期

---

1　本篇譯文在目前的佛洛伊德中文翻譯本中，是第一次出現。

作品的關鍵理論集成。這樣的讀法，等於把一篇晚期作品當作序論，然後用倒敘法來連接中期的兩篇後設心理學，展開本書理論的啟題論式（heuristics）——亦即把佛洛伊德的整套精神分析理論濃縮在自戀和憂鬱這兩個臨床課題中，然後以較長篇的〈超越享樂原則〉（死本能）來當作理論的綜合集成，最後，我們要知道佛洛伊德的「後設心理學」概念，其最精要的表現就在〈無意識〉一文，可由此看出「地誌學模型」[2]的清楚描述。

這樣一本「精選集」雖然篇幅短小，但可用一些特別的內容來凸顯佛洛伊德所處理的「神經症」（現在都改稱為「精神官能症」）問題，看看他如何表現了他的驚人創見。也就是說，在神經症中，佛洛伊德發現：憂鬱症和自戀症這兩種形式正是神經症的核心問題所在，而精神分析也必須在此發展出一套前所未有的理解方式（如力比多理論），以及使用特有的語言來進行闡述（如無意識的地誌學模型）。

在展開此一問題的討論時，佛洛伊德首要的創見，就是利用地誌學模型來說明「深層心理學」的理論結構；再用「力比多的理論語言」來呈現自我與對象之間的關係。「力比多」在拉丁文中原是指一種「羨慕、慾望」的心態，佛洛伊德特別將它轉換為一種結合著本能與精神的能量，它會以「投注」（cathexis）的動態與對象產生連結。而這種連結又可用三種不同的觀點來加以

---

2　佛洛伊德有兩套已完成的後設心理學理論模型，即「意識／前意識／無意識」的第一模型，和「超我／自我／伊底」的第二模型。本書尚未涉及第二模型，至於未完成的第三模型，就是哈伯瑪斯所謂的「實踐理論」，表現在對後設心理學開始提出說明的年代，後來集結為《技法篇》（*Papers on Technique*），可參見宋文里選譯和評註《重讀佛洛伊德》一書。

理解：地誌學，以及經濟學和動力論。首先對於無意識的概念，實際上是發展出三層結構，只不過這裡出現的「中間層」，即「前意識」，是個模稜兩可的層次，其動態的功能，若沒有本篇的說明，很多讀者都會在眼光迷離中忽略其重要性，以致在整體上用了「潛意識」這個誤名來誤解佛洛伊德的基本理論。

其次，以經濟學的觀點來看，那是就有機體而言，其力比多會以某種能量的交易與收支平衡（也就是找到對象，衡量其投注的強弱多寡）來維持自我和對象的關係，在此，財務處理的概念（如投資）反而形同一種有助於理解的類比（analogy）。在這個理論構想中，能量的投注（投資），在失去對象之後，會從對象中撤回到自我本身，這就形成了「自戀」的現象，我們因此對於「憂鬱」（喪失對象）到「自戀」（以自我為對象）的觀念，得以在這樣的理論語言中串連成一套新的理解光譜。

對於力比多的投注，佛洛伊德在〈超越享樂原則〉一文中甚至回到神經學研究的根本之處，利用原生質、胞芽的生理學來解釋神經元的活動；但在此又可看出這是另一種理論類比，因為自我屬於一套「心靈裝置」，而不只是個生理上的有機體。以生理心理學作為基點，必須再跨越一步，以地誌學和動力論來觀察心靈裝置的種種功能及作用。心靈裝置跟對象或跟自我的「連結」似乎像某種黏膠般的物質，也像日常語言所說的「如膠似漆」那種「黏法」，會跟對象（或自我）沾黏在一起，很難拉開。這樣的語言用法使得精神分析具有隱喻上的靈活性，得以一方面脫離唯心論，另方面又可大量使用經濟學的、動力論的、地誌學的類比法，而避免陷落在狹隘的唯物論之中。

以上只是簡單說明佛洛伊德所創造的「無意識」與「力比

多」概念，以及如何從中衍生出一套「理論語言」，來讓精神分析有了承載新視野的方式，而得以優遊於心靈的新空間之中——精神分析發明了這個心靈的新空間，使得精神分析能夠在心理病理學和臨床實踐上獨樹一幟，甚至讓人類文明可以對於「人的意象」獲得嶄新的想像境界。這種發明在發展一個世紀後，不但屹立不墜，甚至還會不斷與時俱進。我們也可由閱讀這種古典的原創作品而開啟了一條途徑，來跨越深層心理學的門檻，直入其堂奧。

＊　　＊　　＊

這本精選集的五篇作品之中，除了〈十七世紀魔鬼學神經症的案例〉一文之外，都已經有過一種以上的中文譯本。對於一個精神分析的學術研究者而言，我自己在先前編譯評註《重讀佛洛伊德》[3] 一書之時，主要的選譯材料是未曾出現過中文譯本的佛洛伊德著作。本書的選譯原則顯然不同於前書，除了要拓展中文的佛洛伊德原著讀物之外，關於翻譯本身的問題，我還有特別的用意，就是要跟既有的譯本做個比較。

讀者可看到本書中有一些「譯註」，用來說明幾個佛洛伊德常用的關鍵詞譯法問題。譬如出現在〈論自戀症〉一文中的這樣兩則註腳：

譯註 4：perversion 一詞在本書中不採取「性變態」、

---

**3**　宋文里（選譯／評註，2018）《重讀佛洛伊德》，台北：心靈工坊。本書已由人民東方出版社取得簡體版權，預計會在近期內出版。

「性倒錯」的譯法，而改用「性泛轉」……

譯註 51：……關於「id」譯作「伊底」而不用「本我」的譯名問題，請參見〈譯者導論〉的說明。

還有在〈憂鬱與哀悼〉一文中也有個註腳談到：

譯註 11：「對象關係」正是 object-relationship 的恰當翻譯……目前常見的譯語「客體關係」，實係刻意模仿哲學的用詞……

　　諸如此類，例子還很多。在《重讀佛洛伊德》一書中我已做過詳細的說明，即指出慣用的譯名中有好幾個不妥的譯法，並提出理由來予以更正。由於那些誤譯是出自早期譯者對於佛洛伊德理論的不解，甚至可肯定是誤解，而這樣造成的誤譯相沿成習，對於讀者已經造成嚴重的誤導，因此我在幾十年的研究生涯中，念念不忘，要把更正譯名視為精神分析學術傳承中的一件大事。

　　以下為說明之便，由《重讀佛洛伊德》一書的〈譯註者導論〉取出特製的一表，列出英文（德文）原文、中文誤譯、譯名的更正，以及更正的理由，不憚其煩地在此三令五申。

| 英文（德文） | 中文誤譯 | 更正的譯名 | 更正的理由 |
|---|---|---|---|
| Unconscious (Unbewusst) | 潛意識 | 無意識 | 「潛意識」原應是 subconscious 的譯名（又可譯為「下意識」）。此譯名與 preconscious 的譯名「前意識」在中文裡完全同音，容易引起理論講述上的淆亂，必須更正——譬如有位專家說：「我們得對**前意識**與**潛意識**之間的互動應有更進一步的瞭解」[4]——這樣的中文，在口語講述中，誰能聽懂？——「ㄑㄧㄢˊ意識」是指哪個意識？兩個「應進一步瞭解」的術語，在發音上竟然完全相同，誰還能「進一步瞭解」什麼？「Un-」在德文、英文中都是用作否定之意的字首，可譯為「不」或「無」，沒理由譯為「潛」，除了是與 subconscious 的譯名混用之外。 |
| Id (das Es) | 本我 | 「它」；伊底 | Id（德文 das Es），直譯為英文應是「the It」，字面上應譯為「它」。在人格結構中是指自我之外的我，但也是自我所不知、不及的他者。譯為「本我」就會把這種意思完全顛倒，成為一個實體化的，「本來就在那裡的自我」。此誤譯非常嚴重，同時也常跟榮格理論中的 Self 混用同一譯名「本我」，相當淆亂。改譯為「它」是第一種還原；至於改譯為「伊底」（「不知伊於胡底」）就是第二種音義兼顧的翻譯藝術了（最早用「伊底」的翻譯者是高覺敷[1933]《精神分析引論》，商務印書館。） |

4　摘自樊雪梅（2013）《佛洛伊德也會說錯話》，台北：心靈工坊，頁107。

| 英文（德文） | 中文誤譯 | 更正的譯名 | 更正的理由 |
|---|---|---|---|
| Transference (Übertragung) | 移情；轉移 | 傳移 | 這個重要的精神分析術語在中文裡有好幾種譯法。其中譯者最不建議使用的就是像「轉移」這樣漫不經心的譯法。同時，還有一種常見的譯法叫做「移情」，這也很值得商榷。因為 1930 年代的藝術心理學家朱光潛已經使用「移情」來作為「empathy (Einfühlung)」的譯名（見朱光潛 [1936/1969]《文藝心理學》台北：台灣開明）。為了尊重前輩，以及不要和美學文獻的用語相混，我們也不宜再用一模一樣的「移情」一詞來譯「transference」。因此，多年來，我在講授和寫作精神分析理論時都不採「移情」一詞來翻譯「transference」這個關鍵性的術語。另外，在《精神分析辭彙》（沈志中、王文基、陳傳興譯）一書中是把此詞譯作「傳會」，大概是依照法語的讀音加上譯者們特別的理解而作此譯法，我們可以欣賞，但也不一定要照此使用。近來，包括沈志中在內的精神分析研究者，都開始使用了另一個譯名，叫「傳移」。斟酌過後，我覺得這是至今為止最中肯的譯法，因此在本書中一律使用「傳移」。至於「counter-transference」那就順裡成章地譯為「反傳移」了。 |
| Sexual perversion | 性變態 | 性泛轉 | 「性變態」一語帶有濃厚的貶抑之意，但在佛洛伊德的著作中只是用來描述驅力誤置的一種轉向，由於其轉向沒有一定規則可循，故改譯為「性泛轉」。 |

| 英文（德文） | 中文誤譯 | 更正的譯名 | 更正的理由 |
|---|---|---|---|
| Sexual inversion | 性錯亂 | 性逆轉 | 「性錯亂」一語帶有更濃厚的貶義，變成一個不必要的汙名，在佛洛伊德的討論語境中只是配合「性泛轉」概念的另一種驅力轉向——不朝向對象，而轉回自己，故應譯為「性逆轉」。 |
| object-choice/ object-relationship | 客體選擇／客體關係 | 對象選擇／對象關係 | 「對象關係」（object-relationship）這個概念是佛洛伊德之後的第二代精神分析開展出「對象關係理論」（object relations theory）的起點。目前常見的譯語「客體關係」以及「客體選擇」，實係刻意模仿哲學的用詞，也是不明究底套用日本漢字裡的「主客關係」隱喻。德文、英文中使用的「object」，在這個語境中不一定有主客關係的含意，也就是不必要翻成「客體」。拿中文的通常用語來說，誰會把「愛的對象」說成「愛的客體」呢？讓這種語詞在我們的語言中得到適當的位置，還是譯為「對象關係／對象選擇」為佳。 |

　　至於全書的譯例（即編寫形式），說明如下：

1. 本譯稿所譯的原文出自佛洛伊德全集（即《標準版佛洛伊德心理學著作全集》[*The Standard Edition of the Complete Psychological Works of Sigmund Freud.* Tr. & Ed. James Strachey. London: Hogarth, 1964.]。）在本書中提及時一概簡稱為 *S.E.*。

2. 本譯稿的初稿是用正體字編寫，再交由果麥公司編輯轉換為簡

體字版。由於電腦文書的自動轉換常會出現差錯，因此，簡體字版的全文也再經過我的校對。

3. 本譯稿使用的分節、分段形式與標號，原則上一概與原文相同——其中不包括標點符號，因為在中文使用習慣上不可能如此。

4. 原文中，作者強調之處原用斜體字表示，在本譯稿中均改用黑體字。

5. 譯文中使用下劃線（underline）來表示一組字構成的特殊片語，其一是原文中以連字符（hyphen）連起來的短語，譬如：<u>對象力比多</u>（object-libido）、<u>自我本能</u>（ego-instinct），因為中文的標點符號中沒有連字符，常見的是以破折號來取代連字符（譬如「對象—力比多」），結果不但沒有連字之效，反而把字間距離拉遠了，因此才改用此法；其二代表我對這些字連結成短語的強調，譬如：「……他不再啟動關聯於那些對象的<u>目的獲得手段</u>。」

6. 在中文裡，帶有性別的第二人稱單數、複數，譬如「妳」、「妳們」，以及複數第三人稱，譬如「她們」，這些雖然在一般書寫中很常見，但就語法學而言，都是不必要的畫蛇添足，本書一概不予採用。但對於指物而非指人的複數第三人稱「它們」則予以保留。

7. 註腳：

(1) 佛洛伊德的原註：不用特別的記號註明；

(2) 英文標準版的譯者註：用方括號〔 〕，但只選擇對原文有補充說明的意義者，其他做為全集的交叉參照註（cross reference）則一律刪略；

(3) 本書譯者所加註者，則一概在註腳前標有「譯註」字樣。

8. 英文標準版原有的頁碼，在正體中文版中置於內文左右兩側，
　方便讀者對照。

＊　＊　＊

　　本書的編譯，最初是由上海果麥文化公司<sup>（註）</sup>的一位編輯來
向我邀稿。我們經過多次通信商議才決定簽約。這位編輯對於本
書有很多理想的期待，而我們之間的通信，其實已是相當專業層
次的討論。這在我過去長期從事的學術翻譯工作上，也是罕見的
編輯前置作業經驗。值得一提的是：我和這位編輯本不相識，但
由於她曾在台灣求學，也因此有機會透過間接介紹而找到我。在
學術交流，以及在教育傳承方面，兩岸之間或整個華語世界的合
作本是百年大計，我非常樂意在此投入心力，來完成這個工作。

　　我不喜歡用「不揣淺陋」或「才疏學淺」這類的套話來先給
自己一個下台階。但當然承認這份專業的翻譯作品中難免有思慮
不周或推敲不足之處，我除了應自負文責之外，仍望高明的讀者
能再給予賜正。

宋文里

誌於台灣新竹

2020 年秋初定稿

2022 年正體版增訂重修

---

註：大陸的簡體版已輾轉由浙江文藝於 2022 年 8 月出版，書名為《佛洛伊德論
　抑鬱》，其中未收〈無意識〉篇。

# 1

無意識

# *The Unconscious*

Unbewusst

本文譯自《佛洛伊德全集英文標準版》卷十四
(*The Standard Edition of the Complete
Psychological Works of Sigmund Freud,*
Volume XIV [1914-1916], pp 159-215)

# 譯者簡評

本文寫作時間在 1915 年四月四日～四月二十三日的三週之間。隨後分兩次刊登在《國際精神分析雜誌》（*Internationale Zeitschrift*），但本文在 1924 年以前並未分成目前版本的七個節次。這篇文章在佛洛伊德的若干「後設心理學」寫作中是最重要的一篇，在 1924 年經過修訂，且直到 1938 年還有意重新整理「無意識」的概念，那就是未完成的遺作〈精神分析的幾點基本教訓〉。佛洛伊德對於無意識概念的闡述方式無意變成一種哲學，而是由臨床實踐中觀察而來的省思——後來，這種省思本身也許會變成一套哲學方法，到了二十世紀八〇年代之後，這就引發了一股無可遏止的思潮，漸漸興風作浪、後浪前浪、愈逐愈高，有哲學海嘯之勢，無人能擋。

幾篇後設心理學作品就是「佛洛伊德理論」的代表作，而本篇又是其中的登峰造極之作。將本篇放在本書之首，是要拿無意識的理論來做為進入佛洛伊德理論的「進階導論」，也就是抬高了本書出版主旨的門檻，讓通俗作者常寫的簡介，以及教科書之類的簡易文本自動知難而退。

　　從精神分析中，我們學到壓抑（repression）過程的本質[1]，不在於把一個意念（idea[2]，它代表的是一種本能）結束或消滅，而是要防止它變成有意識。當此過程發生時，我們就會說這個意

---

**1**　譯註：精神分析「看到壓抑過程」並且看出它「不在於把一個意念結束或虛化，而是防止它變成有意識」，這樣的看法，併隨著一個前提——「idea 代表的是一種本能」——從一開頭，就使得佛洛伊德的精神分析基本命題不得不形成一種特殊的哲學。如果後來佛洛伊德說他反對哲學，或說哲學是最空洞無用的東西，那很顯然是指學院派的冬烘哲學，或如同文獻學般的哲學考據，而非這種實踐哲學——包括以一種大膽宣稱的假設來作為前提的哲學思維。

我們該知道，「idea 代表的是一種本能」這句話頗有深意：「idea」是什麼東西？「意念」嗎？「觀念」嗎？或以上兩者的呈現（或再現）嗎？其實不必在這些心理學化、哲學化的語詞上費心。這種可稱為「本能」的，就是在哲學語言尚未成形之前，人類都會曉得的一種「念想」、「念頭」，或如英語中所說的「it occurs...」——就是這麼古老、且無人不知的無意識——不必意識而其自來，千古以來無不如此。能把「這東西」揭示出來，奠定了佛洛伊德的「無意識」在人類意識之中千古不易的地位，但直到二十世紀開頭那段時日，人類才能夠把「它」說成這樣的問題：

—「idea」是什麼東西？

—「意念」是怎麼回事？

—什麼「念頭」呈現了出來？

在這樣的開頭（啟題）之後，對於無意識狀態的「描述」顯然就是邊看邊想的詮釋論述，而不只是平白的描寫：

「就算是在無意識狀態，它仍會產生效果，甚至包括一些最終會抵達意識的東西。」

「被壓抑者並不包含無意識裡的所有東西。無意識含有更廣的範圍：被壓抑者僅僅是無意識裡的一部分。」

**2**　譯註：idea，佛洛伊德用的原文是 Vorstellung，此詞在英譯本中除了譯作 idea 之外，也譯作 presentation 或 representation。要之，它就是「哲學與心理學中之古典詞彙，指稱『人們對自身所再現之物，形成行為與思維的具體內容』，以及『特別是一先前知覺之複製』。佛洛伊德將 idea 對立於情感，此二元素在心靈過程中分受了不同的命運。」（取自沈志中、王文基、陳傳興譯《精神分析辭彙》（*Language of Psychoanalysis*），譯文略作修訂。）

念處在「無意識」狀態，[3] 而我們可以拿出很好的證據來顯示：就算是在無意識狀態，它仍會產生效果，甚至包括一些最終會抵達意識的東西。所有被壓抑的東西必定會維持在無意識中；但我們打從一開始就必須講清楚：被壓抑者[4] 並不包含無意識裡的所有東西。無意識含有更廣的範圍：被壓抑者僅僅是無意識裡的一部分。

那麼，我們要如何才能抵達無意識的知識呢？當然是當它變成我們所知的意識之時，也就是在經過轉化或翻譯成為意識之後。精神分析的工作每天都在告訴我們，這樣的翻譯是可能的。為了讓這樣的事情能發生，接受分析的人必須先克服某些抗拒（resistance）──同樣的抗拒，像是先前把某些意識的材料變成壓抑的材料那樣，由意識來拒絕它。

## I.　使用「無意識」[5] 概念的理由

我們有權利假定某種心理的存在是無意識的，並將此假定用在科學工作的論辯之中，都已經過了好幾年。對此，我們可以

---

3　〔見英文版編者註，p. 165 註腳〕

4　「被壓抑的東西／被壓抑者」就是用來翻譯「the repressed」這個不限定實體的名詞。「東西／者」當如是解。

5　譯註：我們必須強調：「無意識」（the unconscious）通常是用形容詞加上定冠詞而形成的名詞。它只在不得已時才用名詞形式來稱呼，譬如下文「attributes of unconsciousness」。根本的理由就是它「無法定性」（如頁34所稱）。這種詞性的問題，在夏佛（Roy Schafer）把精神分析視為一種行動語言（action language）時，尤為強調。由於中文沒有這樣的語法區別，我們很容易在概念上對「無意識」犯了「實體化」的謬誤──這問題在談及「本我」一詞的譯法之誤（也是理解之誤）時，還會進一步解釋。

答覆說：我們對於無意識的假定既是**必要**（necessary）也是**正當**（legitimate）的，並且我們對其存在掌握有不少證據。

　　說是「必要」的理由在於：意識的素材之間有相當多的鴻溝；無論在健全的人或有病的人當中，心靈活動的發生經常只能用已預設的其他活動來解釋，然而，在其中，意識卻未負有任何證據。這包含正常人的許多口誤筆誤之類失誤（parapraxes）[6]以及做夢，以及由病患身上描述而得的所有心理症狀或頑念（obsession）在內；而同時我們日常的親身體驗也讓我們熟知那些種種在腦袋裡冒出來的念頭，而我們不知那是從何而來，並且在到達其知識的結論時，我們也不知是怎樣達到的。所有這些意識活動都停留在互不關聯與不可理解的狀態中，假若我們還堅持宣稱我們所有的心理活動必定都是透過意識體驗而得的；在另一方面，假若我們把我們所推論的無意識活動填補上去，則可證實的關聯就會顯現出來。在意義上能有所得才是最有道理的基礎，讓我們超越有限體驗的限制。此外，無意識存在的假定，其結果能使我們建構出一套成功的程序，讓我們可以由此導出有效影響意識過程的路線，這樣的成果就會給我們毋庸置疑的證明，即我們所做的假定是存在的。既然如此，我們必須守住一個立場：把一切在心中出現的事情都認定它同時為意識所知，這樣的要求乃

---

6　譯註：parapraxes（單數 parapraxis）這個字的德文原文為 Fehlleistung，是指一種無心之失，亦即當事人自己渾然不覺的失誤，譬如說溜嘴，別人卻很容易聽出來。英譯文選用 parapraxis 也是避免只用 error、mistake 的普通字眼來翻譯這種特殊的過失。中文的「說溜嘴」是能和原文意思相當的字眼，但它僅能使用在口誤——我們不能用「寫溜筆」來表示筆誤。為了能夠有個在各方面都能與這個德文和英譯文意思相當的名稱，我們有時必須發明一個新詞「溜誤」，來總稱之（在此僅供備用）。

是個無理可據的宣稱。

　　為了支持心靈狀態中有無意識的存在，我們可以進一步論道：意識在任何給定的時刻，都只包含了一小部分的內容，於是在我們所謂的意識知識中，有絕大部分在很長的時段中，都處在隱伏的狀態，也就是說，是處在心靈的無意識狀態中。當我們所有隱伏的記憶都被拿出來推敲時，那麼，還要拒絕無意識的存在就會變得完全不可理喻了。但在此處，我們碰到一個反對意見，說這些隱伏的記憶不能再叫做心靈，而是對應於身體過程的部分殘餘，才能讓所謂的心靈由此得以重新冒出來。對於這一問題，顯然有個答案，就是要反過來說，**心靈過程**毫無疑問有其殘餘物。[7]但更重要的是清楚認知此一反對意見乃是根據一條等式——事實上雖沒有表明卻已當作其公設——認為意識狀態就等於心理狀態。這條等式要嘛就是一套**丐題原則**（petitio principii），亦即將「心靈的每樣東西都必然是屬於意識的」這個命題變成一個令人質疑的問題；要不就只是一種俗見，或一套命名的常識。就後者而言，如同任何俗見一樣，毫無否證的空間可言。只不過，問題依舊留著，就是這種俗見難道真的這麼方便，我們非得接受不可？對此，我們必須給個回答：這種俗見的等式把心靈等同於意識，乃是根本毫無道理。它打斷了心靈的連續性，把我們推入一個不可解的難題中，也就是心身平行論（psycho-physical parallelism）[8]，此論只是在公開討打，因為沒有任何理由可過度強

168

---

7　譯註：「心靈過程毫無疑問有其殘餘物」——這是在強調**心靈過程**（psychical process）本身的存在，不可說成**身體過程**（somatic process）。

8　〔佛洛伊德自己似乎一度傾向於接受此論，就是在他寫失語症那本書（1891b）之時，這在文末的附錄 B 中可以看見。〕

調意識所扮演的角色，而它也會逼我們過早放棄心理學研究，且不能由其他領域來給我們提供補償。

很顯然，在任何情況下，這個問題——本是指根本不可否認的心理生活隱伏狀態是否存在，然而我們要將它理解為意識的狀態，或是身體的狀態——用這樣的提問來求解，會有陷入字面之爭的危險。所以我們不如把注意力聚焦於我們對此爭議狀態所確知的本性。至於要關切其身體特性的話，那對我們而言是完全不可企及的：沒有任何生理學概念或化學過程對此本性可提供我們任何一丁點知識。從另一方面來看，我們所確知的是那些狀態跟有意識的心理狀態之間有極多的接觸點；花了相當程度的工夫，就可將它們轉化為，或重新安置為，有意識的心理狀態，而所有能用來描述此狀態的範疇，諸如意念、目的、問題的解決等等，就都可在此應用得上。誠然，我們不得不說，這些隱伏的狀態，和有意識的狀態之間的差異，正是意識的闕如。因此我們應把它們視為心理學研究的對象，不必猶豫，就用它跟有意識的心理活動最密切的關聯來處理它。

對於隱伏的心理活動特徵依然頑抗者，可用一種情況來說明，就是這種現象從未成為精神分析以外的研究題材。任何對病理學事實無知的人，譬如會把正常人的口誤筆誤視為只是意外，或例如對老觀點早已滿足，把夢視同泡影的人，只是對於意識心理學中的許多問題無知而已，為的是讓自己得以避免對所謂無意識心理活動有認定的必要。然而，就算在精神分析之前的催眠實驗，尤其在催眠後的暗示中，早已扎實地演現了無意識心理作用模式的存在。

更有甚者，只把無意識假定為完全合法的，然而在提出此前

提之時，對於我們通常在習慣上所接受的思維模式其實仍是寸步不離的。意識讓我們只知道自己的心理狀態；對於他人也有意識，那是透過推論而然，我們是在他們可見的言行中抽取到一些類比，以便能讓他們的言行為我們所理解而已。（毫無疑問，這樣的說法在心理學上認定為更正確的是：我們不假思索，把每一個別人都以自己來構想，所以我們對自己的意識也是如此理解，而這樣的同一化乃是在理解上使用了**僅此無他**（sine qua non）的法則。這種（同一化的）推論先前就是人類用自我來延伸到其他人，到動物、植物、無機物，乃至於整個世界，並且證明甚為可用，只要這套推論和個人自我之間有完滿的相似性；然而一旦在自我和這些「他者」之間的差異擴大時，其相似性的比例就會愈縮愈小乃至不值得信賴。在今日，我們對於動物是否有意識的問題，經過批判性的檢視後，早已狐疑滿腹；我們拒絕承認植物有意識，並且把無機物中有意識存在之論視為神祕主義。即便如此，原始的同一化傾向仍然因頑抗著批評而得以屹立不搖——也就是說，當這些「他者」是我們的鄰人時——在他們之中有意識的假定其實都寄寓於推論而已，不能說我他之間共享著直接的確定性，而此推論係來自我們自己的意識。

　　精神分析所要求者，就是我們也應當把這套推論過程運用於我們自身，除此無他——這樣的處理過程，老實說，我們並非生來即具有此傾向。如果我們要這樣做，我們就得說：我在自身中所注意到的所有動作與顯現，我若不知其與我的其他精神生活有何關聯，就必須判斷為好似屬於別人的：那些東西須解釋為屬於他人的精神生活。毋寧唯是，我們的經驗顯現出我們對於如何詮釋他人，一向非常拿手（也就是說，如何將那些東西納入他們的

心理事件鏈之中），同樣的這些動作，我們會拒絕承認那是屬於我們自己的。在此有特殊的障礙顯然讓我們對自己的探索發生偏斜，也使得自己無法從中獲取真實的知識。

在這個推論過程中，每當不顧其內在的對立而運用到己身之時，卻無論如何不會導向無意識的揭露；它只會合理地導向另一個假定，亦即能夠和自己所知的意識統合的第二意識。但就在此時，某些批判就會很公允地來臨。首先，一個意識不為其擁有者所知，這和屬於別人的意識相當不同，並且其中問題重重的，就是這種意識，連最重要的特徵都盡付闕如，那就根本不值得討論了。但凡抗拒任何無意識心靈（unconscious *psychical*）的假定者，就不可能有準備來將它轉換為無意識的**意識**（unconscious *consciousness*）。其次，分析可揭示：我們所推論而得的諸隱伏心理歷程都享有高度的相互獨立性，宛若其間毫無瓜葛，也互不相識。若果如此，我們就必須有個準備，來假定在我們心中不只有第二意識，還會有第三意識、第四意識，乃至有無限多個意識狀態，全都不為我們所知，也都互不相識。第三點——這是整套討論中分量最重的一點——我們必須列入交代的事實乃是：分析探究顯現出來的這些隱伏歷程，其中有些所具有的特徵和奇異性質對我們而言相當陌生，甚至不敢相信，乃至和我們所熟知的意識完全相反。由此，我們就有了基礎，來修正我們對我們自身的推論，並可說：我們所得的並非證明有第二意識存在於我們心中，而是有某些心靈活動，我們對其存在相當缺乏意識。我們也應該有理由拒絕所謂「潛意識」（sub-consciousness）這個不當

或誤導的用詞。[9] 眾所周知的「雙重良心」（意識分裂）之論不能證明任何與我們相反的看法。我們擅長的是把那些狀態描述為心靈所分裂而成的兩組活動，並可說是同一個意識在此兩者之間輪流走動的結果。

在精神分析中，除了主張心靈過程本身就是無意識的之外，我們別無其他選擇，並且也會把透過意識而得的知覺等同於透過感官對外在世界的知覺。我們甚至希望能從比較而得到新鮮的知識。精神分析對於心靈活動中的無意識所做的假定在我們看來，一方面是原始泛靈論的進一步擴充，這就導致我們把自身全部的意識都看成它的種種拷貝形式，然而，在另一方面又像是對外在知覺修正後的延伸，正如康德所見。康德警告過我們，不可忽視的事實是：我們的知覺都受到主觀上的制約，因此不應把雖然不知但有所知覺的事物都視為等同；同樣地，精神分析也警告我們，不可把意識跟其所知覺到的無意識心靈過程這個對象視為等同。心靈的現象，正如身體的現象那般，其真實性不必然像它對我們所顯現的那樣。不過，我們該高興的是能學到，對於內在知覺的修正不像修正外在知覺那麼困難——內在對象不像外在世界中的對象那般難以知曉。

---

**9**　譯註：佛洛伊德自己在早期也用了「潛意識」（或譯「下意識」）一詞，但到了《釋夢》（*The Interprtation of Dreams*; *Die Traumdeutung* ／坊間常翻成《夢的解析》）之後，他就不再建議使用。此詞在中文被當作「無意識」的譯名，有一段不算短的歷史。說到它的不當與誤導，在中文翻譯中，莫更甚於它和「前意識」的混淆難分。此一問題在本書的譯者導論中已有所交代。

# II. 「無意識」的各種意義——地誌學的觀點

在進入下一步討論之前，讓我們先說說一個很重要但卻不易理解的事實，亦即**無意識狀態的屬性乃是我們在心靈中發現的一種模樣（feature）[10]，但我們無法給它做個充分的定性**。心靈當中包含各種不同值的活動，然而在具有無意識特性這點上，它們卻是一致的。無意識所包含的活動，一方面只是隱伏的，暫時無意識的，在其他狀態下無異於有意識的活動；而在另一方面，其過程就像受壓抑者那樣，假若一旦變成了意識，那就很可能會以特異的方式顯現，和其他的意識活動形成最不搭調的對比。要想把誤解消除，那就是從今起，如果在描述種種心靈活動時，我們都能忽略它們到底是意識或無意識的問題，只根據它們跟本能和目的的關係來歸類，或只管它們的成分，只管它們在心靈系統中歸屬於哪一階序。[11] 不過，怎麼說都是徒勞無功的，因此我們無法避免使用「意識」與「無意識」這樣曖昧的字眼，**有時是以描述的意謂，有時則以系統的意謂，**[12] 其中的後者就會意指包含了某些特殊系統，且擁有某些特性。那些由我們區分出來且不指涉有

---

10　譯註：把 feature 譯為「模樣」，甚至可說成「樣子」，而不是形狀特性，簡單說，就是因為這裡所謂的「無法定性」。我們不能把無意識實體化，有如一個有體積的容器，說那模樣是「在無意識中」，而只能說它「**處於無意識狀態**」；只能說是「當其時」而非「在其中」。

11　譯註：本能在內，目的在外。上文僅提及本能，但比較完整的是有內有外的這句。如果斷章取義，說佛洛伊德「只不過」根據本能來建立他的理論，則大謬矣。

12　譯註：描述的意謂、系統的意謂——也就是暫時只能使用這兩種意謂來談「意識／無意識」，至多把那無法定性的語詞在系統中換成符號式的寫法「Cs./Ucs.」，也就是變成 $X_1$、$X_2$ 來進行演繹推論。

意識屬性的心靈系統，我們可嘗試以特別選擇的名稱來給它取名字，用以避免混淆。只不過，我們首先應該指明，我們所區分出來的系統是奠定在何種基礎上，但這麼一來，我們應該無法避免具有意識的屬性，且可看見這基礎形成了我們所有探究的出發點。[13] 也許我們可在我們的提案中找到一些幫助，至少在書寫上，用簡寫的形式，即以「Cs.」來指意識，而以「Ucs.」來指無意識，也就是當我們使用系統意謂來談時，就用這兩個字。

對於精神分析在此的正面發現，我們若可繼續說明下去，我們就可論道：一般而言，心靈狀態都是通過兩階段來活動的，在此兩者之間會插入某種的考驗（testing）（審查 [censorship]）。[14] 在第一階段中，心靈活動是無意識的，並且屬於 **Ucs.** 系統；但若在考驗當中，被審查機制所拒，它就不許進入第二階段；那就是所謂的「受壓抑」，且必須停留在無意識中。不過，一旦它通過了這個考驗，進入第二階段且從此屬於第二個系統，我們就把他叫做 **Cs.** 系統。但是，它事實上雖屬於該系統，它跟意識的關係並非確然無疑，只不過它當然**有辦法變成意識**（這是用布洛伊爾 [Breuer] 的說法）——也就是說，現在當某些條件具足時，它會變成意識的對象，不受到任何抵抗。在考慮到這種能夠變成意識的能力時，我們也得把這個 **Cs.** 系統稱為「前意識」（preconscious）。[15] 一旦某種審查機制在前意識和意識之間也確

173

---

13　〔佛洛伊德在下文 [頁 58] 會回來重述這一點。〕

14　譯註：所謂「現實考驗」即必須通過「審查」。

15　譯註：在意識之前的意識，有如詮釋學慣用的詞彙「前理解」、「前文本」、「前敘事」，等等，在某種意義上都是屬於「前一」字之後那個名詞所包含的意思，正如預付的訂金是屬於貨款的一部分，但當然有其特殊的意義範疇：它不等於貨款，但其價值卻足以擔當「保證」的意義。

然扮演某種角色時，我們就必須更明確地區分出 **Pcs.** 和 **Cs.** 兩個系統。目前就讓我們先以此為足，即只要心存此念：**Pcs.** 系統和 **Cs.** 系統共享了同樣的特徵，以及嚴格的審查機制會在 **Ucs.** 到 **Pcs.**（或 **Cs.**）的過渡之時進行操作。[16]

由於接受了這兩個（或三個）心靈系統，精神分析就與「意識心理學」只隔一步了，且提出了新問題也獲得了新的內容。到此為止，和該心理學的差異主要是以心理歷程的**動力觀**而然；在此之外，也還該把**地誌學觀點**代入說明之中，以便指出任何一個心理活動是在哪個系統中，或在哪兩個系統之間發生的。也為了說明這個意圖，它就得出一個名稱叫做「深層心理學」（depth-psychology）。我們曾聽人說起，而它可由此再進一步，使這種說明中的觀點更為飽滿。

如果我們要認真地把心理活動的地誌學觀點帶入，就必須
174 在此刻把我們的興趣導向必然會發生的一項質疑。當一個心靈活動（我們在此暫先只限於談一個意念的本質）從 **Ucs.** 系統移調進入 **Cs.** 系統（或 **Pcs.** 系統）之中時——有如第二度的登錄（registration）——即對於我們所質疑的那個意念，它可由此而

---

16 譯註：審查功能在夢作（dream work）理論中已出現。就系統意謂而言，其實還問題重重，也就是它在系統中處於哪一階序，未曾論及。因此我們可就此提出評論，謂：即在顯夢一層，既已包含了壓抑（審查）作用在內，則顯夢中應有其隱夢的面向（隱夢1），與原夢作理論中的隱夢（隱夢2）有別，圖示如下：

**顯夢／審查機制（隱夢1）**

　　**隱夢2**

這種說法比較可能與下文出現的「前意識」互相呼應。即隱夢1乃是前意識功能介入的結果。

具有新鮮的心靈定位，而與此相隨的原初無意識登錄還會繼續存在嗎？或者我們寧可相信：移調所包含的改變乃是該意念狀態的改變，然而此改變仍包含著同樣的材料，也在同樣的地點發生？這問題看起來很費解，但如果我們是要形成心靈地誌學以及心靈深層向度的斷然理解，那就必須將此問題提出來。這確是個難題，因為它已經超過了純粹的心理學領域，並也已觸及心靈裝置與解剖學的關係。就我們最粗淺的理解，這種關係是存在的。研究已經給了我們無可置疑的證明，即心靈活動正是與腦部的功能綁在一起，而不與其他器官有如此緊密的關係。我們還要更進一步——不知道會進多少——是由於對腦的不同部位跟身體各部以及種種心理活動的特殊關係皆知道有不同的重要性。但每次嘗試要發現心理過程的定位，每次努力思索人的意念如何貯存在神經細胞中，以及各種激動作用是如何在神經纖維中巡迴的，都會完全徒勞無功。[17] 任何理論若想認定，譬如 **Cs.** 系統——即有意識心理活動——的解剖定位，宛若位在皮質層，而無意識過程則位在下皮質層，也會面臨同樣的命運。[18] 這其中有一道裂縫至今無法填滿，而心理學也未嘗將此視為它的學術任務。我們的心靈地誌學**直到目前**都跟解剖學無關；它所指涉的不是解剖上的定位，而是心靈裝置上的區帶，不論就身體而言它們會處於何種境地。

　　這麼一來，我們的工作未受拘束且盡可依其本身的要求而邁進。不過，對我們自己來說，很有用的提醒是：我們的假設雖然

175

---

**17**　〔佛洛伊德本人對於大腦各部位功能定位的問題，在他研究失語症（1891b）時即表露無遺。〕

**18**　〔佛洛伊德在早年翻譯的《論暗示作用》（*De la suggestion*）序言中，曾堅持此論。〕

站得住腳，它也只不過是一套圖示化的詳說而已。我們考慮過的兩種可能之一——也就是說，一個意念的 **Cs.** 階段總意謂著它是一種嶄新的登錄，而它的基座應在別處——這無疑仍嫌粗糙但卻也是比較方便的說法。第二個假設——就只說是狀態的**功能性**改變——在**前提**上比較可能，但也比較缺乏彈性，比較不易操作。其中的第一個，也就是地誌學假設，冒出了 **Ucs.** 和 **Cs.** 兩系統的分離，也出現的可能性是說：一個意念可以同時位在心靈裝置的兩個座落處——誠然，如果不是因為有審查機制的抑制，它通常會從一個位置進階到另一個位置，也很可能不會喪失其原先的所在位置或登錄狀態。

此一觀點乍看之下也許奇怪，但它可得到精神分析臨床觀察的支持。假若我們向一位患者溝通，說他有某些曾經受過壓抑的意念，但我們在他身上發現了。我們就算告訴他，起初也不會讓他的心理狀況發生任何改變。總之，這既不會移除他的壓抑，也不會消除其病理效應，然而我們對此事實也許應會有所期待才對——亦即這個原先無意識的意念，現在變得有意識了。沒想到，我們最初所獲得的，竟是對此受壓抑意念的全然排斥。但現在這位患者事實上對此同一個意念是有兩種不同形式，分別座落在心靈裝置的兩個不同位置上：首先，他對於此意念會在聽覺軌跡上留有意識的記憶，也就是我們向他傳達的；其次他也會有——我們當然曉得——他自身體驗的無意識記憶，以其早先的形式留下來。[19] 實際上，壓抑不會被消除，除非有意識的意念

---

19　〔對於有意識與無意識意念之區別，佛洛伊德所呈現的地誌學圖景，可參見他的「小漢斯」個案，以及較長篇幅的案例，在他的技法篇論文〈論分析治療的開始〉末段。〕

當中的阻抗已獲得克服，並且得以進入無意識的記憶軌跡當中。
只有透過後者本身變得有意識，才能得到這種成功。在粗淺的推
敲中，這看來像是在顯示意識與無意識意念是分別來自不同的登
錄，本來是同樣的內容，就地誌學而言分屬兩地而已。但稍加思
索就會發現：我們給予患者的資訊，和他那受壓抑的記憶之間的
同一性，只是表面上顯得如此。聽見某事和體驗某事，就其心理
性質而言，是相當不同的兩碼事情，就算其內容是一樣的。

　　因此在目前，我們還沒有立場可在我們所討論的兩種可能之
間做出決定。也許往後我們會碰上一些因素，打破平衡而有利於
其中之一。也許我們會發現我們的問題設定在不足的框架裡，因
而在無意識與有意識的意念之間，其差異必須以相當不同的方式
來定義才對。

<h2 style="text-align:center">III.　無意識的情感 177</h2>

　　我們把上文的討論限制在意念（idea，即觀念／念頭）之
中；現在我們就可來提個新問題，而其答案就可能傾向於照亮我
們的理論觀點。我們說過，意念可以有意識，也可為無意識的；
既然如此，難道不也有無意識的本能衝動、情緒和情感；或者，
在此例中，形成這種組合應算是沒意義？

　　事實上我的意見是：意識與無意識這兩個互相對反的論題，
對於本能而言，應是無法用得上。**本能永遠不可能成爲意識的對
象——只有代表該本能的意念才能如此。**[20]在無意識中，本能甚

---

**20**　譯註：本能不是我們所能意識得到，只能意識到代表該本能的意念。我們可

*1* 無意識 | 39

至除了意念之外就不可能由別的方式來代表。本能如果不能依附在一個意念中，或顯現為一種情感狀態，[21] 我們對它就會一無所知。當我們非得談無意識的本能衝動，或受壓抑的本能衝動時，我們所能動用的片言隻字其實都是無害的。我們只能談本能衝動的**意念再現物**（ideational representative）[22]，來說它是無意識的，因為別的東西在我們的考慮中都進不來。

我們對於無意識情感、情緒與心動的問題所期待的答案，也應該一樣容易獲得才對。一種情緒的本質當然應該為我們所知，亦即應該意識得到。因此，在談到情緒、情感及心動時，很有可能把無意識的屬性完全排除。但是，在精神分析的實踐中，我們很習慣說無意識的愛、恨、憤怒等等，且發現不可能避免使用像「無意識的罪疚意識」，[23] 或弔詭的「無意識焦慮」。在使用這些字眼時，是否就比「無意識本能」要有更多意思呢？

事實上，這兩種情況並非都站得穩穩當當。首先，很可能有一種心動或情緒衝動被感知了，但卻是誤解的。由於它本身的再現是受到壓抑的，它就會被迫連結到另一個意念，然後就被意識認定為該意念的顯現。如果我們能讓真實的連結恢復，我們就會把原初的情感衝動稱為「無意識」的。然而情感永遠不會是無意

178

---

意識到一個念頭，但仍無法知道那念頭是哪兒來的，這跟本文一開頭的說法一致。

21 譯註：前文中的「情感」是用 feelings，在此則稱 affective states。這兩者在一般意義上都可譯為「情感（狀態）」，除非有必要細分時，再依文脈做區分，譬如下文把後者譯為「心動」。

22 譯註：這個「意念再現物」也就是「意念的代表」，兩種可互通的翻譯。

23 〔德文 Schuldbewusstsein，和 Schuldgefühl 一詞通用，就是「罪疚感」的意思。〕

識的；一切會發生的只是該**意念**遭到壓抑。一般而言，使用「無意識情感」和「無意識情緒」這樣的語詞，都會指涉到它們的起伏週期，也是壓抑所生的後果，由本能衝動中的量性因素所導致。我們知道這種起伏週期有三種可能：（1）情感的整體或部分以其原樣保留；（2）轉化為質性差異的另一等量情感，多半是轉為焦慮；（3）情感受到壓制，也就是說，根本得不到發展的機會。（對這些可能性的研究，也許在夢作之中，比在神經症上，要來得容易。[24]）我們也知道，壓制情感的發展，乃是壓抑的真實目的，而如果這目的未達成，則壓抑的工作就不算完全。在每一個事例上，若壓抑成功地抑制了情感的發展，我們就會把那些情感（也就是在解除壓抑之後，我們讓它復原的情感）稱為「無意識的」。於是，不可否認的是對問題中使用的稱謂有一致性；但在比較下，無意識意念在壓抑之後會持續存在於 Ucs. 系統中，作為其實際的結構，然而在該系統中所有對應於無意識情感（的意念）乃只是潛在的起始點，不得發展的。嚴格說來，雖然在用語上沒得挑毛病，**但無意識情感並不像無意識意念那樣存在。**[25]但在 Ucs. 系統中的情感結構，有些就是能夠像其他結構一

---

**24** 〔在《釋夢》一書中，對於情感的主要討論，可參見第四章的 H 節。〕

**25** 譯註：「無意識情感」並不存在，也就是它不像「無意識意念」那樣存在。什麼叫做「存在」呢？——你可以把它稱為「無意識情感」，但在 Ucs. 系統中，它之所以必須說是「不存在」，正因為它是無意識的，或意識不到的，只能在理論上（假設中）推論它已被壓抑，且不會發展成形。它只有起點，只有根苗，但不會苗長。我們用這種隱喻來說它，並且這就成了引導我們進行臨床觀察的方法——而後我們果然常能有所見。這是一種「實踐理論」，如同哈伯瑪斯必須為佛洛伊德填補起來的「第三套理論模型」（見《知識與人類的旨趣》一書）。

至於「無意識意念」在記憶的軌跡中的現身，已經是受到投注的（記憶難道

樣，會變得有意識。其間所有的差別乃起於意念會受到投注——基本上就在記憶的軌跡上——而情感則對應於釋放的過程，其最終的顯現就只會被感知爲各種感覺。情感和心動的感覺，在我們的知識現況中，我們還沒辦法將此差異表達得更爲清楚。[26]

對我們來說，特別有興趣的乃是關於壓抑的事實已經建立起來：壓抑可以成功地抑制本能衝動，使之不能用情感來顯現。這就對我們顯示了 Cs. 系統通常能夠控制情感，也使之不能觸及運動機能（motility），因而提高了壓抑的重要性；同時此系統也防止了情感的發展，使它不能啟動肌肉活動。反過來也能說，只要 Cs. 系統能控制情感與運動機能，這個人的心理功能就可說是正常的。然而，有個不會錯的區別，就在於控制系統和兩種鄰接的釋放過程之間的關係。[27] 就算 Cs. 在控制隨意肌的運動機能時

179

---

不是一種心靈動力的表現嗎？）；反之，「無意識情感」在其顯現時則是投注的釋放，是和意識不同的過程——它不會成爲**認知**，而只會成爲**感覺**——以上的比較應該是個心理學的課題，但前文已說過：「這確是個難題，因爲它已經超過了純粹的心理學領域……這其中有一道裂縫至今無法填滿，而心理學也未嘗將此視爲它的學術任務。」

關於「兩者間混合的運作力量」，在談到「前意識」的部分就會比較清楚，正如下文會立刻接上，雖然不會因此作出涇渭分明的區別。

**26** 譯註：關於情感的問題，當然是精神分析當中的重大議題，佛洛伊德在其他著作中也一定會反覆提及，譬如英譯者指出在《自我與伊底》的第二章，以及《精神分析引論》的第二十五講，等等。值得注意的是，談到「表達得更清楚」時，至少佛洛伊德一直是使用「affects and feelings」這兩詞來說「情感」——顯然兩詞包含著兩種意思。在本譯文中有時會刻意翻成「情感和心動」，有時則只用「情感」一詞來總括兩義——最簡潔也最準確的表達，也許就該譯爲「情・感」——假若我們真能善用漢語單字詞的力量，來補強現代白話文的話。

**27** 情感本身的顯現主要是在釋放的運動（排泄／分泌以及體內器官的運動），其結果是造成主體本身的（內在）身體變化而不涉及外在世界；至於運動機能所設定的行動就會造成外在世界的改變。

是根深柢固的，通常能挺得住神經症的突襲，而只在精神病來臨時才會瓦解，但 **Cs.** 對於情感發展的控制也不是十拿九穩的。甚至在正常生活的範圍內，我們也可認出對於情感（控制）的優先性，在 **Cs.** 和 **Ucs.** 兩系統之間也有不斷的爭奪，某些範圍的影響力會相互抵銷，而**兩者間混合的運作力量也時常發生。**

**Cs.**（**Pcs.**）系統[28]，在它能觸及情感的釋出，以及觸及的行動方面，其重要性使我們得以理解替代性意念所扮演的角色如何決定疾病所採的形式。情感的發展很可能直接從 **Ucs.** 系統開始進行；在那情況下的情感總是帶有焦慮的性質，因為所有「受壓抑的」情感都是在此交換出來的。不過，本能衝動常須等到它在 **Cs.** 系統裡找到替代意念。在此之後，情感的發展才能踩在這個意識替代物上前進，而該替代物的性質也會決定該情感在質性上的特色。我們在先前已肯定的是：壓抑把它所屬的情感跟意念切割開來，然後各自分道揚鑣。就描述的意謂來說，這是不能控制的；而實際上，情感的規則就是並不這樣興起，除非它能成功地突破到 **Cs.** 系統中，找到新的再現物。

## IV. 地誌學與壓抑的動力

我們已經達到的結論是說：壓抑在本質上乃是一個能在 **Ucs.** 和 **Pcs.**（**Cs.**）系統之間的邊界上影響意念的過程，而我們現在可用一次嶄新的嘗試，來把這過程更仔細地描述一番。

---

**28**　〔這裡的「(**Pcs.**)」只出現在 1915 年的版本。〕譯註：這是指 **Pcs.** 在地誌學系統中的位置，時而屬於 **Ucs.**，時而屬於 **Cs.**，在兩者之間的邊界上，有模稜兩可的意謂。經過本文的努力推敲才確定那「之間」應屬第三系統。

那一定是指投注的**撤回**一事；但問題在於：那撤回究竟是發生在哪個系統？而撤回的投注又是屬於哪個系統？壓抑的意念仍有能力在 Ucs. 之中作動，因此它必定仍維持著它的投注，是故，撤回者必定是別有他物。讓我們拿壓抑本身（「後壓／殘壓」）的事例來談就好，看看它所影響的意念如何是前意識的，甚至實際上就是意識的。在此，壓抑只能包含從（前）意識中撤回的投注，這投注本來就屬於 Pcs. 系統。這樣的意念要不就仍屬於未曾投注，或者是接受了來自 Ucs. 的投注，或者保留著它原有的 Ucs. 投注。於是我們看見了自前意識撤回的投注，保留的無意識投注，或是由無意識投注所取代的前意識投注。更且，我們注意到，我們把以上的反思做為基礎（雖然好像不是有意如此）亦即假定了從 Ucs. 系統過渡到鄰近的系統時，不會影響到新的**登錄**（registration）[29]，而只是造成其狀態的改變，亦即只是其投注的改變而已。在此，功能性的假設很輕易擊敗了地誌學的假設。

但這種**撤回力比多的過程**實在不足以讓壓抑的另一特徵對我們而言變得容易理解。我們不清楚的是：意念留在被投注的狀態，或接受來自 Ucs. 的投注時，根據投注的性質來說，為什麼不會更新這種施力的企圖而致能穿透到 Pcs. 系統中。若果真能

---

**29** 譯註：**登錄**不只是狀態改變，而是變成性質上不同的內容。這就像上文提到的「聽覺登錄跟體驗登錄是兩碼子事」。這裡說到「投注的改變不是新的登錄」，值得注意的就是：此說和佛洛伊德反對人具有雙重良心一樣：人只有一個心靈，但其中會有狀態（功能）上的變化。整套「心靈裝置」就只是一套。功能性假設只當是另一套理論時才會成為地誌學假設的殺手。功能性假設來自動力理論模型，而地誌學假設來自結構理論模型。這兩套理論模型在佛洛伊德的理論發展上終究要成為一體的兩面。

如此，則力比多從該系統的撤回就得重複，且這樣的表現就會不斷進行下去；然而其結果就不會是壓抑了。因此，一樣的問題，就是：當我們要描述**原初**（primal）壓抑時，其機制在上述討論的前意識投注之撤回中，就不能符合我們所談的事例；因為我們在此處理的乃是無意識意念，在我們所談的情況中並未接受來自**Pcs.** 系統的投注，因此也不可能有任何投注從其中撤離。

　　因此，我們所需要的乃是另一個過程，它一方面能在第一種情況中維持壓抑（也就是在後壓的情況），並且，在第二種情況（亦即在原初壓抑中）保證它得以建立且能持續下去。這另一個過程只能在**反投注**的假定之中才能發現，**30** 它是透過 **Pcs.** 系統來保護其自身以免受到無意識意念的壓力。我們會在臨床案例中看見這種反投注如何在 **Pcs.** 系統中運作，並顯現其自身。是這樣才能代表原初壓抑〔能量〕的長久支出方式，也由此而能保證該壓抑的永久長存。反投注就是原初壓抑的唯一機制；而在壓抑本身（「後壓」）的案例中，則有 **Pcs. 投注**的額外撤回。很有可能這種投注乃是由意念的撤回而來，用在此處形成了反投注。

　　我們看到自己正在逐漸接受引導而接納了第三種觀點，用來說明心靈的現象。在動力論以及地誌學觀點之外，我們也接受了**經濟學觀點**。這是由於我們在努力跟循激動量的起伏週期，以便

181

---

**30**　譯註：反投注的來源，除了從 **Ucs.** 投注的「後壓」而來之外，還有一種來源，就是原先投注而成的無意識意念，當它成為無效的（挫敗的，被現實否定的）投注時，就會撤回到自我。在動力論之中，無效的意念不只是消失不見，而是會產生內向的動力，亦即反投注。這些說法來自假設的推論，但也是把意念和動力連結起來的唯一可能。像這樣的理論發明，雖說可在臨床觀察中顯現，但若沒有這種假設，用實踐理論恐怕怎麼推論、怎麼觀察都看不到東西。

至少能達到其總量大小的估計。

關於這整個主題，若要給個特殊的名稱，想必不會毫無道理，因為這才能讓精神分析的研究能臻至最高境界。用來描述這些心靈過程的動力論、地誌學、經濟學觀點，我提議總稱之為**後設心理學** [31] 的展現。我們也必須同時說：就目前的知識狀況而言，其中只有少數幾點是我們可以有成功可言的。

對於壓抑過程的描述，讓我們來給個後設心理學的描述，用
182　的材料是我們所熟悉的三個傳移神經症案例。我們在此可將「投注」換成「力比多」，因為，就我們所知，我們所要處裡的正是**性衝動**的問題。

我們常常忽視焦慮有其歇斯底里症的第一期過程，並且很可能真的跳過了；不過，在仔細觀察之下，還是可以清楚地區分出來。此焦慮中包括主體顯得不知道自己在害怕什麼。我們必須假定 Ucs. 當中有某種愛欲衝動正強求著要移調 [32] 進入 Pcs. 系統；但從 Ucs. 朝它而去的投注已經從衝動中抽回（有如企圖逃離），而屬於被拒斥意念的無意識力比多投注則已在焦慮的形式中釋放。

在此一過程重複的情況下（若果真應有此重複的話），其所採的第一步乃是向著焦慮這種不討好的發展來予以駕馭。已經逃開的 [Pcs.] 投注將自身黏附到一個替代的意念上，一方面這

---

**31**　〔佛洛伊德首度使用此名稱是在二十多年前，一封致弗利斯的信函（1896年 2 月 13 日，出版於 1950a，信件編號 41）。至於已出版的作品中，他只使用過一次，即《日常生活的心理病理學》，第十二章（C）。〕

**32**　譯註：「移調」確實是個音樂用語，也稱「轉調」，這裡用來比喻系統間轉移的方式，對於懂得音樂的人來說，這是一種很有幫助的理解方式。

會透過聯想而與受排拒的意念連結，在另一方面則已逃離了壓抑——因為它距離該意念很遙遠。這個替代的意念——即「透過誤置而來的替代物」——會讓仍不可抑制的焦慮得以發展並合理化。現在它扮演的角色就是 **Cs.**（**Pcs.**）[33] 系統的反投注，透過保留它來對抗 **Cs.** 中產生的壓抑意念。從另一方面來看，這個替代的意念，其作用宛如焦慮情感釋放的起點，現在既然啟動就變得更為不可抑制了。舉例來說，在臨床觀察上可見到一個小孩正遭受動物恐懼症之苦，他在兩種情況下會體驗到焦慮：首先是當他已受壓抑的愛欲衝動增強之時，其次則是當他看到他所害怕的動物時。**Cs.** 系統所延伸的支配力通常會以如下的事實來顯現其自身：在某一情況下，替代意念的作用是 **Ucs.** 系統到 **Cs.** 系統之間的通道，而在另一情況下則作為焦慮釋放的自足根源。**Cs.** 系統所拓展的支配力通常顯現其自身的方式乃是讓替代意念的這兩種激動模式益發讓位給第二種模式。這個孩子可能最終表現的行為宛若他沒有任何偏愛父親的傾向，而是相當不受父親的擺布，也好像他對動物的害怕是真實的恐懼——除了這種害怕動物有其來自無意識的本能來源，如果拿來和 **Cs.** 系統影響下的帶出的恐懼相比，會顯得相當頑固和誇張，因此也就暴露了它是從 **Ucs.** 系統延伸而來的事實——因此，在焦慮性的歇斯底里症的第二階段，來自 **Cs.** 系統的反投注就會導出替代物的形成。

　　很快地，同樣的機制就會發現嶄新的運用。正如我們所知，壓抑的過程仍未完成，而就在抑制焦慮發展（起於替代物）的這

183

---

**33**　譯註：佛洛伊德對於「Cs. (Pcs.)」這樣的寫法表示他不確定在此所說的反投注應來自哪一系統。在 1915 年版中只寫了「Cs. 系統」。

項任務中，它發現了進一步的目的。要達成此目的乃是透過替代意念的整個聯結環境受到特殊強度的投注，由此乃可顯出其對於激動的高度感性。[34] 激動在此外在結構中的任何一點，只要看看它和替代意念的連結方式，難免會激起些許焦慮的發展；這就可用來作為抑制的信號，透過 [Pcs.] 那一方的投注而形成嶄新的逃避路線，也就是焦慮的進一步發展。[35] 所怕的替代物距離愈遠，也就是愈敏感和愈警覺的反投注，才更是此機制的功能所在，因為它就是設計來疏離替代的意念，且是用來防止新來的激動。這些預警自然只能由外緣來防衛替代意念的逼近，也就是透過感知；它們從來就無法防止來自本能的激動，其逼近替代意念的所來之路乃是緣於跟壓抑意念有所連結。因此這些預警不會開始運作，除非替代物已經滿滿地取代了壓抑的再現，然而即使如此，它們也永遠無法在十足的信度下運作。每當本能的激動益增時，圍繞在替代意念四周的護牆就一定會往外挪遠一點。這整套建構，在其他類型的神經症中會以類比的方式設置成型，就是所謂的恐懼症（phobia），從替代意念的意識投注中逃離，其顯現的方式就是避開、棄絕和禁制，我們由是而認出焦慮的歇斯底里症。

184

---

**34** 譯註：回頭看上文，會比較容易連貫：「『透過誤置而來的替代物』——會讓仍不可抑制的焦慮得以發展並合理化。」（屬於焦慮發展的「第三階段」）

**35** 〔釋出各種微細的不悅（或苦），會成為一種「信號」，以防止更大的釋出，這樣的觀念早在佛洛伊德 1895 年的〈方案〉以及《釋夢》一書中出現。這種想法顯然到了《抑制、症狀與焦慮》（1926）一書中還有更進一步的發展。〕譯註：焦慮會發展成「泛焦慮症」乃是透過環境中一絲一毫、似有若無的種種「信號」而聯結成發動抑制的意念——這可視為對於「壓抑」機制的開機說明書。

在調查這整個過程時，我們可說其中的第三階段是在重複第二階段的工作，只是加大了尺度。**Cs.** 系統現在是在保護其自身以對抗替代意念的激活，所用的反投注力道來自替代意念的環境，正如先前它曾保護其自身，使受壓抑的意念不能產生時，就是用了替代意念所發出的投注。以此方式，由誤置而形成的替代物就被更進一步延續了下來。我們還需補充說：**Cs.** 系統在先前只佔了一小片區域，受壓抑的本能衝動很容易穿透它，也就是替代的意念；但最終這片無意識影響力**所包圍之處**擴展到恐懼症的整個外圍結構。更有甚者，我們可強調這個有趣的考慮，即透過整套防衛機制而如此設定的行動，就能夠把來自本能的危險投射在外了。自我在此的舉動，宛若是焦慮發展而出的危險威脅到它——這不是來自本能衝動，而是來自對外界的感知——於是它就能夠對付這外來的危險，用的是以恐懼症所表現出的迴避來試圖逃離。不過，這種對於本能要求的逃避之圖，通常是沒用的，並且，無論如何，恐懼症式的逃避，其結果總是不會令人滿意的。

我們在焦慮性歇斯底里症之中的諸多發現，對於其他兩種神經症也依然有效，因此我們可以把討論限制在它們之間的差異點上，以及反投注在其中所扮演的角色。在轉換型歇斯底里症（conversion hysteria），受壓抑意念的本能投注轉變為症狀中的神經反應（innervation）[36]。到底到什麼程度，以及在什麼狀況下，無意識意念會因這種放電的方式而被吸乾，並轉為神經反

---

**36** 譯註：「神經反應」（innervation）通常譯為「神經分布」，但主要的意思是指自律神經分布為交感神經與副交感神經，其中這兩套神經之間是否配合得當的反應。譯為「神經反應」是一種縮短譯名的譯法。

應，因而將其壓力釋放到 Cs. 系統上——這些問題，以及類似的問題，最好是保留給對於歇斯底里症的專門研究。[37] 在轉換型歇斯底里症裡，由 Cs.（Pcs.）系統 [38] 前來的反投注所扮演的角色很鮮明，並且在症狀形成中變得明顯。是由此反投注來決定本能所代表的（後者）這整套投注中，有能力將專注賦予哪一部分之上。由此而選中，來成為症狀的那部分，對於表達一**廂情願的本能衝動** [39] 目的，其滿足該條件的程度並不少於 Cs. 系統在防衛或懲罰上的努力，於是它受到過度投注，並且也由這兩方向來維持，正如在焦慮性歇斯底里症中的替代意念那樣。在此情況下，我們可毫不猶豫地結論道：由 Cs. 系統花費在壓抑上的能量不需要像症狀所投注的（能量）那麼大；因為壓抑的力道是以反投注所花費的量來權衡的，反之，症狀的支持力不僅來自反投注，也來自 Ucs. 系統所來的本能投注，亦即濃縮在此症狀之中。

　　至於頑念神經症，我們只需在先前的文章所提供的觀察上略加補充，即可說：正是在此處，來自 Cs. 系統的反投注站上前台最顯眼的位置。就在這裡，組織成為反動形成的作用，帶來的是

---

**37**　〔這很可能是指一篇已經遺失的後設心理學文章，專論轉換型歇斯底里症的。佛洛伊德已在他的《歇斯底里症研究》（*Studies on Hysteria* 1895d）一書中觸及此問題。〕

**38**　〔只在 1915 的版本中，「（Pcs.）」並未出現。〕

**39**　譯註：「一廂情願的本能衝動」（wishful instinctual impulses）是佛洛伊德常用的片語，值得說明的不是「本能衝動」，而是把 wishful 譯為「一廂情願」的用意。Wish-fulfilment 常見的譯名為「願望的實現」，但由於這種「願望」在佛洛伊德的原文中有時指 Wunsch，或指 Begierde，或 Lust，其中的「慾望」意謂甚重。只用平常的「願望」來指稱，就會顯得淡化其所指。在形容詞態中改用「一廂情願」就可讓此「願望」中包含無意識動力的特有的意思現身，譬如「自我中心，不顧現實」等等。

第一層的壓抑，後來這就成為受壓抑意念的突破點。我們也許可以在此做個大膽的假設，即正因為有反投注在此大顯身手，也因為釋放力道的闕如，壓抑的工夫在焦慮性歇斯底里症和頑念神經症上就遠不如轉換性歇斯底里症那麼成功。[40]

## V. Ucs. 系統特有的特徵

我們對於兩個心靈系統做出區別時，會在觀察其中一個系統的過程當中，顯現特別新鮮的意義，那就是 **Ucs.** 系統，其特徵不會在緊鄰其上的另一系統中出現。

**Ucs.** 的核心包含了本能的代表物在此尋求其投注力的釋放；也就是說，其中包含了種種一廂情願的衝動。這些本能的衝動會互相參照，會並肩齊步，卻互不影響，也豁免於相互矛盾。當兩個一廂情願的衝動看起來有不相容的目的，卻可同時併存，兩者不會互相減弱，也不會互相抵銷，反倒是能夠合併成為一個跨界的目的，一個妥協。

在此系統中沒有否定式，沒有懷疑，其確定也沒有程度之別：所有這些都可由 **Ucs.** 和 **Pcs.** 之間的審查機制作出來。否定乃是壓抑的一種較高層級的替代物。[41] 在 **Ucs.** 之中只有內容，以不同的力道受到投注而已。

受投注的強度〔在 **Ucs.** 中〕極有彈性。透過誤置的過程，

---

40 本節的此一論題由作者在《抑制、症狀與焦慮》（*Inhibitions, Symptoms and Anxiety* 1926d）一書中做了重新考慮。

41 譯註：關於「否定」作用的進一步討論，見同名的一篇文章，亦可參閱宋文里譯的該文，見《重讀佛洛伊德》，台北：心靈工坊，頁 124-131。

*1* 無意識 | 51

一個意念可向另一意念用盡投注的全額而徹底輸誠；透過**濃縮**的過程則可挪用好幾個意念的全部投注。我曾經建議把這兩個過程視為所謂**初級心靈歷程**（primary psychical process）的顯著指標。至於在 **Pcs.** 系統中，佔據支配地位的則是**次級歷程**（secondary process）[42]。當一個初級歷程獲得允准能與屬於 **Pcs.** 系統的因子相聯而開啟其行程時，它總會顯得很「喜劇」並引人發笑。[43]

**Ucs.** 系統的歷程是**無時間性**（timeless）；也就是說，它們不根據時間的秩序，不會因為時間通過而發生改變；它們根本沒有時間指涉。時間指涉會冒出來，再說一遍，只會是 **Cs.** 系統之作。[44]

**Ucs.** 的歷程也一樣對於**現實**毫不在意。它們所遵循的是享樂原則；它們的命運所賴者，唯其仰賴於樂／苦調控的強度，及

---

**42**　〔試比較《釋夢》一書第七章的討論，其根據乃是由布洛伊爾在《歇斯底里研究》（*Studies on Hysteria*, Breuer and Freud 1895）一書中所發展的觀念。〕

**43**　〔佛洛伊德在《釋夢》一書中曾經用過非常相似的字眼來表達這個觀念。〕

**44**　〔只在 1915 年的版本中，此處寫成「Pcs.」——提及無意識的「無時間性」，乃四散在佛洛伊德作品當中。最早的或許是 1897 年手稿中的這麼一句話，他在其中宣稱：「不顧及時間的此一特徵，無疑是前意識與無意識的活動之間最根本的區別。」另可在〈歇斯底里的病源學〉（'The Aetiology of Hysteria' 1896c）一文見到其暗示。這觀點曾間接引用到《釋夢》一書，但在有出版的著作中明白提及的，是在《日常生活的心理病理學》（*The Psychopathology of Everyday Life* 1901b）一書的一則註腳，在接近末尾的一段。另有一次閃身而過的引用，是在〈論自戀症〉的一則註腳中。佛洛伊德在他的晚期著作中不止一次回到此一問題上：尤其在《超越享樂原則》（1920g）以及《精神分析新論》（1933a）的第 31 講。對此主題的討論發生在 1911 年 11 月 8 日維也納精神分析學會的研討會上，其後發行的會刊只有佛洛伊德在該會上所講的簡短摘要。〕

　｜　魔鬼學：從無意識到憂鬱、自戀、死本能

其是否能實現該原則的要求而定。

要而言之，**無視互相矛盾、初級歷程（投注的動能）、無時間性、以及用心靈現實來替換外部現實**──這些就是可期待在屬於 Ucs. 系統的歷程中發現的特徵。[45]

無意識歷程在我們會變得可以認知，其條件只有在做夢，或在神經症中──換言之，即當一個更高層級的歷程，Pcs. 系統，掉落到較早期的階段，也就是變得低級（透過退行作用 [regression]）之時。就其本身而言，它是不可認知的，說真的甚至承不住其自身的存在；因為 Ucs. 系統在其早一刻已被 Pcs. 所覆蓋，並且是透過後者的系統而及於意識和行為運動。從 Ucs. 系統釋出之力到達身體是透過神經分布的反應而引發情感的發展；但就連這條釋放的通路，如我們所見，都受到 Pcs. 的挑戰。就其自身而言，Ucs. 系統在正常的條件下不能夠引發任何一條肌肉舉動，除非那些早已內建為反射弧者。

以上所描述的 Ucs. 系統諸特徵，其完整的意義只當能拿來對比於 Pcs. 系統時，才能完全鑑識出來。但這麼一來就會讓我們岔題太遠，因此我提議我們應該暫時踩個煞車，不要逕自跳入兩者的比較，直到我們在討論到關聯較高層次的系統之時。我們在目前這個階段只要提及最為緊要的幾點就好。

Pcs. 系統的種種歷程顯示出──不論是已經有意識的，或只

---

[45] 在不同脈絡下，我們保留的是還可提及 Ucs. 的另一項值得注意的特權〔在 1917 年 6 月 5 日，佛洛伊德給葛羅岱克（Groddeck）的信中寫道：「在我的論 Ucs. 一文中，你提到你會找到一條不顯眼的註腳：『我們在不同脈絡下，保留的是還可提及 Ucs. 的另一項值得注意的特權。』我願意向你透露，這條註腳指的是：我主張 Ucs. 對於身體歷程可發揮的塑型之力，遠大於意識行動之所能。」〕

是有可能變得有意識——其抑制的傾向乃是從投注的意念朝釋放而去。當歷程是從一個意念傳到另一意念時，前一意念會保留其部分投注，只有其中的一小部分會遭到誤置。誤置與濃縮，正如發生在初級歷程者，都不會包含在內，或會相當受限。這樣的情況使得布洛伊爾認定人的心靈生活中存在兩種不同狀態的投注能量：其中之一的精神振奮功能被**綁住**，而另一個則可自由活動並能流向釋放之途。我的看法是：這種區分是截至目前為止我們對於神經能量的本質所能獲得的最深刻見解，而我看不出我們怎能避免如此。在這一點上，一套後設心理學的呈現就會緊迫地要求我們在此做出進一步的討論，雖然這有可能是一場太大膽的事業。

毋寧唯是，它會轉進到 **Pcs.** 系統來使得不同的意念內容之間有可能溝通，以致達成兩者之間的相互影響，好比能給出時間秩序，[46] 以及建立審查機制或好幾套審查機制；還有「現實考驗」，更及於現實原則（reality principle），都收入它的轄區。更且，意識的記憶似乎完全仰賴著 **Pcs.**。[47] 這裡必須跟固著在 **Ucs.** 體驗中的記憶痕跡做出清楚的區分，也許還對應著一套特殊的登錄方式，就像我們先前所提議的（後來被拒絕了），用來說明意識與無意識意念之間的關係。在這種關聯中，我們也應該發現達到目的的手段，以免我們繼續搖擺，特別是就這高一級系統的命名問題——先前我們常常不加分別，時而稱為 **Pcs.**，時而稱為 **Cs.**。

---

**46** 〔關於 **Pcs.** 對此機制的影響，有個暗示出現在佛洛伊德的文章〈神祕的書寫板〉（'Mystic Writing-Pad' 1925a）〕

**47** 〔在 1915 年的版本中，此處寫的是「Cs.」〕

我們在此提出警告，也不是場合不宜，就是不要過於倉促地把我們關於兩個系統間種種心靈功能剛投下一線光明的區分作成概括之論。我們所描述的是就其發生在成年人類的事態，在其中，Ucs. 系統的運作，嚴格說來，只是其較高級組織的前置階段。至於該系統在個體發展上有什麼內容，以及在動物身上又有什麼意義──這好些要點是沒辦法從我們的結論中推演出來的：必須另做獨立的探討。[48]更且，在人類之中，我們必須準備好可能的病理學條件，在其中，此兩系統都會改變，或甚至會交換其內容和特徵。[49]

## VI.　兩系統之間的溝通

　　然而當整個心靈的工作都由 Pcs. 表現時，把 Ucs. 想像為停歇不動的，那就錯了──Ucs. 的終點好像是個植物性的器官，也就是發展過程的殘存物。同樣錯誤的是假定兩系統之間的溝

---

48　〔佛洛伊德對於動物的後設心理學，只出現過很少的評註，其中一條可在《精神分析大綱》（1940）第一章的末尾處發現。〕

49　譯註：本文中實質上已經顯示的是 **Cs./Pcs./Ucs.** 三個系統，何以佛洛伊德在此說成「兩系統」？回頭看看，應可發現，**Pcs.** 是個不確定的系統，它經常以「**Cs.(Pcs.)**」或「**Pcs.(Cs)**」的形式出現，而在上一節倒數第二段，佛洛伊德不也自承：「在這種（系統間的）關聯中，我們也應該發現達到目的的手段，以免我們繼續搖擺，特別是就這高一級系統的命名問題──先前我們常常不加分別，時而稱為 **Pcs.**，時而稱為 **Cs.**」。要之，本文是在闡釋 **Ucs.** 系統，因此，它跟「高一級系統的關係」，雖然包含著「**Ucs./Pcs.**」「**Ucs./Cs.**」的兩種可能，但就是以 **Ucs.** 為中心，展開它和較高級系統的溝通。這個「較高級」仍然籠統包含著「**Cs./Pcs.**」兩者。我們實際上無法計較兩者中，哪一個才是「較高一級」？這經常是以功能函數的關係才能確定的，譬如替代物的出現（呈現／再現），就會決定那是 **Pcs.** 或是 **Cs.**。

通只限於壓抑的動作上，也就是由 **Pcs.** 把一切看似擾人的東西都丟進 **Ucs.** 的深淵裡。相反地，**Ucs.** 不但是活生生的，也有能力發展以及維持它與 **Pcs.** 的關係，其中包含合作。簡言之，我們必須說，**Ucs.** 持續活躍在我們所知的衍生物（derivatives）當中，且也可被生命的印象所觸及，而它經常對 **Pcs.** 施加影響，甚至還以它本身的身分，接受來自 **Pcs.** 的影響。

要研究 **Ucs.** 的衍生物，會完全導致我們的期待落空，也就是清清楚楚做出兩個心靈系統的區分模式。這無疑會使我們對於研究結果不滿，且可能拿來懷疑我們這套區分辦法的價值何在。我們對此的回答是：無論如何，我們除了將觀察所得的結果翻譯為理論之外，別無其他目的，然而我們不否認有義務在達成一套能夠自圓其說的理論時，首要的企圖就是要求其簡單性。我們要為複雜理論做辯護，只要我們發現它是合於觀察的結果，而我們不會放棄我們的期望，就是到了理論終結之境，那些對於事態的發現，會有其複雜的理解，但其本身的簡單，足以說明整個現實的複雜性。

在 **Ucs.** 本能衝動的衍生物當中，也就是我們已經描述過的那類，有些會自行聯合其相反的特徵。但從另一方面來說，它們也具有高度的組織，不受自我矛盾的影響，還會用盡辦法來利用取自 **Cs.** 系統的一切，使我們的判斷無從區辨其形成竟是來自該系統。再換一方面來說，它們畢竟是無意識的，並且不能夠變成有意識。就其**質性**而言（qualitatively），它們屬於 **Pcs.** 系統，但在**事實**上（factually）則屬於 **Ucs.**。[50] 它們的起源就決定了它們

---

**50** 譯註：**質性**上（qualitatively）／**事實**上（factually）的區別：前者是指系統

的命運。我們可以用混血的人種 [51] 來做比較，譬如某人，怎麼看都像白人，但就是在某個重要特徵上掩蓋不了他的有色人種血緣，於是他就被排除於該社會之外，無法享有白人的特權。屬於這樣的本質者，有如一般人以及神經症患者的幻想，我們在其中可辨認出有如做夢和症狀的初期形成階段，縱然帶有高度的組織，卻仍停留在壓抑之下，因此無法變得有意識。它們已經靠近意識邊緣，但仍不受干擾，只要沒受到強烈的投注，不過一旦投注高到一定程度之上，它們就會反彈出來。替代物的形成也是這種高度組織的 **Ucs.** 衍生物；但這些會成功地闖入意識之中，只要情況有利的話——譬如，假若它們剛好加入來自 **Pcs.** 的反投注兵團。

在別處，當我們得以仔細檢視「變成有意識」的先決條件時，我們當能發現這節骨眼中出現的難題自有其解。在此，看起來是個好主意，假若我們看事情是從相對於先前的取徑，即從意識的角度，而不是從 **Ucs.** 往上望。對於意識而言，整套心靈歷程的總和呈現其自身的方式就是個**前意識域**（the realm of the preconscious） [52]。這個前意識起源於無意識，具有其衍生物的特性，並且在變成有意識之前，對審查機制唯命是從。這個 **Pcs.** 的另一部分有能力避開任何審查而變為意識。我們這就碰上了跟

---

的意謂，後者是指描述的意謂。

**51** 譯註：「人種」在當代語言中已經是個被聯合國認定的廢詞，因為人類只有「一種」。但這裡舉的例子，就描述的意謂而言，在佛洛伊德的時代，還是屬於常用的常識說法——正如我們到今天還用「混血」這樣的字眼，相當不自覺其為廢詞（——因為人類當中沒有不「混血」的。）

**52** 譯註：這個「前意識域（the realm of the preconscious）」必須予以特別標註——什麼樣臨床觀察會能夠看見此域？——如果不是通過佛洛伊德之眼？

先前假定的矛盾。在討論壓抑這個論題時，我們必須把審查機制放入，因為那是在 Ucs. 和 Pcs. 兩系統之間變成有意識的決定性條件。現在很有可能的是在 Pcs. 和 Cs. 之間也有審查機制。[53] 然而我們更該站穩來，不必把這種複雜性看成難題，而只當認定，在一個系統轉渡到緊鄰其上的另一個系統時（也就是，每一次躍上心靈組織的高一個階段時）就必定會對上一種新的審查。我們可以把這註記為：讓另一個「必須不斷做出新登錄」的假定作廢。[54]

所有這些難題的理由可發現之處在「成為有意識」的情況屬性中，而那是心靈歷程可以直接向我們呈現的唯一特性，但絕不適於作為系統間區分的標準。意識並非經常是有意識的，而是時而隱伏的，除此之外，在觀察中也可見的是：有許多和 Pcs. 系統共享的特性並未變成有意識；而 Pcs. 的注意所及會被轉往某些特定的方向。[55] 因此，意識和不同系統或跟壓抑並不站在簡單

---

**53** 〔這一點曾被佛洛伊德提起，在《釋夢》第七章。下文會有更多篇幅的討論。〕

**54** 譯註：免除「不斷做出新登錄」的假定，就是免除了記憶必須重複登錄的問題。我們對一次體驗的記憶再現如果「必須不斷重新登錄」，那就會不斷受到新的審查，也就無所謂（真實）記憶再現。這說法與晚年佛洛伊德在〈分析中的重建〉一文可能會產生混淆。但「重建」是屬於分析師的一種詮釋方法，而非分析人對記憶的再登錄。要之，記憶的再現可以經常改變——他可以一變再變，但「人的良心只有一個」，這是理論上不能違背的原則。

**55** 〔字面上寫的是：「我們額外獲知的是『變成有意識』乃受限於其注意力的特定方向。」這個「其」字幾乎一定是指向 Pcs.。如果我們手上有一篇已經佚失的文章（論意識）的話，以上這個相當曖昧的句子也許會變得更清楚些。這樣的裂隙特別令人費解，正如在討論「注意」的功能時，佛洛伊德在他後來的著作中看來也一樣沒提供多少可參考的東西。但在《釋夢》當中提到跟這議題有關的兩三段文字：「在〔前意識〕中發生的激動歷程可以進入意識而不受阻，設若某些條件得以滿足的話：譬如……有一種功能，只

的相關位置上。真相乃是：不只是心靈上的受壓抑者會跟意識疏離，而是有些能支配自我的衝動也會如此——因此，有些東西，會跟受壓抑者之間形成形式上最強烈的功能性反論。我們愈是想從後設心理學當中尋求心靈生活的凱旋大道，我們就愈應該學會讓我們自己從「有意識」這個症狀中解放出來。**56**

只要我們依然執著這樣的信仰，我們就會看見自己的概括理解總是被各種例外衝破。一方面我們發現 **Ucs.** 的衍生物變成有意識，如同替代物或症狀之形成——相較於無意識，在經歷極大的扭曲之後，雖還常維持著許多會招來壓抑的特徵，通常確是這樣。在另一方面，我們也發現許多前意識的形成停留在無意識中，雖然我們本來期待，就其本質而言，它們更該變成有意識的才對。也許在後者的狀況下，比較強大的 **Ucs.** 吸引力正在肯定

---

能描述為『注意』者，得以特殊的方式分布」（1900a, *S.E.*, 5, 541）。「變得有意識乃關聯於某一特殊心靈功能的運用，是即注意。」（1900, *S.E.*, 5, 593）。「**Pcs.** 系統不只是擋在通往意識的路上，它也……可指揮動態投注能量的分布，其中有我們所熟知的一部分，其形式就是注意」（1900a, *S.E.*, 5, 615）。相對於在其晚期作品中對此議題中斷引述，佛洛伊德在 1895 年的〈科學方案〉（'Project'）一文對於注意的處理花了相當長的篇幅，且認為那是心靈裝置中主要的能量之一（Freud 1950a, especially Section 1 of Part III）。他在那裡（正如他在〈心智功能的的兩種原則〉['The Two Principles of Mental Functioning' 1911b] 當中將它關聯到「現實考驗」的功能上。）

**56** 〔本段中討論的複雜內容會在佛洛伊德的《自我與伊底》（1923b）第一章末段加強討論，然後在下一章他就展示了一張新的心靈結構圖示，而該圖實在太簡化了他對此議題的整套描述。〕譯註：佛洛伊德所有的「圖示學」（grammatology）都有「太簡化」的問題，譬如無法避免用平面圖來表示三向度或多向度的結構關係。我們必須避免在教科書上引用這種圖示，然後也避免用「太簡化」的解說來誤導讀者。關於圖示的問題，可參閱宋文里（2018）《重讀佛洛伊德》的〈譯註者導論〉。另，「解放的知識」，如同哈伯瑪斯所提倡者，宗旨在此。

它自己。我們被引向更重要的區分，不在於意識與前意識之間，而在於前意識與無意識之間。**Ucs.** 透過審查機制被推回到 **Pcs.** 的邊境，但 **Ucs.** 的衍生物可以繞過此一審查，完成高度的組織並在 **Pcs.** 中達到一定強度的投注。只不過，此一強度定會被超過，而迫使它們進入意識中，當此之時，它們被認出是 **Ucs.** 的衍生物，並且在新的邊境，即在 **Pcs.** 與 **Cs.** 之間，受到嶄新的審查。於是這些審查中的第一種就針對 **Ucs.** 而施行，其第二種則針對 **Pcs.** 的衍生物。你也許會因此而假定，在個人的發展路程上，審查機制乃往前邁進了一步。

在精神分析的處遇中，第二種審查機制的存在，位於 **Pcs.** 與 **Cs.** 兩系統之間的，早已得證無疑。我們會要求患者形成多種 **Ucs.** 的衍生物，我們讓他發誓克服來自前意識形成的審查機制所反對成為意識之事，而通過推**翻此**一審查，我們打開了一條通路，以便能就此廢除**較早**完成的那種壓抑。對此，我們得補充一下——存在於 **Pcs.** 與 **Cs.** 之間的審查教我們學會的是：要變成有意識，就不只是感知的事情，而很可能也是由於**過度投注**（hypercathexis），亦即在心靈組織上的更進一步。

讓我們再回到 **Ucs.** 與其他系統之間的溝通問題上，這比較不在於建立什麼新點子，而毋寧是避免略過了最重要的要點所在。在本能活動的最根本之處，各系統之間有非常廣泛的溝通。這些過程當中有一定比率是穿過 **Ucs.** 的激動而傳出，有如透過預備階段，而抵達 **Cs.** 之中最高的心靈發展；另一比率則流存為 **Ucs.**。但這 **Ucs.** 也仍受到源自外部感知而來的體驗所影響。在正常情況下，所有從感知到 **Ucs.** 的通路都維持著開放，而只有從 **Ucs.** 引起的路子會受到壓抑的阻擋。

非常值得注意的一件事，就是一個人的 **Ucs.** 可以不必通過 **Cs.** 而跟另一個人的 **Ucs.** 起反應。這值得作仔細的探究，尤其是帶著一個觀點，即想要發現前意識活動所扮演的角色是否可以排除；但是，就描述的意謂而言，這事實是無可爭辯的。

　　**Pcs.**（或 **Cs.**）系統的內容有一部分源自本能生活（透過 **Ucs.** 的媒介），另一部分則來自感知。會令人起疑的是此一系統的種種過程到底在多大程度上能夠直接對 **Ucs.** 施加影響；在病理個案上的檢查經常顯現 **Ucs.** 令人難以置信的獨立性，以及缺乏感受性。此兩系統的關係，作為疾病的特徵時，最重要的條件乃是其間變得趨勢紛繁，甚至完全割離。然而，精神分析的治療乃基於能從 **Cs.** 出發對 **Ucs.** 做出影響，並且無論如何可顯現出，這雖是勞苦的工作，但並非不可能。**Ucs.** 的衍生物，作為兩系統之間的中介項，打開了一條途徑，使之得以達成，這是我們已經說過的。但我們可以很保險地認定：要想從 **Cs.** 啟航，而致能引起 **Ucs.** 自發的改變，乃是一條坎坷難行之路。

　　在前意識與無意識衝動之間的合作，就算後者受到強烈的壓抑，仍可能出現，設若在某一種情況中，無意識衝動可用類同於支配性趨勢的方式行動的話。在此事例中，壓抑已被移除，而壓抑的行動在此獲得承認，屬於自我所追求的一種增強。無意識變成與**自我調諧**（ego-syntonic）[57]，在此特殊的關節上，壓抑不需在此之外發生任何改變。在這種合作中，來自 **Ucs.** 的影響明確無誤：得到增強的趨勢顯示出其自身跟正常的樣子全然不同；它們

195

---

**57**　譯註：「調諧（-syntonic）」用的是音樂的隱喻。至少是指無意識跟自我有如和聲般的諧和關係。

讓特別完美的功能變得可能，同時它們會以對立之貌顯現為阻抗，互相很相似，好比像是頑念神經症所出現的症狀。

Ucs. 的內容可以比擬為內心世界中的原住民。如果在人類之中仍留有遺傳的心理功能存在——某種可類比為動物本能[58]的東西——這些就構成了 Ucs. 的核心。後來會加上兒童期發展中所遺棄無用之物；這些東西在本質上不必然與遺傳物不同。在兩系統之間截然有別的內容，在原則上，不等到青春期不會發生。

# VII. 對無意識的評量

我們在上文中所整合的討論也許已經說盡了我們對於 Ucs. 所能說的一切，只要我們所用的材料僅包含我們對於夢中生活（dream-life）以及傳移神經症的知識。這些當然還不夠多，並且在某些要點上還給人曖昧和混淆的印象；更且也沒能提供可以和 Ucs. 互相參照，或把 Ucs. 包含在內的已知脈絡。只有透過分析一種我們稱為自戀症的精神神經症才能有保證，可為我們提供些理解的方式，讓謎樣的 Ucs. 更有可能被我們捉摸得到。

自從亞伯拉罕的一篇作品（1908）出版以來——那位本著良心工作的作者聲稱是受到我的慫恿——我們就一直嘗試把我們對克雷普林（Kraepelin）的「早發性癡呆症」（布魯勒 [Bleuler] 的「精神分裂症」）所指涉者定位在自我及其對象之間的反題關係上。在傳移神經症（焦慮性歇斯底里，轉換型歇斯底里以及頑

---

**58** 〔佛洛伊德在此用的原文是「Instinkt」而非常用的「Trieb」——關於遺傳在心理形成上的問題，佛洛伊德在《精神分析引論》（第 23 講）以及「狼人」個案中有所討論。〕

念神經症）之中，沒什麼東西可以對此反題給予特別突出之處。誠然，我們知道，對於對象的挫敗會帶來神經症的爆發，而這種神經症中包含著對真實對象的棄絕；我們也知道從對象中撤回的力比多首先會回歸到幻想的對象，然後就到了受壓抑的對象（即內向的結果）。但在這些失調中的對象投注通常都在高能量狀態中維持，若對其壓抑的過程做仔細檢查，就一定會使我們認定對象投注會在 Ucs. 系統中持續，縱然是當著壓抑之面——或竟是其後果。誠然，傳移的能力，我們會將其中的情感取為治療之用，也就預設了其中必有無損的對象投注。

另一方面，在精神分裂的個案中，我們被導向的假定是：在壓抑過程之後，撤回的力比多並未尋求新的對象，而是撤退到自我之中；也就是說，這裡的對象投注被放棄，而一種原始的無對象自戀狀況被重建起來。[59] 這些患者沒有能力進行傳移（只要其病理歷程還在擴展），他們接下來無法被治療的努力所觸及、他們對於外部世界特有的排斥方式、他們的自我出現過度投注的徵象，其最終結果是完全的冷漠——所有這些臨床上的模樣很合於我們的假設，即他們已放棄了他們的對象投注。至於其兩套心靈系統相互之間的關係，令所有的觀察者都吃驚的事實乃是：在精神分裂中，有很大一部分會表現為有意識，然而在傳移神經症中則只能透過精神分析才能顯示在 Ucs. 中的呈現。但打從頭說起，我們就無法在自我對象關係之間與種種意識之間建立起任何易懂的關係。

我們在尋求的，似乎只能以下述意料之外的方式讓它自身出

---

**59** 譯註：「原始的……重建」是指退行到發展的幼稚期。

現。在精神分裂症患者中，我們觀察到——尤其在初始階段，非常令人開眼界——有好幾種言說上的變化，其中有些很值得以特別的觀點來看待。患者常對於表達自己的方式有著不尋常的在意，使得話語變得像「踩高蹺般」地「耍寶」。他的語句建構遭到怪異的瓦解，這樣的語無倫次使得他講的話在我們聽來了無意義。有些涉及身體器官或神經的反應，也常在這些內容中展現。在此我們可以補充的事實是：這些精神分裂的症狀縱可比擬於歇斯底里症或頑念神經症的替代形成物，然而替代物和壓抑材料之間的關係正可讓我們對於這兩種神經症所顯現的怪異性感到吃驚。

維也納的陶斯克醫師（Dr. Victor Tausk）曾在我的指導下發表了關於一位女性病患在精神分裂初期階段的一些觀察，其中特別有價值的在於患者自己胸有成竹地解釋了她自己講的話。[60] 我將取用他的兩個案例來說明我想再推進的觀點，而我毫不懷疑，每個觀察者都可以很容易地生產出很多這類材料。

陶斯克的患者，一個女孩，在跟她的愛人吵了一架後被帶到診所來，她抱怨說**她的眼睛不對了，被弄歪了**。對此，她說了成串歸咎她愛人的話，用的是很連貫的語句。「她完全不瞭解他，他每次看起來都不一樣；他是個偽君子，是個歪眼的，[61] 是他把她的眼弄歪了；既然她有歪眼，這眼睛就已經不是她的了；現在

198

---

60 〔關於此一患者的文章，後來由陶斯克（1919）自己發表了。〕譯註：英譯者在此只是輕描淡寫，其實陶斯克自己已有不少著作，但還要聽佛洛伊德的「指導」，這是一段頗有蹊蹺的關係。1919 年是陶斯克最後的出版，之後他自殺身亡。在佛洛伊德筆下讓人覺得陶斯克好像只是他的助理，或不特別有才華的學生。這不算題外話，值得參閱一些相關資料。

61 〔德文「歪眼的」（Augenverdreher）形象語詞，意義就是「騙子」〕

她看世界用的是不同的眼睛。」

這位患者的評論看似難懂卻頗有分析的價值，因為她的話中包含著相當於一般而言可以理解的形式。這同時對於精神分裂話語形成的意義與起源投下了一線光明。我同意陶斯克在此例中所強調的一點，即患者跟身體器官（眼睛）的關係已經霸佔了再現本身〔即她的思想〕的全部內容。在此的精神分裂話語展現了一種慮病症式的特質：已經變成了一套「器官言說」（'organ-speech'）。

跟同一位患者的第二次交談如下：「她站在教堂中。突然她感到一陣震顫；她必須**改變她的位置，好像有人把她放到一個位置，她好像被放到某一個位置上。**」

接著透過一串對她愛人的新鮮責罵，來了一段對此的分析。「他很普通，他把她也弄成很普通，雖然她本來是很精緻的。他把她弄得很像他自己，讓她認為他比她優秀；現在她變得像他了，因為若是像他，她就會認為自己比較好。**他對他的位置給出了一個虛假的印象；現在她恰恰是像他**」（透過認同作用[identification]），「**他把她放到了一個虛假的位置上**」。

物理上的運動「改變她的位置」，陶斯克的備註描出了這幾個字「把她放在虛假的位置上」以及她對愛人的認同。我會要人再次注意這事實：整串思想的支配者在內容上即是身體的神經反應（或毋寧說，其感覺）。毋寧唯是，一個歇斯底里的女性，在第一例中，事實上以抽搐來弄歪她的眼睛，到了第二例，則已經弄出了**實際上的震顫**，不只是有個衝動想做這些，或有感覺要這麼做；而在這兩例中都不伴隨有意識的思想，在事後也沒表達出任何這類思想。

199

於是，這兩個觀察之所辯，有利於我們所謂慮病症式的言說或「器官言說」。但在我們看來更重要的，是它們也還另有所指，這類東西的例子不勝枚舉（譬如，在布魯勒所蒐集的個案專刊 [1911]），也或許可以化約成一條確定的公式。在精神分裂中，語詞所依隨的歷程跟隱伏的夢思做出夢象來，是一樣的——也就是我們所稱的初級心靈歷程。它們遭到濃縮，且透過誤置而將投注在它們的整體中互相轉移。這個歷程可讓單一的字詞，在特殊而合宜的諸多聯結條件下轉得很遠，以致能取代整串思維。布魯勒、榮格以及他們的學生提供了為數不少的材料，特別可用來支持這個主張。[62]

在我們從這些印象中做出結論前，讓我們來進一步推敲兩者間替代物形成的區別：一方面是精神分裂症，另方面則是歇斯底里和頑念神經症——很微妙的區別，然而就會製造出奇異的印象。一位目前在我觀察中的患者讓他自己抽離生活中所有的興趣，他說是因為臉部皮膚的情況很糟。他宣稱他的臉上有很多粉刺和很深的小洞，人人都會注意到。分析所顯示的是他正在他的皮膚上演現出他的閹割情結。起初他毫無悔意地處理這些粉刺；且他很滿意地把它們擠掉，因為，如他所言，這麼做可以把一些東西排除。後來他想到：每次擠掉粉刺就會出現深孔，他因而兇狠地責備自己在毀壞皮膚，說是「一直用手在瞎搞」。把粉刺裡的東西擠出來，顯然對他而言就是手淫的替代物。在他的過失之後出現的洞洞乃是女性的陰器，也就是閹割威脅的後果（或是代

200

---

**62** 夢作之中也偶爾會把字詞當作事物來處理，於是能創造出非常近似於「精神分裂式的」話語或新語症（neologism）。

表該威脅的幻想），是由於他的手淫而引起的。這種替代物的形
成，不管他已有的慮病症性格，相當類似於歇斯底里的轉換；然
而我們也覺得其間一定有些差異 [63]，因而像這種替代物的形成不
能歸因於歇斯底里症，就算在我們能說出此差異中包含了哪些東
西之前。一個小小的凹洞，譬如皮膚上的毛孔，不太可能被歇斯
底里患者用作陰穴的象徵，但他卻可將其他每一個凹下的空間拿
來跟任何他能想像的東西相比。此外，我們（對於精神分裂）定
會料到的是，這些變化萬千的小凹洞怎能不讓他用來當作女陰的
替代物。同樣的事情也可運用在陶斯克在幾年前向維也納精神分
析學社提出的報告上所描述的一個年輕個案上。這位患者的行為
在其他方面正巧像是頑念神經症的受苦者；他會花好幾個鐘頭來
洗澡、更衣，等等。不過，值得注意的是，他能夠不帶任何阻抗
地說出他的抑制有何意義。譬如在穿襪子之時，他會很受一個意
念的干擾，就是他要把任何縫合之處的縫線扯掉，而對他來說，
每一個凹洞都是女性陰器裂口的象徵。這又是一件不能歸因於頑
念神經症之事。萊特勒（Reitler）觀察過屬於後者的一位病患，
他也一樣受困於要花很多時間才能穿上襪子；這個人，在克服他
的阻抗之後，好似找到一個解釋，可說他的腳所象徵的是陽具，
把腳伸進襪子裡就代表了手淫的舉動，而他必須反反覆覆穿上又
脫下襪子，部分是在完成手淫的圖像，部分又是在解除此舉。

---

[63] 譯註：佛洛伊德想表達的要點是：精神分裂症（思覺失調症）和神經症（精
神官能症）之間必有差異——即令只是很微妙的區別。討論至終，雖然可發
現許多相似性，他仍會說：「可見在精神分裂症和傳移神經症之間……有互
相歪斜的關係。」——更具本質性的差異必須指出，那就是下文所說的「語
詞與事物」（word and thing）孰輕孰重的問題。

如果我們自問：給了精神分裂的替代物形成和症狀帶來怪異特色的，到底是什麼？我們最終會明白的，就是跟語詞有關的部分以優勢的姿態蓋過跟事物有關的部分。就像當時發生的事例中，在擠粉刺和陽具射精之間只有非常稀薄的相似性，更不要說許多數不清的淺淺毛孔和陰穴之間有多少相似性；但是，在前者的兩項中都有「擠出」，而後者在不雅的俗話中早有「洞就是洞」[64] 這樣的用字表達。支配著替代作用的，並非所指的事態之間有何相似性，而毋寧是表達的用字之間有相同性。這兩者——語詞和事物——之間有碰不上頭的地方，可見在精神分裂症和傳移神經症之間也有互相歪斜的關係。

　　如果我們現在把這些發現拿來跟「精神分裂已放棄了對象投注」的假設並列，我們就必得補上一段，把假設修正為：對象的**語詞**呈現仍保留其投注。我們在可允許的範圍內所謂的「對象的有意識呈現」[65]，現在就會分裂為**語詞**的呈現及**事物**的呈現；後者包含了投注，如果不是事物直接的記憶意象，至少是從此導引到這些的記憶軌跡中。我們現在似乎立刻明白了，在意識與無意識呈現之間有什麼差別。兩者並非如我們原先的假設，是同樣內容在不同區位的不同登錄，也非同一區位不同功能狀態的投注；而

---

**64** 譯註：更寫實的俚俗用字，應該是「屎就是屎」。

**65** 譯註：英譯者提供了「有意識呈現」的原文是 Vorstellung——我們先前已說明：由於英文沒有與此對等的字，在翻譯中只好分別以「意念」、「呈現」、「再現」等三種形式現身。現在還需補充說明的是：德文有兩字結合為一字的造字法，因而出現 Wortvorstellung 和 Sachvorstellung，就是把 Wort（語詞）和 Sache（事）分別與「vorstellung」結合。後來佛洛伊德改用 Dingvorstellung 來取代 Sachvorstellung，也就是在此看見的 word-presentation 和 thing-presentation。由於英文無法區分 Sache（事）和 Ding（物），只能譯為 thing-presentation，算是省掉了一段曲折。

是有意識的呈現中包含了事物的呈現加上其中所屬的語詞呈現，同時的無意識呈現乃只有事物呈現而已。**Ucs.** 系統包含了對象的事物投注，亦即首先也是真實的對象投注；**Pcs.** 系統是透過對應於此的語詞呈現之連結，經由過度投注的事物呈現而來。我們可以假設，這樣的過度投注會帶來較高級的心靈組織，並使得初級歷程可能由 **Pcs.** 系統中佔優勢的次級歷程來接手。然後，我們也站穩了位置，可以準確地說，在傳移神經症中被壓抑所否認的，亦即被拒絕的呈現是什麼：原應黏附在對象上的東西，被拒絕呈現的乃是將它翻譯為語詞。但凡有個呈現不能表之為語詞，或是一個心靈的動作不能受到過度投注，就會從此在 **Ucs.** 之中停留在壓抑的狀態。

我應該指出，我在早期已經縈繞滿心的見解，到了今天成了我們得以瞭解精神分裂的最驚人特色之一。在《釋夢》一書的最後幾頁裡，那是 1900 年的出版品，其中發展出一個關於思維歷程的觀點，就是，那些投注之舉，若是相對地離感知較遠，**其本身是無性質且為無意識的，**[66] 它們之能獲得能量來轉變為有意識，其唯一途徑乃是連結上語詞感知的殘餘。但是，語詞呈現本身也是來自感官知覺，和事物呈現沒什麼不同；因此該提的問題也許是：對象的呈現為什麼不能以其本身的感知殘餘作為媒介，使之變為有意識？不過，也許系統中的思維歷程距離原初的感知

---

[66] 譯註：這個早期關於無意識的見解，除了出現在 1900 年的《釋夢》之外，更早的《科學方案》（1895）中也已經有其蛛絲馬跡。佛洛伊德說它是「無性質」（without quality），這意思應該就是本文開頭處所說的「不存在」——對於意識而言——因此它也就「不具有可描述的性質」。後來，通過理論、假設和觀察，所形成的論據，才足以說明它的種種特色。

殘餘太過遙遠，以致不再能留住那些殘餘的任何性質，並且，為了要成為有意識，也必須由新性質來給予增強。更且，由於已連結上語詞，其投注中已經被供應了性質，雖然這些性質只代表了對象呈現之間的**關係**，因此沒有任何性質是從感知衍生而來的。這樣的關係，只能透過語詞才變得可以理解，並就此形成我們的思維歷程。我們這就可看見，連結到語詞呈現並不即等於有意識，而只是讓它有可能如此；因此這是屬於 **Pcs.** 系統，也僅屬於該系統的特色。不過，經此討論之後，我們顯然已經離開了我們的正題，並發現我們鑽進了前意識與意識的問題，我們有理由將此留待分別處理。

至於精神分裂症，我們在此觸及一下，好像只是為了對 **Ucs.** 的整體瞭解不可或缺，但我們必定會懷疑這裡所謂的壓抑，是否和傳移神經症中發生的壓抑是同一回事。壓抑的公式，即它是發生於 **Ucs.** 與 **Pcs.**（或 **Cs.**）兩系統之間，而其結果是要讓某種東西遠離意識，這個公式到此必須作個修正，以便它能夠包含早發性癡呆症及其他自戀型的情感。但自我既試圖逃離，它本身正是以意識投注的撤回來表現，因而無論如何〔在兩類神經症之間〕是在維持著相同的因素。只要做一點淺淺的反思就可看出這種逃離的意圖，這種自我的逃離，在自戀型的神經症中起了多徹底、多深刻的作用。

假若在精神分裂症中，這種逃離包含著本能的投注，而其起點代表了對象的**無意識**呈現，這可能看起來很奇怪，〔為什麼〕此一對象的呈現，本屬於 **Pcs.** 系統的——也就是與此對應的語詞呈現——會相反地受到更強烈的投注。我們似乎寧可期待此語詞呈現，既是前意識的一部分，應能承受壓抑的首波衝擊，並在

壓抑已遠抵無意識的事物呈現之後，將會成為完全不可投注。這
真是非常的費解。結果就會變成這樣：語詞呈現的投注不屬於壓
抑動作的一部分，而是代表了康復或治癒的第一次嘗試，這幅臨
床景象相當顯著地支配著精神分裂症。這些努力乃導向於重獲已 204
失去的對象，很可能為了達成此目的，它們開啟的路徑指向對
象，途經其中的語文部分，但卻發現自己已被責成，要以語詞為
足，而不是與事物共事。這已成為一般的真理，亦即我們的心理
活動總是往兩個相反的方向前進：**要麼從本能開始，通過 Ucs.
系統而抵達意識成為思維活動；要不就從外部的鼓動開始，通過
Cs. 和 Pcs. 系統，直到 Ucs. 朝向自我和朝向對象的投注。**[67] 這第
二條途徑，即使壓抑已經發生，仍有可能橫穿而過，並且它還在
某程度上開放，讓神經症的努力得以重新取回其對象。當我們只
用抽象的方式來思考時，其中有個危險就是我們可能會忽略語詞
與無意識的事物呈現（thing-presentations）之間的關係，**而我也
必須自承：在我們的哲學化表達和內容中，竟爾開始習得一種不
受歡迎的、類近於精神分裂式的運思模式。**[68] 從另一方面來說，
我們也許可以嘗試這樣說明精神分裂症患者思維模式的特色——
他以宛如抽象的方式來對待具體的事物。

　　如果我們已經對 Ucs. 的本質做過真實的評量，並且也已準
確地界定了無意識與前意識呈現的差異，那麼，我們的研究將會

---

67　譯註：從外部開始，通過 **Cs.** 和 **Pcs.** 系統，直到 **Ucs.**，其動力的投注，
　　「一是朝向自我，一是朝向對象」——這是〈論自戀症〉篇中的主要論題。
　　對應於這句話，佛洛伊德曾經在研究過典型的精神分裂症個案（即史瑞伯個
　　案）之後，嘆道：「我就是，我只不過是個史瑞伯！」
68　〔佛洛伊德提過這點，是在《圖騰與禁忌》一書第二篇的末尾處。〕

無可避免地，從許多其他要點，把我們帶回到同樣的這一個見解
之中。

# 附錄 C：語詞與事物
## （附編者對〈無意識〉的註記）

## 編者註記

　　〔佛洛伊德這篇〈無意識〉的最後一節似乎有其根源，可見於他早期論失語症的專刊（1891b）。因此，讀者可能會有興趣來看一段取自該專刊的摘錄，雖然不太容易跟得上其脈絡，然而這確實可以照亮佛洛伊德後來發展的一些觀點背後之假定。這段摘錄之所以更進一步引起我們的興趣，在於佛洛伊德使用了不尋常的立場，以十九世紀末葉的「學院」心理學技術語言來開講。在此摘錄的段落，列出一串由解剖學和生理學術語所構成的建設性和破壞性論證，也因此導引了佛洛伊德做出他對於神經學功能的基本假設，亦即他所謂的「言說裝置」（speech apparatus）。不過，在此必須註明：佛洛伊德在該文和在本文中所使用的術語會有很重要且可能會令人混淆的差異。他在該文中所稱的**「對象呈現」**（object-presentation），在本文中稱為**「事物呈現」**（thing-presentation）；而在本文中所稱的**「對象呈現」**則是指一個由**「事物呈現」**（thing-presentation）和**「語詞呈現」**（word-presentation）所組成的複合體——這個複合體在〈**失語症**〉文中沒有名稱。這裡的翻譯是特別面對著這樣的情況，因為，就術語使用的理由而言，過去出版的文章並未完全符應現今的目的。正如在本文的這最後一節中，我們一直用「呈現」來翻譯德文 Vorstellung，至於「意象」（image）則是用來翻譯德文

Bild。〕<sup>69</sup>

詹姆斯・史崔齊

（James Strachey）

### 以下為編者所取出的摘錄

我現在提議來推敲一下，為了解釋言說的困擾，以言說裝置為基礎，我們需要建構出什麼樣的假設——換言之，研究言說的困擾，對於此一裝置的功能，可以教會我們的是什麼。如此一來，我就必須將此問題的心理學面向和解剖學面向盡可能分開來說明。

210 　　從心理學的觀點而言，言說功能的單位乃是「語詞」（word），<sup>70</sup> 其本身就是個複雜的呈現，可證明它是由聽覺、視

---

**69** 譯註：德文 Vorstellung 在前文還另譯為「意念」（idea），也常譯為「再現」（representation）。這個德文的語意範圍確實有這麼廣，但幾個譯名都離不開其字首 vor-（推出）及字根 -stellen（佔個位置）的意義組合：意念出現、向外呈出、複製後呈現等等。在意識／無意識的意義光譜中，德文能讓動態集中在這一個字上，但英文、中文都沒有同樣方便的一個字，因此只能用幾個不同的字眼來捕捉其意義，並透露出文化之間在翻譯上難免的詞窮窘境。不過，我們往下閱讀，還會發現，再怎麼方便的表達，一經佛洛伊德的分析，就必定會揭穿其複雜的內容。這種結合語意分析與神經學分析的方法，無論如何都是精神分析所特有的，而創造出這種方法，在佛洛伊德這個人身上，竟是為全人類開啟了一場不可思議的意象之航程。

**70** 譯註：「word」並不只是個「字」，特別不只是一個漢語單字。它是在書寫時所用的一個單位（我們這是在用循環論證來說明佛洛伊德對此單位的看法），因此它必須包含「字」和「詞」；除此之外，它又是講話中使用的一個單位，以現代漢語來說，很少只是一個字，更常見的是由兩字以上乃至四五個字所構成的字組（語言學家王力稱此為「仂語」），因此我們必須將它稱為「語詞」，同時還要心存一念，就是它可能指更大的單位，叫「話語」，雖然在本文中不這樣翻譯。

覺與肌動覺因素組合構成。我們有此組合的知識乃是得自病理學，其中對我們顯示的是：這組言說裝置在有機體病灶所出現的崩解現象即是沿著其組構的途徑而發生的。因此我們有望可發現：在話語呈現的諸因子中，只要缺乏其中之一，即可證明它是最重要的指標，讓我們可由茲而企及該疾病的定位。在話語呈現中通常可分辨出來的四個成分是：「**聲音意象**」（sound-image）、「**視覺字母意象**」（visual letter-image）、「**運動的言說意象**」（motor speech-image），以及「**運動的書寫意象**」（motor writing-image）。不過，當你進入其可能的聯合過程所發生之處，觸及了言說的種種行動之中的任何一項，這個組合馬上變得更加複雜：——

（1）我們學會講話乃是透過「語詞的聲音意象」以及「該語詞的神經反應之所感」。[71] 在我們講出話來之後，我們也有了「運動的言說呈現」（從言說器官而來的離心感）；於是，以運動的觀點而言，「語詞」乃是雙重決定的。在兩個決定因素中的第一個——語詞呈現的神經反應——由心理學觀點來說，看來是最沒價值的；實際上，其現身為一個心靈的因素，本來就很值得爭論。除此之外，在講出話來之後，我們也接收到出口的語詞之「聲音意象」。只要我們還沒讓我們的言說能力發展到很高的程度，這第二個

---

71　〔「過去曾經認定該自主的啟動運動中包含著某種特殊的感覺，直接連結到大腦的運動區位至肌肉之間的神經衝動之釋放……這個「神經反應感」，或能量釋出感，現在通常已被否認。」（Stout, 1938: 258）。以上這段註記已被佛洛伊德肯認，就在幾行之後的下文裡。〕

聲音意象就不必和第一個一樣，而只是跟它相聯。[72] 在言說發展的這個階段——即幼年時期——我們用的是我們自己建構的語言。我們的這種言行正如運動性失語症患者，因為我們會把許多外來的語音拿來跟我們自己發出的那一個聲音相聯。

（2）我們學會講別人講的話，是很努力地製造出他人所生產的聲音意象，盡可能像引發我們的言說神經反應那樣。我們是用這種方式來「重複」的——就是對著別人而「跟著說」。當我們把語詞排列成互相聯結的言說時，我們會把下一個語詞的神經反應先把持住，直到前一個語詞抵達為止。因此我們的言說之得以獲保全是多重決定的（overdetermined），[73] 並且很容易承受得住其中一兩個決定因素的喪失。從另一方面來說，由第二個聲音意象以及運動的言說意象所施作的的矯正喪失了，這可以解釋某些亂語症（paraphasia）中的一些奇特之處，不論就生理學或病理學而言皆然。

（3）我們學會**拼字**，是把視覺中的字母和新的聲音意象連起來，後者的角色是必須讓我們想起我們已經知道的詞彙聲音。我們立刻在「重複」一個指向該字母的聲音意象；兩

---

**72**　〔第二個聲音意象是我們自己講出話來之時的聲音意象，而第一個聲音意象則屬於我們正在模仿的那個語詞（在本段開頭提及的那個聲音意象）。〕

**73**　〔德文 überbestimmt 是 überdeterminiert 的同義詞，佛洛伊德在他的晚期作品中經常用來表達多重因果關係的意思。〕譯註：佛洛伊德的理論語言，除了在理論模型中使用的關鍵詞之外，在他的行文之中用來表示他的推理過程者，到了後佛洛伊德時代，也會演化到如同術語的地位，譬如在此例之外，「平均懸浮的注意」（evenly suspended attention）就是另一顯例。

個字母之間的關係也就是由兩個重合的聲音意象，以及兩個相互呼應的運動呈現來決定。

（4）我們學會**閱讀**，是配合著某些規則，把我們講出的各個字母跟我們所接受的神經反應和運動語詞呈現連成一氣，這麼一來，新的運動語詞呈現就能夠發生。一旦我們大聲講出了這新的語詞呈現，我們就會從其聲音意象中發現，我們以此方式所接受的這兩種運動意象和聲音意象，對我們來說一向是熟悉的，也跟我們用來講話的意象一模一樣。接下來我們把附著在原初字眼的聲音跟言說意象連結起來，這是從拼字中學來的。然後我們才可用理解來閱讀。假若最初講的話是一種方言而非正規的語言，[74] 則從拼字學來的語詞之運動及聲音意象就必須跟舊有的意象有超高的連結；於是我們就等於在學一種新語言——這個學習工作是透過方言和正規語言的相似性而獲得協助。[75]

從這段描述看來，學會閱讀是非常複雜的過程，在其中的連結之路必須重複地來來回回。我們也可在此預期發現失語症的閱讀困擾會以相當多樣的方式發生。對於閱讀的連結，唯一具有決定性的困擾指標在於閱讀各個**分離的字母**。把字母結合成字詞是發生在傳輸到言說的一小筆方寸之地上，因此就會在運動的失語症上被取消。閱讀中的理

212

---

**74** 譯註：所謂「正規語言」，原文作 literary language，指的就是書寫用的語言。方言通常沒有書寫的形式。

**75** 譯註：漢語體系中所有的方言（不含南島語系之類的非漢語）都跟正規語言（即國語）有高度相似性。學會兩種語言所獲得的「協助」當然遠遠高於學會外語。

解之所以能獲得只能透過講出的字詞聲音意象為媒介，或透過講話之時的運動語詞意象為媒介。因此，看起來被取消者當中有一種功能，不只在於其中含有運動的連結，也有**聽覺上的連結**。閱讀中的理解還可進一步看見，它的功能獨立於實際的閱讀動作之外。任何人都可由觀察自己而得知：閱讀有好幾種，其中就有一種是讀歸讀，但不懂讀的是什麼。假若我是在校稿，我會去特別注意字母的視覺意象及其他的排印形象，至於讀到什麼意思，就幾乎完全閃過我的目光，以致要更正編輯樣式時，我又必須把樣稿刻意再讀一遍。從另一方面來說，當我在閱讀一本有意思的書，譬如一本小說，我會忽略所有拼錯的字；可能發生的情況是名字當中的字母只在我心中留下混淆的印象——也許是一陣回憶，懷疑那是長音或短音，或包含某些不常見的字母，如「x」或「z」。當我必須大聲唸書，且必須特別注意我的咬字所發出的聲音意象時，我會再度陷入不太關心字詞意義的險境；一直以此唸到我自己都疲倦時，雖然別人還能聽懂我唸的意思，我自己卻已經不知道我在唸什麼了。這些都是注意力分裂的現象，其所以會發生，正因為閱讀中要能理解，只能以如此這般循環的方式獲致。如果閱讀過程本身即造成困難，那就不再會出現任何理解的問題。這可用我們在學習閱讀時的行為做類比而得知；而我們要特別小心，別把理解的闕如視為證據，說它是來自文書本身的打岔。大聲朗讀不必看做不同於唸給自己聽，除此之外事實上前者有助於把注意力從閱讀的感覺過程中引開。

213

（5）我們學會書寫是透過手部神經反應意象所複製的字母視覺意象，直到相同或相似的視覺意象出現為止。作為一種規則，書寫的意象只是相似於，且超級相聯於閱讀的意象，因為我們學會閱讀的乃是**印刷品**，而我們學會的書寫則是**手寫**。書寫已可證是相對簡單的過程，並且此過程也是比閱讀不容易受到干擾的。

（6）後來我們也會認定，我們在執行這些不同的言說功能時，是沿著相同且相聯的路徑，正如我們在學習時所遵循的路徑那般。在此階段的後期會產生縮寫[76]與替代，但並不總是能夠很容易說明其本質為何。在考慮到與器官連結的實情時，也許會在某程度上對言說裝置的全體造成傷害，也會強迫回到原初的聯結模式，也就是早已建立的、更冗長的模式。至於閱讀，「視覺的字詞意象」無疑會有其影響力，在實際閱讀者身上都可感覺得到，因此個別的字詞（尤其是人名、地名等專有名詞）有時可以不必拼字就唸得出來。

一個語詞因此是個複雜的呈現，其中包括各類意象有如上文所一一羅列者；或用另一種方式來說，一個語詞會交織著許多複雜的聯結過程，使之如上述羅列的視覺因素、聽覺因素與肌動覺來源者得以同時進入其中。

無論如何，如果我們把考慮只限制在實名之上，那麼一個語

---

**76** 譯註：「縮寫」不一定只發生在書寫。我們所讀的縮寫也就是簡化的字母拼湊，譬如用「SOP」代表「標準作業程序」，讀音正是「S-O-P」那三個字母。

詞都是由於連到一個「對象呈現」方能獲得其**意義**。[77] 對象呈現
的本身，我們再說一遍，就是一套複雜聯結，由變化萬端的視
覺、聽覺、觸覺、肌動覺及其他種種呈現所構成。哲學告訴我們
說：一個對象呈現所包含者，不過就是這樣——有一件「事物」
出現，其各種「屬性」由感官印象所見證者，只是因為事實上我
們是從一對象中獲得的感官印象羅列而成，我們以此也認定別的
可能性，也就是在同一張聯結網中還有更多進一步的其他印象
（J. S. Mill）[78] 因此這裡所說的對象呈現看起來就不是封閉的，並
且幾乎不可能封閉，然而語詞呈現看來就是封閉的，雖然也有延
展的可能。

---

**77** 〔在本文中稱為「事物呈現」。〕譯註：本篇附錄的標題為「語詞與事
物」，而非文中一直使用的「語詞與對象」。這篇附錄對於後世的影響可
由傅柯的一本名著《詞與物》看出，也就是本附錄的「編者註記」中對讀
者提醒的用字問題：「（佛洛伊德）在該文中所稱的『**對象呈現**』（object-
presentation），在本文中稱為『**事物呈現**』（thing-presentation）；而在本
文中所稱的「對象呈現」是指一個由「事物呈現」（thing-presentation）與
「話語呈現」（word-presentation）所組成的複合體⋯⋯」

**78** 參見米爾（J. S. Mill），《邏輯的系統》（*A System of Logic* 1843），卷一，
第三章（**1**, Book I, Chapter III），也可參考《威廉・漢米爾頓爵士的哲學檢
驗》（*An Examination of Sir William Hamilton's Philosophy* 1865）。

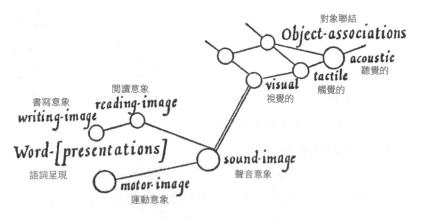

語詞呈現的心理學圖示 [79]

語詞呈現在此圖中顯示為一個複雜的封閉呈現網，而事物呈現則是開放的。語詞呈現跟事物呈現之間並非在所有的組成因子之間都能有連結，而只在聲音意象上相連。至於在對象聯結網中，是以視覺意象來代表整個對象，有如聲音意象之代表該語詞然。在語詞的聲音意象跟對象聯結網相連的關係中只強調視覺意象，而不明示其他。

言說失調的病理學會導引我們提出這樣的主張：語詞呈現透過其感官的一端（即透過聲音意象）而連結到對象呈現。我們由此而獲知兩類言說困擾的存在：（1）第一階序的失語症，即字詞失語症（verbal aphasia），在其中只有語詞呈現的各個分離因子之間的聯結受到干擾；以及（2）第二階序的失語症，即**符號不能失語症**（asymbolic aphasia），在其中語詞呈現與對象呈現之間的聯結受到了干擾。

---

**79** 譯註：此圖中的語詞呈現寫為 Word-[presentation]，而對象呈現則寫為 Object-associations。對象聯結網跟語詞呈現的具體連結發生在語詞呈現中的**聲音意象**跟對象聯結網中的**視覺意象**上（即圖中用雙線（＝）畫出的聯結。

我所謂的「符號不能症」（asymbolia）一詞，取用的意思不屬於來自芬肯布爾格（Finkelnburg）[80] 的通常用法，因為在我看來，語詞（呈現）與對象呈現之間的關係，尤甚於對象與對象呈現之間的關係，才更值得描述為「符號性的」。正因對於對象再認的困擾，芬肯布爾格將之歸類於符號不能症，我倒要提議更名為「認知不能症」（agnosia）。「認知不能」的困擾很可能（這情況只會發生在雙邊及延展性的皮質層傷害中）也會導致言說的困擾，因為所有能夠激發成為言說的都來自對象聯結的領域。我應該把這樣的言說困擾稱為第三階序的失語症，或**認知不能失語症**。臨床上的觀察事實上帶我們認識了一些個案，就是需要用這種觀點來看的……

---

**80**　引自史帕默（Spamer 1876）〔此詞引介自芬肯布爾格（1870）〕

# 2

# 論自戀症：一則導論[1]

# *On Narcissism:*
# *An Introduction*

## Zur Einführung Des Narzissmus

本文譯自《佛洛伊德全集英文標準版》卷十四
(*The Standard Edition of the Complete
Psychological Works of Sigmund Freud,*
Volume XIV [1914-1916], pp 67-102)

　「自戀症」（narcissism）一詞出自保羅・內克（Paul
Näcke）[2] 的臨床描述，是他在 1899 年用來指稱一個人的某種態
度，這個人在對待他自己的身體時，用的是平常人用來對待性對
象[3] 的相同方式——也就是說，他會去撫弄、去磨蹭，直到自己
在這些活動中獲得完全滿足為止。發展到這樣的程度，自戀症已
經具有了性泛轉（perversion）[4] 的顯著意義，在其中吸收了主體
的全部性生活，而其結果就會展現出我們在性泛轉研究中所期望
看見的所有特徵。

　精神分析的觀察者接下來會受到下述事實的當頭棒喝：自戀
症態度的種種個別特徵會在許多其他類型精神失調的人當中發
現——譬如，薩德格（Sadger）就曾指出，在同性戀者身上——

---

1　譯註：「自戀症」有時也可只譯為「自戀」：「自戀」不一定是疾病，而是
　　人皆有之的一種態度。下文會有解釋。
2　〔在佛洛伊德為〈性學三論〉所增添的一則註腳（1920）中說：他以前的
　　說法錯了。在本文中說「自戀症」一詞首先由內克引介，原應歸於艾理斯
　　（Havelock Ellis）才對。不過，艾理斯本人隨後（1927）發表了一篇短文，
　　指出佛洛伊德的修正不實，並論道：該詞的使用，最先應是在他本人和內克
　　之間。〕
3　譯註：object 一詞在本書中不採取「客體」的譯法，改譯為更適當的用詞
　　「對象」，雖然在下文的註腳中，提及 object relations theory 時，會譯為常
　　見的「客體關係理論」。
4　譯註：perversion 一詞在本書中不採取「性變態」、「性倒錯」的譯法，
　　而改用「性泛轉」。其重要理由是：在《性學三論》中，佛洛伊德區分了
　　inversion、perversion 這兩種概念——前者當可譯為「性倒錯」，即自我以
　　自身作為力比多投注的對象；後者則是性對象的廣泛轉化，除了自己的身體
　　之外，還轉往各種具有象徵意味的（即主體所投射的）對象，譬如戀物症／
　　物戀（fetishism/fetish），故譯為「性泛轉」較妥。

而最終看來，正如很值得在自戀症當中予以描述的那樣，力比多（libido）[5] 的分配可能會非常顯著而強勁，我們也許可以聲稱，在人類的性發展常軌之中，它也有其應有的位置。[6] 精神分析由於對神經症患者（neurotics）[7] 下手而碰到種種難題時，就會傾向於與此相同的設定，因為這種自戀態度在他們身上好像已經構成了某種限制，使得他們很難再接受其他各種影響。在這意義下，自戀症就不是一種性泛轉，而是力比多對於具有自我保存本能的自我中心症（egoism）[8] 所作的補償。天下的每一個生靈，持平而論，皆具有一定程度的自戀。

74

人會有很強的動機來對自身做全神投注，其中所帶著的概念就是：初級 [9] 而正常的自戀就在此出現——這是力比多理論的假設，有意接受者就拿來對付所謂早發性癡呆症（來自克雷普林的病理學）或精神分裂症（來自布魯勒的患者）[10]。像這種疾患，我曾提議改稱為妄想分裂症（paraphrenics），[11] 他們顯現出

---

**5**　譯註：libido 是佛洛伊德使用的特別術語，也許可譯為「原欲」、「欲力」，但未必盡意。我們在此採用「五不翻」原則（出自唐代的玄奘），只用音譯「力比多」，但在英語世界中，此詞的讀音較接近於「里掰斗」。

**6**　奧圖‧蘭克（Otto Rank 1911c）。

**7**　譯註：neurotics 譯為「神經症患者」，亦即把 neurosis 翻譯為「神經症」，是佛洛伊德當年的觀念和名稱。我們現在都已改稱為「精神官能症」。但在本書中使用的是原名「神經症」。

**8**　譯註：「自我中心症」（egoism），有時也可只叫做「自我中心」，這種遣詞方式正如「自戀症」有時也可將「症」字省略。

**9**　譯註：所謂「初級／次級」（primary/secondary）是指力比多投注的兩種層次，前者接近於本能，後者則是由經驗而產生。（「次級」，見註 25。）

**10**　譯註：「精神分裂症」一詞在當今的心理病理學術語中已改稱「思覺失調症」，但在本書中，此詞仍保留屬於佛洛伊德時代的譯名。

**11**　譯註：paraphrenia 在中文的病理學上沒有公認的譯名。「妄想分裂症」是譯者揣摩作者用 paranoid 字首，有「妄想」之意而作的翻譯。

兩種基本的特徵：自大狂（megalomania），以及興趣轉離外在世界——離開所有的人、事、物。像後者這般改變所帶來的結果就是：他們變得無法接收精神分析的影響，因此不能用我們所努力發展的分析來治癒他們。但是，妄想分裂症患者所具有的轉離外在世界這種特徵，還需要更精確的描述。一個歇斯底里症（hysteria）或頑念神經症（obsessional neurosis）的患者，當病情擴大時，也同樣會放棄他和現實的關係。但分析可顯示出他對於人事物的情欲關係並未斷裂。他仍在幻想中維持這些欲念；譬如說，他一方面用記憶中取得的幻象來取代真實的對象，或以後者來與前者相混；而在另一方面，他不再啟動那些關聯於對象的目的獲得手段。[12] 只當在此情況下的力比多，我們才可正當地運用力比多理論中的「內向」（introversion）一詞來稱之，然而榮格在使用此詞時卻未作區別。就妄想分裂症患者來說，那是另一回事。這種人看來是真的把他的力比多從外在世界的人事物中撤離，且不用幻想中的他物來取代。就算他**眞的**會代換，其過程似乎是屬於次級的，且是從屬於康復的意圖，他運用這樣的設計，以便將力比多引導回到對象上。[13]

　　問題來了：精神分裂症患者從外在對象中撤回的力比多，之後變得怎麼了？此一狀態中的自大狂是一條線索。這種自大狂的產生無疑是用對象力比多（object-libido）來作為它的代價。　　75

---

12　譯註：這句話中的「對象」和「目的」的關係，就是必須以手段來獲得對象，以便達到目的。因此他所放棄的就是手段的啟動。非不為也，是不能也。

13　與此有關的討論，請參閱我所說的「世界末日」，在史瑞伯個案分析（1911c）的第三節；也可參閱亞伯拉罕（1908）。亦可參下文，頁101-102。

從外在世界中撤回的力比多已導入自我（the ego）[14]之中，且由此產生一種態度，可稱之為自戀症。但自大狂本身並非新創；反而如我們所知，是一種炫耀卻也是更為平淡地顯示了先前已經存在的狀況。這就會引導我們把自戀症看成透過抽取對象投注（object-cathexes）而起的次級力比多，覆蓋在初級自戀症之上，使之在多種不同的影響下變得隱晦難見。

我得要堅持，說我不是要在此提出解釋，或進一步看透精神分裂症的難題，而只不過是要把其他各處既有的說法合併起來，[15]以便能在自戀症概念的導論中說出一些道理。

把力比多理論延伸至此——以我的意見來說，這是正當的——可獲得來自第三方的增強，也就是說，來自我們的種種觀察以及有關兒童與初民（primitive peoples）對於心靈生活的觀點。就後者來說，如果這樣的觀點單獨發生的話，我們會發現一些特徵，也許就可拉進自大狂之中來看：對於他們的願望以及心思活動的這些念力[16]會過度高估，即「思想萬能」（omnipotence of thoughts），亦即相信話語文字具有魔法的力量，且是可用來對付外在世界的技法——「魔術」（magic）[17]——顯得好像可以合乎邏輯地運用在這些堂而皇之的前提上。[18]以今天的兒童來

---

14 譯註：「自我」是 self 和 ego 兩字共用的譯名，兩者在理論上的意義有別。佛洛伊德所用的「自我」並非總是指 ego，但在此文中，確實就只指 ego。

15 〔在下頁（101-102）佛洛伊德事實上進一步看透了這個難題。〕

16 譯註：「念力」在中文是個好懂的概念，當然這不是佛洛伊德原文的用法，而是譯者把前一句「願望以及心思活動的力量」總結成「這些念力」。下一句「思想萬能」確實就準準地對上「念力」的概念。

17 譯註：magic 更準確地說，是初民常用的「巫術」，但在兒童的世界裡，那就是「魔術」。

18 可比較我在《圖騰與禁忌》（1912-1913）一書中處理這個主題的段落。

看，他們的成長發展對我們而言（比起初民）還要更加隱晦，我們仍期望他們對於外在世界有完全可以與此類比的態度。[19] 我們由此而形成一個想法，即在原初的力比多之中有一股朝向自我的投注，由原先朝向對象的力比多中分化而出，但這種力比多基本上還持續與對象投注保持關聯，這就很像阿米巴原蟲的身體和它所伸出的偽足那般的關係。[20] 在我們的研究中，就把神經症的症狀視為偽足的起點，但力比多的這種分枝從一開頭就不會對我們顯現（它總是躲過我們的耳目）。我們所能注意的就都是這種力比多的放射物——即對象投注（object-cathexes），它可以送出，也可以再抽回。廣義言之，我們也看見在自我力比多（ego-libido）和對象力比多（object-libido）[21] 之間構成一組反論（antithesis）。[22] 人愈是運用了其中的一方，就愈會耗損另一方。對象力比多之所能，在其最高的發展階段，就可在戀愛（陷入愛情）的狀態中看見：人的主體似乎放棄了他自己的人格，來迎合其對象投注；然而我們還知道妄想症的幻想（或自我知覺）之中呈現了恰恰相反的狀態，也就是他的「世界末日」。[23] 最後，關

76

---

（譯註：即該書的第三篇，*S.E.*, 13, 頁 83 起。）

**19** 可比較費倫齊（Ferenczi, 1913a）

**20** 〔佛洛伊德使用類似於此的隱喻不止一次，譬如可見於《精神分析引論》（1916-1917）的第二十六講及其他篇章。後來他把此處所表達的一些觀點做了修訂。〕

**21** 譯註：「自我力比多」（ego-libido）和「對象力比多」（object-libido）在原文中都加上「連字號」（hyphen）。由於中文不常用這種標點符號，且常被「破折號」取代，結果造成閱讀上的混淆——字和字不但沒連起來，反而被分開了。是故，本文為了避免這種淆亂，一概取消「連字號」，改以下畫線（underline）來讓字相連。

**22** 譯註：佛洛伊德在此第一次提起這種區分。

**23** 這種「世界末日」的想法有兩種機制：一方面，整個力比多投注全部流向所

於心靈能量分化的問題，我們早已被導入的結論就會說：在自戀的狀態下，以上所說的兩方是同時並存的，然而我們的分析仍太粗糙，不足以作出兩方的區分；不到對象投注出現，我們也不可能知道如何從自我本能（ego-instinct）之中區分出性能量——亦即力比多。**24**

在進入更進一步的討論之前，我必須先指出兩個難關，而這是把我們導入困境的問題所在。首先，我們現在所談的自戀症和我們先前所描述的力比多早期狀態，亦即自體愛欲（auto-erotism），有何關聯？其次，假若我們把力比多的初級投注（primary cathexis）**25** 歸之於自我，那麼，為什麼有必要把無關乎性能量的自我本能從性的力比多中進一步區分開來？難道不是只設定一種心靈能量（psychical energy）**26** 的前提更能避免兩分的難題嗎——也就是把能量從自我力比多中分出自我本能，以及從對象力比多中分出自我力比多？

77　　關於第一個問題，我可以先指出的是：我們有個傾向，假定在個人身上從一開始就不可能存在一個堪與自我相稱的統一體；自我必須由發展而來。然而，自體愛欲卻是從頭就有的，因此在

---

愛的對象；另一方面，就是全部流回到自我之中。

**24** 譯註：所謂「本能」，在佛洛伊德的用法中未必是指生物本性。除了有專文（〈本能及其週期起伏〉）討論之外，在其他地方佛洛伊德更常用的是「驅力」（drive）。

**25** 譯註：「初級」（primary）是常和「次級」（secondary）連用的語詞，前者接近於「本有」，後者則是指「次發」。

**26** 譯註：「心靈能量」（psychical energy 或 psychic energy）一詞在精神分析中是常受討論的議題，佛洛伊德的弟子中就有不少人繼承了這個討論傳統，但因為榮格（C. G. Jung）曾經編了一本文集《論心靈能量》（1928），在資訊缺乏的狀況下，很多人誤以為那是榮格學派開創的議題。

自體愛欲之上必定還加了些什麼東西——某種新的精神行動——以便帶出自戀症。

　　至於要為第二個問題給個確定的回答，這就一定會在每一位精神分析師身上看到他被引出的不安。分析師不喜歡認為他會因為理論的枯燥爭議而放棄觀察，但他無論如何不應迴避釐清問題的嘗試。說真的，有些像是自我力比多、自我本能的能量等等觀念，本來就不是特別容易掌握，也沒有很充分的內容；問題中的關係既是一套臆想的理論，其起點就需以獲取定義鮮明的概念為基礎。依我看來，臆想的理論和建立在經驗詮釋上的科學之間，正是有此不同。後者並不羨慕臆想的特權，即它具有平平順順又在邏輯上不容置疑的基礎，反而寧願滿足於自己擁有的模模糊糊、難以想像的基本概念，而後希望在其發展的過程中對它的理解愈來愈明朗，或甚至對於由別的概念來取代有所準備。因為這些概念本非科學的基礎，亦即不是在其上可安置一切：我們的基礎毋寧就只是觀察。它們不是整個結構的底層，而是在頂端，且還可以代換、撤除而絲毫無損於結構。同樣的道理也產生於今日物理學的基本觀念中，有如物質、力的中心、吸引力等等，正如在精神分析中相對應的觀念一樣，都不是不辯自明的。

　　「自我力比多」與「對象力比多」這兩概念的價值在於此一事實：它們是從神經症患者與精神病患的切身特徵研究中導出的。將力比多分化成兩者：自我本身所具有的，以及可依附於對象的，乃是不可避免的推論。無論如何，對於純粹傳移神經症（transference neuroses）（即歇斯底里症 [hysteria] 和頑念神經症 [obsessional neuroses]）的分析逼得我做出這樣的區分，且我只知，所有企圖使用其他手段來對這些現象所作的說明，都是完

78

全不成功的。

　　任何本能理論之可以幫助我們解明我們所承受的問題處境者，其實都不存在。因此，我們也許可以，或說，我們有此職責，要開啟某種假設，且導出其邏輯結論，直到該假設撐不住，或是能得到確切的肯定為止。這些假設除了在傳移神經症的分析中獲得憑據之外，還有好幾個要點有利於該假設從一開始就把性本能和其他（自我本能）區分開來。我承認單獨以前者來推敲就不可能沒有隱晦之處，因為那也可能是無所區別的心靈能量問題，而此種能量只是在對象投注的行動之中變成了力比多。不過，首先，這種概念的區別，實與很普通的飢渴／愛欲之別可相呼應。其次，生物學上的想法也有利於此。一個人確實承載著雙重的存在：其一是在為他自己的目的服務；另一則是一條鎖鍊的一個環節，用來對抗自己的意志，或至少是不自覺的。個人自己會認為性欲是其自身的目的之一；然而從另一觀點看來，它只不過是胚胎原質的一個附件，用了全副精力來為它服務，換得的回報就是享樂感。它（很可能）只是不朽原質的一副會朽壞的載具——就像財產的指定繼承人，一筆地產的暫時擁有者，只是正當其時接收下來而已。性本能從自我本能中區分開來只是單純反映了一個人的這種雙重功能罷了。[27] 第三，我們必須記得：我們所有的心理學局部概念有一天都可能會回歸於有機體的結構中。[28] 這使得某些特別的物質及其化學過程得以執行性功能的運

---

**27** 譯註：胚胎原質理論在心理學上的關聯，佛洛伊德在他的〈超越享樂原則〉一文第六節中會有更長篇幅的討論。

**28** 譯註：這種「生物基礎論」並非佛洛伊德自始至終一貫的強調。更值得注意的是如下文所指陳的：這只是就生殖功能的部分而言，不包括性情色欲生活

作，並將個體生命延續進物種的生命中。我們正好利用這種說法的可能性，來把特殊化學物質轉換為特殊心理能力。

我大抵上是在嘗試讓心理學能顯得更為清晰，緣於其有別於其他本質不同的學問而然，甚至和生物學的思路也維持這樣的關係。正因此故，我本來很願意在這個節骨眼上坦承自我本能和性本能兩者有別的假設（也就是說，力比多理論），表明了此兩者並非完全產生於心理學的基礎上，而是由生物學中延伸出來的主要分支。但我仍該為我的理論維持〔總體規則上〕充分的一貫性，設若精神分析的工作本身就足以產出更合用的本能假設的話。然而這情況至今不曾發生。結果就變成這樣：在最基本之處，以及由最長遠的觀點來看，性的能量——力比多——只可能由心靈中有作用的整體能量中分化出來。但這種肯定沒什麼可資參考之處。和它相關的事物總是和我們所觀察的問題大相徑庭，而對於它，我們也認識不多，所以要駁倒它和肯定它，是一樣沒意思；這種最根本的同一性跟我們做分析的興趣了然無關，就像所有人類的各個人種之間是否有血緣關係，跟我們要證明繼承權所需的親屬關係一樣遙不相干。所有這些臆測都會把我們帶入虛無之境。既然我們不能等待另一種科學來為我們的本能理論給個最終的結論，我們就更應能針對我們的目的而進行試探：把這個基本的生物學問題以**心理現象的綜合**來看待，究竟能獲得什麼啟明。讓我們面對錯誤的可能性；但不要耽擱我們追求這個假設的邏輯含意，亦即我們從一開始就承接的假設：在自我本能和性本能之間存在著反論式的矛盾關係（這個假設來自我們非常努力

---

的全部。

面對的傳移神經症分析），對於它究竟會帶來矛盾或能夠開花結果，不要不管；另外還是要注意，它是否可運用於其他的心理失調，譬如精神分裂症。

當然，假若力比多理論在解釋後者這種疾病時已經試用過，且已證明是失敗的，那就會變成另外一回事。這就是榮格（1912）的認定，而在此我就應該加入討論，雖然我寧可不必如此。我比較想從討論的末端切入，亦即對於史瑞伯個案（Schreber case）進行分析，而不去談該討論的前提。但是，榮格的認定，怎麼說都是很不成熟的。他所設定的基礎過於潦草。首先，他說是得到我的允許而發此論，我更不能不顧；也正因史瑞伯分析的困難重重，他說是由我的力比多概念延伸而來（也就是說，放棄其中有關性的內容），然後把力比多與整體的心靈興趣混為一談。費倫齊（Ferenczi 1913b）在一篇對於榮格理論的透徹評論中，已經把這種種謬論做了所有必要的糾正。我只能在同意他的評論下，重申我本人從未把這樣的力比多理論取消。[29] 榮格的另一個論證是說，我們不能假定把力比多撤回的這種動作本身就足以喪失正常的現實功能（function of reality）[30]。但這根本不是個論證，而只是個不證自明之說。它本身就是個問題，卻避開了討論；因為是否如此，以及如何致此，正是我們該探討的要點所在。在他的下一本主要著作中，榮格（1913）恰恰錯過了我長久以來所指出的解決之道，他是這樣寫的：「在此

---

**29** 譯註：亦即從理論中取消「性內容」。

**30** 譯註：「現實功能」（function of reality）這個術語在佛洛伊德著作中是個不斷使用的關鍵詞。根據英譯者註，其來源是賈內（Janet 1909）的〈真實的功能〉（'La fonction du réel'）。

同時，這裡有進一步討論的要點所在（這要點恰好在佛洛伊德對史瑞伯個案 [1911c] 的討論中出現）——亦即**性的力比多**內向（introversion）[31] 導致對於『自我』的投注，而很可能這就會產生<u>現實喪失</u>（loss of reality）的結果。這說法運用在現實喪失的心理學解釋上，確實是個很誘人可能性。」隔了幾行之後，他就把此說撇開，然後加上他自己的註解，說這種決定因素「只會導致禁慾隱修的心理學，而不會談到早發性癡呆症。[32]」這種拙劣的類比完全不能解釋禁慾隱修者的問題，正如榮格所說，「他們試圖抹除一切性興趣的痕跡」（但只是通俗用法所指的「性」），而這樣的人甚至根本沒必要表現出任何病態的力比多分配。他很可能把他的性興趣完全轉離人間，也能昇華到高張的神聖興趣，或到大自然，或到動物王國，而不必讓他的力比多逆轉到他自己的幻想，或是轉回到他的自我。像這樣的類比看起來就像提前要將一種可能性隔離，亦即在性慾根源的興趣和其他興趣之間分化的可能性。我們還應記得，瑞士學派的研究，不論多有價值，只闡明早發性癡呆症的兩點特徵——（1）在此疾患中呈現的情結（complexes），[33] 如眾所周知，是在健全的人和神經症患者都會有的，（2）其中的幻想也常發生在流傳的神話之中——但他們卻無法對此疾患的機制帶來更進一步的啟明。這麼說，我們也許可以拒絕榮格的認定，就是認為力比多理論在試圖解釋早發性癡

81

---

**31** 譯註：「內向」（introversion）亦可譯為「性倒錯」或「性逆轉」，是相對於「泛轉」（perversion）的譯法，見本文開頭註 4 的說明。

**32** 譯註：「早發性癡呆症」（dementia praecox）是最早用來指稱「精神分裂症」的說法。佛洛伊德只是把原文照引。

**33** 譯註：「情結」（complexes）一詞確實是榮格從瑞士帶到佛洛伊德跟前的見面禮。

呆症的問題時既然已經撞牆，因此在碰到其他種種神經症時，也
可以棄之不用。

## II

　　某些特定的難題，在我看來，似乎就在於要對自戀症作直
接研究。[34] 我們主要的接觸途徑可能仍停留在妄想分裂症患者
的分析。正如傳移神經症使我們能夠循蹤找出力比多的本能衝
動，因此早發性癡呆症和妄想症也會給我們帶來探入自我心理學
（psychology of the ego）的洞識。[35] 為了對於看起來好像很簡單
的正常現象有所理解，我們必須再次轉向病理學的領域，來看
到其中的種種扭曲和誇大。在此同時，還有其他一些途徑仍然
是開放的，可供我們獲取自戀症的更佳知識。我將針對這些種
種在下文中依序討論：對有機體疾病的研究，首先是對於慮病症
（hypochondria）的部分，其次則是關於男性女性的情欲生活。

　　在評估有機體疾病對於力比多流布的影響程度時，我聽從了

---

**34** 譯註：這意思是自戀症不可能「直接觀察」，因而透過傳移神經症在分析中
觀察，才是唯一可能的途徑。

**35** 譯註：這裡的「自我心理學」不是指安娜・佛洛伊德及其徒黨所建立的
Ego Psychology（下文提及此詞時就譯為「自我心理學」）。佛洛伊德當
時不可能料到，或提示了後代自我心理學的發展。有關自我心理學（Ego
Psychology）的發展和較為全面的批判，可參閱沃勒斯坦（Wallerstein, R. S.,
2002）〈美國自我心理學的演進和轉化〉（'The Growth and Transformation
of American Ego Psychology'. *J. Amer. Psychoanal. Assn.*, 50(1):135-168）。
至於佛洛伊德所謂「早發性癡呆症和妄想症也會給我們帶來探入自我心理學
（psychology of the ego）的洞識」，那更可能的發展，至少應是有如寇哈特
（Kohut）的自體心理學（Psychology of the Self）──因為在佛洛伊德的原
文中，這些都是「關於 das Ich（the I）的心理學」。

費倫齊口頭上給我的建議。如眾所周知，我們也視為當然的，就是一個人在遭受身體上的痛楚與不適之時，會放棄他對於外在世界各種事物的興趣，以致那些事物都看似與他的苦難無關。更接近的觀察還會讓我們知道，他也把他對於愛對象（love-objects）的**力比多興趣**都予以撤回：只要他還繼續受苦，他就停止了愛。此一事實有很簡單的本質，但這並不妨礙我們將它轉譯成力比多理論的語言。我們該這樣說：這個病人把他的力比多投注撤回到他的自我之上，而當他康復後，他就會再度投注出去。就像詩人威廉·布許（Wilhelm Busch）對於牙疼會這麼說：「他對於靈魂的專注／在於臼齒的小洞裡」。在此，力比多與自我的興趣正在共享同樣的命運，且又變得相互難解難分。我們都熟知病人有自我中心（egoism）的毛病，而這就是兩面俱陳了。[36] 我們之所以覺得這是很自然的，因為我們很確定，當我們處在相同的境況中，也就會變成這樣。一個愛情中人的情感，無論多麼強烈，都會因為身體的病痛而丟光，並且突然被冷漠取代，這樣的主題已經被許多喜劇作家寫透無遺。

睡眠的狀況也有類似疾病之處，在於其中隱含了一種立場，會把力比多做自戀性的撤回，回到主體自身，或更準確地說，回到單純的睡意上。做夢時的自我中心很適切地合於此一脈絡。在這兩種狀態中，我們即便沒看到別的，也會看到關於力比多分布更動的例子，而其後果則是引起自我的轉變。

慮病症，如同有機體疾病，顯現了身體本身的不適與痛楚感覺，而其時的力比多分布效應正如同有機體疾病。慮病症患者把

---

36　譯註：這「兩面」就是指力比多的興趣，以及自我的興趣。

興趣與力比多兩者皆從對象與外在世界中撤回——後者尤其明顯——而後將兩者都專注於身體所從事的注意功能。於是在慮病症與身體疾病之間的差異就顯然可見：在後者，不適感是基於可驗證的機體變化；在前者則不然。但這些全都合於我們對神經症過程的整體概念，假若我們非得說慮病症是確有其事，則機體上的變化也必定會在其中呈現。

　　但是，這些會是怎樣的變化呢？我們就此把問題交給經驗來導引吧，因為其中出現了本質上不快的身體感，[37] 可與慮病症相提並論，而這也發生在其他種種神經症上。我先前曾說過，我傾向於把慮病症與神經質、焦慮神經症歸為同一類，並可稱之為第三種「實際上的」神經症。其中有個不算太離譜的假設，就是：在其他幾種神經症當中，總有少量的慮病症與此神經症同時形成。對此，我想，我們已有的最佳範例，是在焦慮性神經症上層結構中的歇斯底里症狀。此例中的初型是無人不知的敏感怕痛器官會在非疾病的狀態下變形，也就是性器官的勃起。在那狀態下它會充血、膨脹、有液體分泌，也是多重感覺的溫床。依此而言，我們現在就可拿身體的任何部位，來描述其產生性興奮的活動，並將其能對心靈發送刺激者，稱之為「動情性」（erotogenicity），爾後我們就來進一步推敲我們的性理論所根據的慣用概念，亦即身體的某些其他部位——「動情」區帶（'erotogenic' zones）——可以替代性器官，且能產生相似的官能。這麼一來，我們要走的就只剩下一步了。我們可決定是否把

---

**37** 譯註：「不快」的就是「非享樂」的（unpleasurable）。此詞在本書中應視為與「享樂」相對的一個關鍵詞。

動情性視為所有器官的一般特徵，然後再來談身體特殊部位在此特徵上的增減。因為各器官在動情性上的每一種變化就很可能與力比多對自我的投注有平行的關係，我們相信，這些因素構成了慮病症的底層，可與各種器質疾病所產生的力比多分布有相同的效應。

如果沿著這條思緒走下去，我們會看見我們所面對的就不只是慮病症的問題，而是其他「實際的」神經症——神經質與焦慮性神經症。因此我們就得先停留在這一點上。在純粹的心理學探究範圍之內，無法穿透到生理學研究前端背後的問題。我只要提一提從我們這個觀點看去，就可能懷疑慮病症與妄想分裂症的關係是否類似於「實際的」神經症與歇斯底里症和頑念神經症的關係：也就是說，我們可懷疑，其有賴於自我力比多的程度，正與其他疾病之有賴於對象力比多一樣，還有，慮病症的焦慮乃是伴隨於此的，即來自自我力比多的神經症焦慮。更且，我們早已熟知的一個觀念就是：生病的機制與傳移神經症的症狀形成如出一轍——亦即從內向到退行（regression）的途徑——都是連結到對象力比多的堆積，因此我們可以更為密切地注意到自我力比多的堆積，以及可帶出此一概念與慮病症、妄想分裂症現象的關係。

談到這一點，我們的好奇心必然會發出一個疑問：為何這種力比多在自我之中的堆積會被體驗成苦？我自己比較滿意的回答是：苦受之感（非享樂感）總是屬於高度緊張的表現，因此在這裡或在別處所發生的，就是物質事態的總量被轉換成心靈性質的

85

苦受感。[38] 然而，也許該這麼說：苦受感產生的決定性因素不是物質事態的絕對總量，而毋寧是該絕對值的某種特殊函數。在此，我們甚至可再往前冒險探問：在人的整個心靈生活中，到底是什麼東西促使我們必須越過自戀的閾限，以致能使力比多觸及種種對象？循著我們的思路而作出的回答就會再度確認：這種必然性乃起於對自我所投注的力比多，其總量超過一定程度時。強烈的自我中心乃是保護自己不落入病態，但就此最後一招而言，我們為了不生病就必須開始去愛，以及當我們因受挫而不能愛之時，就難免會陷入病態。這就和海涅（Heine）詩句中關於天地創造的心理發生（psychogenesis）圖景若合符節：

疾病無疑就是整個
促成創造的終極動因
透過創造，我獲得痊癒
透過創造，我變得健康 [39]

我們所認出的心靈裝置（mental apparatus）就是個徹頭徹尾用來駕馭種種興奮情緒的設計，否則那激動就會令人感到苦惱，甚至會帶來激動病因（pathogenic）的效應。在心中把它加工，相當有助於把興奮之情作內在的舒洩，因為它本身不能夠直接向

---

**38** 譯註：在此句中，值得注意的要點就是「量轉為質」。在佛洛伊德的神經學論文中曾多次解釋過，這種轉換乃是 φ, ψ, ω 三種不同神經元所起的不同作用。

**39** 出自海涅《新詩集》〈創造之歌，七〉（ *Neue Gedichte*, 'Schöpfungslieder VII'）

外排出，或說要把該情緒排除，在當時就是人所不欲的。不過，首先，這種內在的加工過程到底是對上了真實的對象，或想像的對象，這根本就是自我不在意的一回事。要成為一件不一樣的事情，那得等到後來——假若力比多轉向了不真實的對象（即內向逆轉），使得力比多因蓄積而高漲起來的話。在妄想分裂症之中，自大狂也會有類似的力比多加工方式，亦即使之轉回到自我；也許只當自大狂不成功時，在自我當中的力比多高漲才會變成病因，也同時開啟了康復的過程，這才讓我們看到一整場得病的印象。**40**

在此，我應該嘗試對妄想分裂症的機制做再深入一層的穿透，並且也該把那些在我看來已經值得考慮的觀點都整合起來。在妄想分裂症的情感型態和傳移神經症之間的不同，顯然是落在某種一定的情況之內——在前者，由於挫敗而釋出的力比多並不黏附在幻想的對象上，而是撤回到自我。其中的自大狂也對此大量的力比多做出心靈上相應的掌握，並就此形成逆轉到自我的幻想，可對應於傳移神經症；在這種心靈功能上的失敗會引發妄想分裂症之中的慮病症，而這是與傳移神經症之中的焦慮狀態屬於同型的。我們曉得這種焦慮可在進一步的心靈加工中獲得解決，也就是透過反轉（conversion）、反動形成（reaction-formation）或是護衛建構（即種種恐懼症 [phobias]）。這些妄想分裂症之中的相應過程乃是一種康復的企圖，然而其中驚人的顯

---

**40** 譯註：從病因到得病，是一場開始有病識感的過程，因此才有康復的可能。若非如此，即無病識感的狀態，對於患者來說，那根本不是病——但在醫師看來，那就是不可康復（無可救藥）的大病了。

現正是其病之如病的模樣。[41]由於妄想分裂症經常會（如果不都會這樣）從對象中只帶出一**部分**黏附的力比多，因此我們可從臨床圖景中區分出三群現象：（1）代表正常狀態或神經症中的殘餘（可謂之「殘餘現象」）；（2）代表病態過程（從對象中撤離的力比多，以及進一步發展為自大狂、慮病症、情感失調和種種退行）；（3）代表康復過程，其中的力比多在歇斯底里狀態之後再度依附於對象（也在早發性癡呆症或妄想分裂症本身之後），或從頑念神經症（妄想症）之中的康復。這種新穎的力比多投注和初級的投注頗不相類，在於它是起於其他條件下的另一層次。在種種不同的傳移神經症案例之中帶出這樣新穎的投注方式，以及其相應的防衛形成中，其自我皆處於正常狀態，這就足以令吾人再用最深的洞識來探入我們心靈裝置的結構。

第三種用來趨近自戀症的研究乃是透過觀察人類的情慾生活，其中在男男女女都有多種分化。正如對象力比多最初會把自我力比多掩藏，讓我們在觀察時看不見，同樣地，關聯到幼兒（以及稍長一點的兒童）的對象選擇（object-choice）時，我們最先會注意到的乃是：他們從種種滿足的經驗中衍生出性對象。最初的自體愛戀式的（auto-erotic）性滿足體驗會連結到生命功能，也就是為自我保存的目的服務。[42]性本能在一開始就黏附於自我本能的滿足；只是後來才從這些之中獨立出來，然而就算如此，我們也看得出一些跡象，就是原初的依附，會在一些事實上

---

**41** 譯註：「其中驚人的顯現」是指因心靈加工而顯露的症狀，而症狀正是病理學上所見的疾病。

**42** 譯註：「為自我維護的目的服務」這句話，已經是公認的生物學命題，換言之：所有的生物一定會以自我維護的功能來延續生命。

顯露：最初對於孩子的進食、照顧、保護等等最關切的那人，就會成為他最早的性對象：換言之，就是當時的母親，或是扮演母親角色的人。此類型的對象選擇可稱為附屬型（anaclitic）或依附型（attachment），[43] 不過，精神分析研究還看到與此併隨而來的另一型，而這是我們還沒預備好去發掘的。我們特別在力比多發展上受到某種困擾的人身上發現，譬如那些有性泛轉或同性戀傾向的人，他們往後的情愛對象（love-object）之楷模，不是取自他們的母親，而是他們自己。他們正是在追求自己，由此而展現出一種情愛對象的類型，我們必須稱之為「自戀型」。在此觀察中，我們握有最強的理由，使我們必須作出自戀症的假設。

顯露：最初對於孩子的進食、照顧、保護等等最關切的那人，就會成為他最早的性對象：換言之，就是當時的母親，或是扮演母親角色的人。此類型的對象選擇可稱為附屬型（anaclitic）或依附型（attachment），[43] 不過，精神分析研究還看到與此併隨而來的另一型，而這是我們還沒預備好去發掘的。我們特別在力比多發展上受到某種困擾的人身上發現，譬如那些有性泛轉或同性戀傾向的人，他們往後的情愛對象（love-object）之楷模，不是取自他們的母親，而是他們自己。他們正是在追求自己，由此而展現出一種情愛對象的類型，我們必須稱之為「自戀型」。在此觀察中，我們握有最強的理由，使我們必須作出自戀症的假設。

　　然而，我們並不把人類強分成截然不同的兩類，亦即不根據他們的對象選擇而把他們歸類為依附型或自戀型；我們毋寧認定兩類的對象選擇對於任何一個人來說，是同樣開放的，雖然每個人都可能偏好此類或彼類。我們會說：人類的本性中就有兩類的性對象——他自己，以及幼年時照料他的人——而這樣說，就已經在每一個人身上預設了自戀傾向，只是在某些案例中會看到此一傾向成為最強勢的對象選擇方式。

　　拿男性和女性來比較的話，會看到他們之間的對象選擇類型有很根本的差異，但這些差異當然不具有普世性。完全的依附型對象愛，說得準確點，乃是屬於男性的特徵。它很明顯表現了對

---

**43** 譯註：佛洛伊德將此型稱為 Anlehnungstypus，字面上是指來自文法上的附屬字。英譯者為了使讀者容易明白這種附屬的意思，故在文法術語 anaclitic 之外，另加上一個常用字 attachment。下文再出現時，將一律只譯作「依附型」。

於性對象的過高抬舉（overvaluation），[44] 而其來源無疑是幼年時的原初自戀，因此會與性對象的自戀症傳移相互呼應。這種對於性愛的過高抬舉乃是一種特別怪異的戀愛狀態，此一狀態中含有神經症式的強迫症，因此可追溯到早期的自我貧乏，以其力比多而言，就是特別貫注於情愛對象上。[45] 女性最常跟隨的類型是很不一樣的途徑，然而這在女性來說，正是最純正、最真實的類型。女性在進入青春期之前，其性器官還處於潛伏狀態，一旦性器官開始成熟，就會強化其原初的自戀，而其中伴隨著對此的過高評價，實不利於其真正的對象選擇。女人，尤其是帶著好看面貌長大的那些，[46] 會發展出某種自滿，補償了他們在對象選擇方面所受的限制。嚴格說來，這些女人只愛自己，其強度堪比男人對她的愛。他們對此的需求，與其說是愛，不如說是被愛；[47] 而當有個男人能滿足這條件時，就特別會得到他們的青睞。這一類型女性的情慾生活在人類當中的重要性應受到高度重視。[48] 這種女人對男人而言最為迷人，不只是基於美感的理由（因為他們在原則上就是最美的），而是因為他們身上綜合了好幾個有趣的心

89

---

**44** 譯註：「過高抬舉」原文直譯是「過高評價」。我們在此用的是情愛關係脈絡中最自然的語言。

**45** 譯註：戀愛中人給予性對象的過高抬舉，佛洛伊德對此議題在 1921 年的《群體心理學與自我的分析》一書中有更多討論。

**46** 譯註：自古以來即有的俗稱，叫做「美人」；白話文的「美女」是個畫蛇添足的語詞，就像使用第二人稱的「妳」一樣，無此必要。

**47** 譯註：愛的被動態「被愛」原是漢語語法所不慣用的，但在此確實只能接受這個被動態概念，並且要重視這樣的譯名。

**48** 譯註：所謂「高度重視」，不只是精神分析認為的「應該」如此，而是人類實際上從來都有此傾向，對美人的重視是文學上普遍而持久的主題，譬如《木馬屠城記》、《長恨歌》，不勝枚舉。

理因素。很顯然的是：一個人的自戀對於另一個放棄自身部分自戀而追求對象愛的人來說，具有極高的吸引力。小孩的迷人之處在很高程度上就在於他的自戀，在於他的自滿自足和不可企及，正如一些迷人的動物那般（譬如貓以及大型的掠食獸類），好像只會自顧自而對人不理不睬。說真的，如同再現於文學作品中那般的大號罪犯以及諧星們，都會使我們對他們的自戀型內在一貫性產生強迫的興趣，因為他們正在使出渾身解數地把自我之中任何會逼退自戀的東西都趕跑。好似我們都在羨慕他們能夠維持自身之內的某種至福的心靈狀態——這是個不容置疑的力比多立場，因為我們自己已經將它放棄。不過，自戀型女人的高度迷人之處，也會有其倒反的一面；即愛慕者對於這個女人的愛情會產生懷疑，以及他對她的謎樣本性所生的抱怨，這一大部分的不滿都有其根源，就在於這些類型的對象選擇之間的不一貫性。

我要在此做個保證，也許不算是離題，就是保證此處所描述的女性情慾生活不是出於我本身有任何偏斜的慾望去貶低女人。除了事實上這種偏見本來就離我很遠之外，我還知道這些不同的發展路線相當符合於高度複雜的整體生物性之中的功能分化；更且，我也願意承認：有不少的女人，其情愛生活更接近於男性類型，也會發展出合於該類型性愛的過高抬舉。

自戀的女人對於男人的態度總是停留在冷漠狀態，但就算這樣，還是有一條途徑可把她引向完全的對象愛。那就是對於他們所生的小孩，他們身體的一部分會直面著他們，[49] 宛如那是個與自身不同的對象，於是從此開始，他們會付出完全的對象愛。另

---

**49** 譯註：身體所直面的，就是小孩——很顯然，這是在談哺乳。

外還有一種女人，他們不需等到生孩子才來採取離開（次級）自戀而導向對象愛的發展路線。在青春期之前，他們已能感覺到自身的男性傾向，並且會沿著男性路線發展出男性的行為方式——事實上是在他們自身中曾經擁有的男孩子氣，所留存下來的一種理想。

到目前為止，以上我所指稱的那些，可用個簡要的總結來表明走向對象愛的幾條途徑。

一個人可以愛上——

(1) 根據自戀型來說：
　　(a) 他本身之所是（即是他自己），
　　(b) 他本身曾經是的，
　　(c) 他自己想要成為的，
　　(d) 曾經是他本身一部分的某人。

(2) 根據依附型來說：
　　(a) 餵養他的女人，
　　(b) 保護他的男人，

以及在後續發展中取代以上各類的替代者。其中屬於第一類型的（c）還沒有充分的理由，要等到本文的較後階段才能討論[頁 119-120]。

對於男同性戀的自戀對象選擇，其意義必須在另一脈絡下推敲。

兒童的初級自戀，我們早已認定有此，也憑此形成我們的力比多理論公設之一，比起由他處的推論來說，是比較不容易由直

接觀察來確認的。如果我們看看父母親對孩子的親愛態度，我們就必得承認那是由他們自身早已放棄的自戀中，重新燃起以及重新複製而成。以過高抬舉為指標相當值得信賴，我們已經認定那是自戀的印記，如眾所周知，在對象選擇的狀況中，那個指標就支配了他們的情緒態度。由此，他們會把一切完美德性強迫賦予自己的孩子——然而嚴肅的觀察會發現此非實情——並把他所有的缺點都隱瞞或忘記。（據此來看，孩子對於性的否認即與此有關。）更有甚者，他們會傾向於把文化中習得的所有操作都予以懸擱，給孩子提供一切有利的條件，但這是他們自己的自戀在強迫他們給予孩子的重視，並以孩子之名來更新這項特權聲明，而這是他們自己在很早以前就已經放棄的。比起父母，孩子應該過著更好的日子；他應該不受到他們自己認定的必要大事所主導。疾病、死亡、放棄享樂、限制自己的意志等等，都不應沾到孩子的邊；自然和社會的法則都應取消，一切以孩子的利益為先。他應該再度成為天地創造的核心——「寶貝陛下」，[50] 我們自己也曾有這種奢華的幻想。孩子應能滿足父母那種一廂情願但從未實現的夢想——這男孩應能代替父親成為一個偉人或英雄，這女孩則應做為母親遲來的補償而嫁給一個王子。在這套自戀體系中最動人的位置，亦即不朽的自我，由於受到現實的嚴酷壓迫，就最好能逃進孩子之中來求得保全。父母之愛，多麼動人，而在底子裡又是多麼孩子氣，說穿了不過就是父母的自戀，再複製一次，變形為<u>對象愛</u>，準確無誤地顯現了先前的本質。

---

**50** 〔「自我陛下」（'His Majesty the Ego'）一詞曾出現在佛洛伊德較早的文章〈創作的作家與白日夢〉（'Creative Writers and Day-Dreaming' 1908e）〕

# III

讓一個小孩的原初自戀暴露出來的困擾，就是他找到一種反應用來保護自己免受困擾，以及他被迫這麼做的途徑——我曾提議暫時擺在一旁的這些主題，本是一個重要的工作領域，有待我們去探究。然而，其中最顯著的部分，可用「閹割情結」（在男孩，對於陽具的焦慮——在女孩，對於陽具的欽羨）的形式分離出來，並視為從早期性活動延宕而來的相關效應來加以處理。精神分析研究通常能使我們追溯到這道與力比多本能遭逢的興衰週期，而當它能從自我本能離析出來時，是在力比多本能的對立位置上；但在閹割情結的某特殊領域中，它能讓我們推論出某一時期的存在，以及當時的心靈處境，由此得知這兩組本能（仍以同聲齊唱的方式互相交織）會顯現為自戀的興趣。在此脈絡下，阿德勒（Adler 1910）推導出了他的「男性抗議」（masculine protest）概念。他將此概念提升到幾乎成為性格以及神經症形成的唯一動力，他所根據的既然不是自戀症，因此仍應歸屬於力比多的傾向，只不過是奠基在社會評價上。精神分析研究自始就已能辨認出「男性抗議」的存在，但對此的看法和阿德勒相反，認為其本質就是自戀症，並且是從閹割情結中衍生而出。「男性抗議」與性格的形成大有關聯，乃致成為性格的開創者，並與其他種種因素一併進入此道，但這完全不宜於解釋神經症的問題，然而關於這點，阿德勒只考慮到「男性抗議」能為自我本能所驅使的方式。我看出其中非常不可能的，乃是把神經症的起源歸於閹割情結這麼狹隘的基礎上——姑不論此情結會多麼有力地在男性的阻抗中浮出檯面，並且可能由此邁向神經症的康復。很碰巧的

是，我知道一些神經症案例，其中的「男性抗議」，或以我們的
看法來說，即閹割情結，在病因學上沒有任何分量，甚至根本不
曾出現。<sup>51</sup>

對於正常的成年人所做的觀察可看見：他們先前的自大狂逐
漸退潮，因而我們在其心靈特徵上所推論的幼稚自戀也已被抹
除。那他們的<u>自我力比多</u>會有什麼變化？我們是否要假定其總量
都移往<u>對象投注</u>了？此可能性和我們的整套論證走向簡直剛好相
反；但我們可在此問題的另一個答案中發現一點點壓抑心理學
（psychology of repression）的提示。

從力比多的本能衝動，我們所學到的是：在主體與所處的文
化、倫理觀念互相衝突時，這些衝動就會經歷病因學上的壓抑週
期起伏。以此而言，我們的意思絕不是指這個問題中的個案對於
這些觀念的存在僅有智性的認知；我們一直是指此人不但承認這
些觀念為他自己的準則，並且也身處於這些聲稱之中。我們說
過：壓抑是從自我出發的；我們也許可以說得更準確一點，即它
是以自我的自尊心來起步的。同樣的印象、經驗、衝動和慾望，
為一個人所戮力以從者，或至少是有意識地投身其中者，其他
人對此可能會非常鄙視並予以拒斥，甚至在進入意識之前就已遭

---

51 譯註：這句話和本文主旨含有理論上的矛盾，請參看英譯者註：〔佛洛伊德
曾在 1926 年 9 月 30 日致函給愛德華多 · 魏斯（Edoardo Weiss），在此函
中，他說：「您的問題，關於我在論自戀症的文章中所主張者，即是否有哪
種神經症，在其中閹割情結不佔任何分量，這說法讓我陷入很尷尬的處境。
我記不得當時我在想什麼。今天，**說真的，我無法說出哪一種神經症之中不
含有這種情結，並且無論如何我不會再寫出這樣的句子**。但正因為我們對整
個議題的理解還嫌太少，因此怎麼說我都寧可對此不下定論。」〕

堵塞。[52]這兩者之間的不同之處，其中包含著壓抑形成的制約因子，會輕易地表現於我們可用力比多理論來解釋的方式上。我們可以說：一個人會樹立起自己的**理想**（ideal），並由此來衡量他實際上的自我，然而他人並不一定會形成同樣的理想。對自我而言，理想的形成也就是反制壓抑的因子。

這個理想的自我現在成為自我愛戀的標的，而這是在童年時所實際享有的自我。主體的自戀以誤置（displacement）的方式現身為這個新的理想自我（ideal ego），而且就像幼稚的自我一樣，發現自己擁有一切寶貴的完美性。當我們所關切的是力比多問題時，總會發現這種自我的一再顯現，無法放棄曾經享有的滿足。他不願拋下童年自戀的完美；當他長大後，他會被別人的勸勉所干擾，也會在自身中長出自己的批判，於是他無法再維持那種完美，他要以新形式的自我理想（ego ideal）來讓該完美經驗得以復活。他所投射的理想乃是失去已久的童年自戀之替代物，在其中，他就是自己的理想。

我們自然會被引導去檢視這種理想的形成，及其與昇華（sublimation）之間的關係。昇華是和對象力比多有關的過程，也包括將本能導向另一個目的，與性滿足不同，且相距甚遠；在此過程中，重點在於此目的與性滿足所呈現的歪斜關係。理想化（idealization）的過程所關切的是**對象**；在其中，該對象未曾改變其本質，卻在主體心中被放大、揚升。理想化有可能出現的場子在自我力比多，也有可能在對象力比多。譬如說，對於對象在性方面的過高抬舉就是把它理想化。至此，我們把所談的昇華描

---

**52** 譯註：「堵塞」就是壓抑的意思，佛洛伊德對此另有專文討論。

述為和本能有關的某物，而理想化則是和對象有關的某物，這兩個觀念應該要能清清楚楚地區分開來。[53]

　　自我理想的形成常與本能昇華混淆不清，以致對我們的理解構成了障礙。一個人若將他的自戀換成對於自我理想的頌揚，也未必能就此完成力比多本能的昇華。自我理想確實會要求這種昇華，但卻不能強使之發生；昇華仍是一種特殊的過程，可由理想來催生，但要執行其發生則完全獨立於此催生之外。[54] 我們正是在神經症患者身上看出兩種潛能最高度的差異，亦即在自我理想的發展，及其原始力比多本能投注在昇華的多寡之上；總之，要說服一個理想者在不適當的地方投注力比多，遠比普通人只是裝一裝有理想的樣子，要困難得多。更有甚者，自我理想和昇華的形成，兩者與神經症成因之間的關係也大為不同。正如我們已知的，一個理想的形成會提高自我的種種要求，並且是造成壓抑的最強因素；昇華即是其出路，循此道路而出，可以應付那些要求而**不必**捲入壓抑。

　　毫不令我們驚訝的是，假若要我們找出一個特殊的心靈審查者（psychic agency）[55]，知道他會表現的任務就是在看自我理想中的自戀滿足是否可以保證會發生。以此為目標來看的話，他是一

95

---

53　譯註：佛洛伊德對於理想化議題曾做過反覆討論，譬如見於他的《群體心理學與自我的分析》（1921）一書，第八章。

54　譯註：執行昇華可能完全獨立於理想的催生之外，有一顯例最足說明：藝術的發生，除了內在的能力之外，學習與外在楷模的存在是極為重要的條件，自我理想顯然不足以頂替這個條件。

55　譯註：psychic agency 譯作「心靈審查者」，是在本文特有脈絡中的譯法；在此之外，agency 更常譯作「代理人」或「能動者」，但不適用於本文之所指。

直在監視著實際上的自我，並以此理想來衡量自我。[56] 如果此一機制不存在的話，我們就不可能經由**發現**來碰上他——我們只能把它**辨認出來**；因為我們可以反思到我們所謂的「良心」就具有那裡所需的特徵。對於這個機制執行者的辨認才使得我們能理解何謂「被人注意的妄想」，或說得更正確些，被**監視**，[57] 而由於這是在妄想症中相當引人注目的症狀，此症狀也可以單獨發生為另一種疾病形式，或是穿插在傳移神經症中發生。這類患者會抱怨他們所有的思想都已為人所知，而他們的行為也都受人監視和督察；他們獲知這位執行者的所作所為乃是透過這位執行者特有的第三人稱語法，對著他們講的（譬如：「你看她又在想那回事了，」「現在他要出門了」）。這樣的抱怨是有理由的；因為它是在描述事實。像這一類的力量，即用來監視、發現和批判我們所有的念頭等等，都是真實存在的。說真的，它存在於我們每個人的正常生活中。

96　　　　對於受到監視的妄想會以退行的形式來呈現這種力量，由此也顯現了它的起源，以及為何這名患者會對它進行抗爭。因為會給主體提示而形成自我理想的那股力量，也讓他的良心成為其代表而自居為監視者的，其實就是來自父母的關鍵影響力（透過聲音媒介傳達給他），在往後的發展中，還加上在他的環境中教育

---

**56**　譯註：此一監視者以及自我理想這兩者的結合，就是佛洛伊德後來發展出來的超自我（super-ego）。見其《群體心理學》（*Group Psychology* 1921）及《自我與伊底》（1923）。關於 id 譯作「伊底」而不用「本我」的譯名問題，請參見〈譯者導論〉的說明。

**57**　譯註：這裡有兩個有些微差異的德文語詞，就是 Beachtungswahn 和 Beobachtungswahn——前者通常譯為「被觀察的妄想」；後者則是「被觀察的頑念」。

他、訓練他的那整群既數不清也看不分明的各類為師者 [58]——他身邊所有的鄰人——以及公共輿論。

就這樣，大量的力比多，基本上屬於同性戀那類，被扯進自戀的自我理想形成過程中，也在其中找到滿足和繼續維持的出路。良心的機制在底層中就是某種體現（embodiment）——首先是來自父母的批評，接下來就是整個社會——此一過程會不斷重複，用來取代壓抑的傾向，而這個傾向的發展，首先就始於有外來的壓制與障礙之時。患者聽到的那些聲音，以及由此衍生至不可勝數者，再度由疾病帶上檯面，良心就循此而以退行的方式複製。但對於這個「監視審查者」（censoring agency）[59] 的反抗則出於主體的慾望（平行於其疾病的基本特徵），以便讓自己從這些影響中解脫，其肇始點乃是來自父母，而後由此撤退到同性戀力比多。[60] 他的良心因此才會以退行的形式直面著他，有如來自外在的敵意影響力。

妄想症患者所做的抱怨也顯示出，在良心底層的自我批評，恰恰呼應了其所根據的自我觀察。緣此，取得良心功能的心靈活動，也同時讓自己為內在探究（internal research）[61] 而服務，然後再以智性操作為此補滿許多哲學材料。這些過程也許和妄想症患

---

**58** 譯註：這些「為師者」可說就是「三人行必有我師焉」的意思，所以後來就變成「所有的鄰人」。

**59** 譯註：由監視者擴充衍生成為一套「監視審查者」（censoring agency）。

**60** 譯註：這個「同性戀力比多」，由上文可看出，就是指自戀。

**61** 譯註：這個「內在探究」（internal research）值得注意，因為佛洛伊德曾在他的著作中花費不少篇幅討論兒童的「幼稚探究」（infantile research），特別在《性學三論》及《小漢斯（個案）》中。

者總愛建構出一套玄想體系的特別傾向頗有關係。[62]

對我們而言，這當然是重要的，如果此一自我批評的觀察機制是有證據的心靈活動——後來此活動升高成為良心以及哲學的內省——並且也可在其他領域發現的話。在此，我要提提賀伯特·西爾伯惹（Herbert Silberer）所謂的「函數現象」（functional phenomenon），此乃夢理論之中少有的幾項無須爭議的增補之一。如眾所周知，西爾伯惹道出的是，在睡與醒的狀態之間，我們可以直接觀察到思想翻譯為視覺意象，但在此情況中，我們常見的是再現（representation），不在於思想的內容，而在於這個正在掙扎不睡的人所實際身處的狀態（如不情願、疲倦，等等）。同樣地，他也說，有些夢的結論或夢中某些部分的內容，只指示了做夢者對於自己的醒與睡狀態的知覺。由此，西爾伯惹展示了在夢的形成中，觀察所扮演的角色——這是就患者妄想中的被監視而言的。這個角色並非經常在場的。[63] 我之所以會忽視此觀點，也許有個理由，就是這角色在我自己的夢中根本不是什麼大牌；然而在一些擅長於哲學思維以及常做自省的人來

---

**62** 我要在此補充兩點，就算只是個建議吧：這套審查者的發展與強化可能內在地包含其後來創生的（主觀的）記憶，以及時間因素，其中的後者在無意識過程中毫無用處。〔這兩點的進一步討論，可參見〈無意識〉一文。〕

**63** 譯註：夢的理論，即使在佛洛伊德本身，在他寫出

「夢作＝顯夢（夢景）／隱夢（夢思）」

這個公式時，也未曾把「觀察者」放在其中。後來我們都知道：所有的夢，在做夢之時已經有第一層的觀察者（審查者）介入，在夢的回憶與敘事時更難免有第二層的觀察者介入。於是，無論是說「隱夢躲在顯夢背後」，或說「觀察者躲在顯夢背後」，或說「夢作的敘事背後也躲著觀察者」，都對。同時有一層一層的「背後」，就把我們拉回到「終極迴歸的辯證法」。我們閱讀佛洛伊德，有個傳承上的任務，就是要把佛洛伊德當時無法斷定的疑問（見下註）加以「重讀＋改寫」。

說，那就會變得相當顯要了。

談到這裡，我們也許會回想起，我們已發現夢的形成就是在審查機制的支配下，才導致夢思的強迫扭曲。不過，我們並未將此審查的圖像描繪成特殊的權力，而是選擇了其中一個條件來指出：在統治著自我的力量中，有一面是壓抑傾向，也就是說，這一面會針對夢思而發。如果我們更進一步深入自我的結構，我們就會在自我理想以及良心的啟動中把**夢的監視者**（dream-censor）辨認出來。如果這位監視者連在睡眠中都還維持著某程度警醒的話，我們便可理解其中所暗示的自我觀察與自我批評是如何活動的——其中的思維包括有如「現在他睏到不能思考了」，「現在他要醒了」之類——以及它對於夢的內容有何貢獻。[64]

到此為止，我們就可在正常人和神經症患者之間，對於自我關愛（self-regard）[65]的態度，來嘗試做些討論。

首先，自我關愛對我們而言，就是關於自我的大小（the size of the ego）的一種表現；[66]至於在種種因素中，是什麼在決

---

**64** 我在此無法斷定：審查者從自我的其他部分中分化出來，是否足以構成意識與自我意識兩相區分的哲學基礎。（譯按：佛洛伊德這個「無法斷定」的命題，非常重要，見上註。當我們問：在自我的後面還有個推手〔就如我們所熟知的「推己及人」之說〕，那到底是誰在推？）

**65** 譯註：「自我關愛」在中文日常用語中很接近於「自尊（心）」，但在本文中強調的語意連貫性是在於「愛」而非「尊」，故有此譯法。

**66** 譯註：為什麼說是「自我的大小（the size of the ego）」？在此文中，一開始就談到「自大狂」，這是「大」；至於「小」，一方面就是整套壓抑理論當中，自我備受壓抑的那種狀態；另方面也可參考古漢文（甲骨文）中，「人」字的造形就是卑躬屈微（見右圖），那正是不折不扣的「下

甲骨文　　金文

定此大小的，那就無關緊要。一個人所擁有的，或是他能做出什麼來，以及所有原始全能感的餘緒（在他自己的體驗中一再肯定的），這全部都有助於擴增一個人的自我關愛。

把我們對於性本能與自我本能所作的區分，運用到這裡來，我們就得承認，自我關愛對於自戀的力比多有特別親近的依賴關係。我們在此有兩項基本事實的支持：首先，在妄想分裂症上，自我關愛會增加，然而在傳移神經症上則會減少；其次，在情愛關係中，不被愛會降低自我關愛感，而被愛就會使之增高。正如我們已經指出的，自戀的對象選擇，其目的及其滿足就在於要被人所愛。

更且，很容易觀察到的是，力比多的對象投注並不會提高自我關愛。對於情愛對象的依賴，其效應就是降低該情感：一個戀愛中的人總是謙卑的。戀愛中的人，可謂贋造了他自己的部分自戀，而在此只有**被愛**才能取而代之。在所有這些情愛的各個方面，自我關愛似乎都在其中維持著自戀的因素。

在自認的無能（impotence）中，亦即一個人自認為沒有愛的能力，尤其作為心理與生理失調的後果，特別會有降低自我關愛之效。在此，我的判斷是，我們必須找出這種自卑感的源頭，這在傳移神經症中，就是患者所體驗到的苦，也得要在此說出來。總之，這類感覺的主要源頭，就是自我的貧弱化，由於有非常大量的力比多投注從對象中撤回——也就是說，由於自我在性愛過程中所受到的傷害一直維持著，以致那股力量變得失控了。

99

民／小人」模樣。對於人的條件（human condition）這問題，我們因此有千古的傳統，可用來和佛洛伊德對話。

阿德勒（1907）是對的，當他主張：一個具有積極心理生活的人，若在他的某部分肢體器官上自認有缺陷，他就會以某種特別高度的激勵或召喚，來表現出過度的補償。但是，以阿德勒所舉的例子來說，我們若把所有的成就都歸因於原初器官缺陷的因素，那就太誇張了。那也不可能說，所有的藝術家都有視覺障礙，或所有的演說家本來都有口吃吧？何況我們有很多實例，說明了許多高度成就都源自於**優異**的官能秉賦。在神經症的病因學上，官能的缺陷與不完美的發展都只佔了微不足道的角色——正如當下活躍的知覺材料在夢形成時所佔用的角色一樣。神經症會把這類缺陷當作前文本（pretext）來使用，正如其利用每一種其他的適用因素皆然。我們可能會誤信一位神經症的女性患者所說的，她無法避免會患病，因為她長得醜、有身障、或不迷人等等，因此沒有人會愛上她；但下一位神經症患者可教我們更多——因為她就是堅持於她的神經症以及對於性的嫌惡，縱然比起普通的女性來說，她比較好看，也更為人所中意。絕大多數歇斯底里的女性患者，在她們的性別當中都是比較迷人，甚至更代表了漂亮的一群，然而，另一方面，在社會低階的人群當中，其貌不揚、器官缺陷、虛弱等等的高比率，並未增加他們患上神經症的頻率。

　　在自我關愛與情慾的關係上——也就是與力比多的對象投注關係上——我們可以簡潔地表述如下。兩種病情必須予以區分，根據的是他們的情慾投注是否為自我諧和的（ego-syntonic）[67]，或

----

67　譯註：「自我諧和」一語使用了音樂的隱喻。我們至少可理解為：體驗的自我與觀察的自我屬於「同調」或「諧和弦」，但這並不意謂自我以及作為力比多對象的分離狀態消失不見。

反過來說，是否為壓抑所苦。在前者（即力比多的使用方式是自我諧和的），對於愛的成敗可等同於自我的所有其他活動。愛情本身，只要包含著渴慕及剝奪，就會降低自我關愛；然而只要是被愛，即獲得愛的回報，也擁有了愛的對象，就會再度抬高自我關愛。當力比多受壓抑時，情慾的投注在感覺上就是自我的耗竭，在其中愛情不可能獲得滿足，因此要讓自我恢復效能，唯一的辦法就是把力比多從對象身上撤回。對象力比多之撤回到自我，及其轉換為自戀，恰恰代表著重獲幸福的愛情；反過來看，真正幸福的愛情就相當於那種原初的狀態，在其中，<u>對象力比多與自我力比多</u>正是難解難分。

關於此議題的重要性及其可能的擴展，我有理由補充幾點零星的註解。

自我的發展包含與原初的自戀分離，而後則用旺盛的精力試圖恢復該狀態。這分離之所以發生，是由於力比多誤置於強勢且外來的自我理想；而滿足的獲得就在於填滿此一理想。

在此同時，自我也送出了力比多的<u>對象投注</u>。自我為了加強投注會因此而變得貧弱，反之該自我理想則因此得利，也就是說，自我因此一對象的滿足而得以再度擴增，正如他因填充此理想也變得飽滿。

自我關愛中有一部分是原初的——此即嬰兒期自戀的殘餘；另一部分起於體驗中的全能感（自我理想的填滿），還有第三部分，則來自對象力比多的滿足。

自我理想強加了一些嚴厲的條件於力比多的滿足——經由種種對象；因為其中有一些會被審查者擋掉，也就是變得無法相容。但在此類理想沒得形成之處，其中的性趨向在人格中會自然

流露，而其形式就是性泛轉。[68] 為了再度成為自己的理想，尤其在性取向方面不少於其他種種，可如回到幼年時代那樣——這就是一般人奮力要獲取的所謂快樂幸福。

在戀愛之中包含著自我力比多溢流到對象上。其中的力量足以排除壓抑，並且重新引發性泛轉。這時的自我會把性對象歌頌成性理想。[69] 既然在戀愛中的狀態發生於對象型（或依附型），即透過嬰兒對於愛的條件滿足，我們就可說：不管是什麼，只要填滿該條件者，就會被理想化。

性的理想可能以一種有趣的輔助關係進入自我理想。在自戀滿足碰到真實的障礙時，它可利用為替代的滿足。在那情況下，人的愛就會附和於自戀型的對象選擇，也就是會愛上他自己曾經所是也且不再是的那個人，不然就會愛上具有很多優異條件而他自己卻從未擁有過的人（參見上文[70]）。此處與那條總結公式平行的意思，就是說：**但凡擁有自我所無法納入理想的優點者，就會被愛**。這種手段對於神經症而言特別重要，因為這種人在過度投注於對象之時，其自我已經貧乏到不能夠填滿他的自我理想。經由力比多在眾對象上的浪遊，他會找出一條回到自戀的途徑，

101

---

68 譯註：這個「性泛轉」在前文已出現，提醒讀者：這是譯者所作的新譯名，因為舊譯「性變態」相當含混，不明所指，因此不可使用。

69 譯註：由此，我們可回顧榮格對佛洛伊德的批評，說他把「理想」窄化成「性理想」。我們倒是該反問榮格：這裡的話題明明是「性慾轉化為理想的可能」，這時的焦點正是「性理想從何而來」的問題。難道我們要質問「性理想」是「理想的窄化」嗎？性慾昇華為藝術，這樣的學說必須說成「窄化」嗎？藝術的原動力固然不能只是性慾（藝術的學習不也是一種原動力？）但佛洛伊德哪裡說過「藝術的原動力只是性慾」這樣的無稽之談？——榮格學派在傳授這種意識形態時，明顯使用了稻草人式攻擊。

70 譯註：上文提到的「簡要總結」中，有一項是「他自己想要成為的」。

他所選擇的性理想（以自戀型來說）就是擁有他自己無法獲致的優點。這就是愛的療癒，然而他通常寧可透過分析來做治療。說真的，他無法相信任何其他的療癒機制；他通常進入療程時會帶著這類期待，並對著醫療者本人而發作。由於患者的強烈壓抑導致他對愛的無能，這自然會妨礙這類的療癒計畫。其中常會透過此療程而碰到一種不預期的結果，就是當他局部解脫壓抑時：他從進一步的治療中退縮，以便就近選擇一個情愛對象，想要把往後的療癒交託給某位他所愛的人一起帶來的生活。我們也許會對此結果感到滿意，倘若其中不帶有一切危險，即讓所需的協助者產生了會損害自己的依賴性。

自我理想為群體心理學的理解開啟了一條康莊大道。在其個體面向之外，此理想還有其社會面向；因為它通常也是一個家庭、一個階級，乃至一個國家共有的理想。它會結合起不只是一個人的自戀力比多，還會帶出相當大量的同性戀力比多，[71] 而就是經由此途才轉回到自我。所要求的滿足若是起於不實現這種理想，會釋放出同性戀力比多，而這就會轉換為罪疚感（社會焦慮）。這種罪疚感原本是害怕父母的懲罰，或者，更準確地說，是害怕失去父母的愛；後來父母就被無數的鄰人所取代。妄想症常有的病因是自我受到傷害，以及在自我理想範圍內的滿足受挫，我們由以上的討論而對此更能理解，正如能把理想的形成與

---

[71] 〔同性戀在群體結構中的重要性，在《圖騰與禁忌》（*Totem and Taboo* 1912-1913）一書中已有點提示，後來又在《群體心理學》一書中再度提及。〕譯註：這種「同性戀」沒有繁殖的功能，卻能把愛表現為「不獨親其親，不獨子其子」、「泛愛眾而親仁」，因此，它既是社會良心，也暗示了「超越的自我」概念的誕生。

自我理想中的昇華結合起來，還能把昇華的迴歸過程與妄想分裂
症中的理想所可能的轉換也結合起來了。

# 3

哀悼與憂鬱

# *Mourning and Melancholia*

## Trauer Und Melancholie

本文譯自《佛洛伊德全集英文標準版》卷十四
(*The Standard Edition of the Complete Psychological Works of Sigmund Freud,*
Volume XIV [1914-1916], pp 237-258)

　　夢在我們常人的生活中可視為自戀症的初型（prototype），[1]
我們現在就要給其中的憂鬱症（melancholia）[2]本質照上一點光，
以便能與常人的哀悼（mourning）情感做個比較。[3]但這次，我們
一開始就得先承認，也是個警告，希望對於我們的結論不要高估
其價值。憂鬱症，即便在描述的精神醫學中，其定義也是起伏不
定，在臨床上則會以好幾種形式出現，是以把它們全部兜在一起
成為單一的整體，看來也無益於建立其確定性；而其中有些形式
毋寧是身體上的病情，而非心因的（psychogenic）情感。我們
的研究材料，不同於一般公開觀察的印象，是限定在一小群病例
上，而他們的症狀無疑都帶有心因的本質。因此，我們打從一開
始，就應放棄對此結論做整體效度的宣稱，而對我們自己可堪告
慰的是，反思再三，以我們今天所掌握的探究方式來說，我們很
難不發現一些典型的案例，就算不能把它說成一種心理失調的大
類，至少在這一群人當中是說得通的。

　　憂鬱症與哀悼這兩者之間有關，似乎可用兩個條件的共同圖
像來作為理由。[4]更且，由環境影響而激發的病因，至少在我們可
鑑別的程度內，這兩個條件具有共同點。哀悼通常是對於失去所
愛者的反應，或者喪失了可取代所愛者的抽象物，譬如失去國

---

1　譯註：「prototype」是指任何事物的初始（原始）型態。為了跟「原型」一
　　詞有別，這裡採用的譯名是「初型」。

2　譯註：「melancholia」可譯為「憂鬱」或「憂鬱症」，視其文脈而定——大
　　抵上，用以指稱一般人的情感狀態時用前者，特指神經症時用後者。

3　譯註：本文原標題中的「Trauer」，在德文中可指哀悼的情緒，以及悼念的
　　行為（弔喪）。英譯為「mourning」後，與中文「哀悼」一樣，只指前者。

4　亞伯拉罕（Abraham 1912）對我們最重要的貢獻，是在此題材上提供了一點
　　分析研究，他也在他的研究起點上做了同樣的比較。〔佛洛伊德事實上早在
　　1910 年或更早之前就做過這樣的比較。〕

家、失去自由、失去理想等等。在某些人身上，同樣的影響會產生憂鬱症而不只是哀悼，我們因此會懷疑他們有病態傾向。同時很值得注意的是，雖然哀悼會包括遠離生活常態，我們卻絕不能將此視為病理狀態，並把它交付給醫療處遇。我們相信它本身在一段時間之後就會自行克服，並且我們認定任何對此的阻撓都絲毫無益，甚至有害。

與此有別的憂鬱症，其心理特徵乃是心灰意冷的沮喪，對外在世界的興趣完全停止，喪失愛的能力，抑制所有的行動，並且把自我關愛降低到以自責、自貶為出路，甚至逼出了期待受懲罰的妄想。這幅圖像要能變得比較容易看懂的話，就是可以推敲它和哀悼具有某些相同的特質，除了一個例外。對於自我關愛的困擾不會在哀悼中出現；除此之外，其他各方面都是一樣的。深刻的哀悼，即對於失去所愛者的反應，包含著同樣痛苦的心靈架構，同樣失去對外在世界的興趣——至少在世界尚未重新召喚他之前——同樣失去接受任何新愛對象的能力（這意思是說他的立場變成如此），也同樣轉離了所有活動，對那些東西沒有任何心思。這很容易看出，這是對於自我的抑制與局限，也就是表現為徹底陷入哀悼之中，容不下任何其他的目的或興趣。只因為我們確實曉得要如何解釋這種態度，因此不會把它看成病態。

我們也應該將此視為適當的比較，即哀悼的心情是一種「痛苦」。當我們站在某個角度，我們也許還能很有理由地以痛苦的經濟學（economics of pain）[5] 來看待此一特徵。

---

**5** 譯註：佛洛伊德曾在多處使用「經濟學」一詞，不是指財務、會計、金融等範疇中慣常的用法。要而言之，他的意思是就有機體而言，指某種能量（即力比多）的交易和收支平衡關係，在此，財務問題的處理反而形同經濟學的

那麼，哀悼所表現的這種機能到底包含了什麼？我不認為下述的說法有任何過當之處。現實考驗（reality-testing）可顯示出：所愛的對象已經不存在，然後就會有要求，應該把所有依附在該對象中的力比多撤回。這樣的要求可想而知會激起反對——這是在整體觀察中看到的：人就是不會心甘情願地放棄一個力比多的立足之地，甚至在一個替代物正向他招手時，依然如此。這樣的反對可以強烈到完全脫離現實，並死抓著對象不放，以致產生了一廂情願的精神病幻覺。[6]

　　在正常的情況下，過日子還是得尊重現實的。然而有時現實的命令在當下無法遵守。這種逾矩的行為點滴累積，即令要付出時間和精力上更高的代價，也在所不惜，而在此同時，失去的對象就會延長其存在。依附在對象上的力比多憑藉任何一小片記憶或期待就會以高度投注的方式帶動起來，這時為了成就此願，就會產生力比多的脫離。[7]在這種妥協中，仍然會點點滴滴地遵從現實的要求，但為何這樣就會造成極度痛苦，也很難以經濟學來作解釋。非常值得注意的是：此其中的痛苦與不悅，在我們看來是理所當然。然而，事實上，當哀悼的工夫[8]完成時，自我就變回

245

---

比喻。

**6**　請參閱先前一篇文章（譯註：指的是〈夢的後設心理學〉）（'The Metapsy-chology of Dreams' 1917, 1925）。

**7**　〔這想法在《歇斯底里的研究》（1895d）中已經出現：此一過程類似於佛洛伊德開始討論 R 小姐（Elisabeth von R.）的個案之時。〕

**8**　譯註：這裡說的「工夫」，原文作「work」，當然是指某種「工作」，但漢語傳統中有個更合適的字眼，譬如在「存養工夫」中所謂的「工夫」。此詞在佛洛伊德著作中是個基本的關鍵詞，值得我們以更接近漢語的用法來理解。

自由之身，也不再受到抑制。[9]

現在我們就把從哀悼中學到的東西運用於憂鬱症上。在諸案例當中，有一組的憂鬱症很顯然也是對於失去所愛對象的反應。其間的激發原因有相異之處，而可看得出來的，在於此種喪失比較屬於理想的那類。對象可能並未真正死去，但因為已經不再是所愛的對象而轉變為喪失（譬如用錢買來的娼妓，自己就可把她打發掉）。其他的案例還有讓人覺得有理由相信這種喪失已經發生，但卻不太能清楚看出他到底失去了什麼，因此可以合理地假定這位患者自己對於失去了什麼也無法很有意識地覺察。也許真是如此，即患者確實意識到此一喪失導致他的憂鬱症，但只能說是知道他失去了**誰**，而不知道在這人身上失去了**什麼**。這就暗示了憂鬱症在某方面和對象喪失（object-loss）有關，但卻從意識中撤離，在對比之下，可知哀悼中沒有任何喪失可稱為無意識的。

在哀悼中，我們看見抑制的現象以及興趣喪失，這些都完全可由自我全力投入的哀悼工夫來解釋。但在憂鬱症，不自覺的喪失會導致類似的內在工夫，因此就會是憂鬱性抑制的導火線。其間的差別在於憂鬱的抑制在我們看來撲朔迷離，因為我們無法看出，到底是什麼東西把他捲入得這麼深。憂鬱症還會表現出某種在哀悼中所沒有的東西——對於自我關愛產生超常的貶抑，自我變得極度貧乏。在哀悼中，是世界變得空洞匱乏；在憂鬱症中變得如此卻是自我本身。患者表現出他的自我沒有價值，成事不足敗事有餘，在道德上卑鄙不堪；他責罵自己，貶低自己，期待自

---

**9** 〔關於這種「經濟學」的討論，會在十頁之後的下文出現。〕

己被人遺棄或受到懲罰。他在每個人面前表現得很卑賤，也為了自己的親人和他這個沒出息的人有關，而覺得可悲。他不覺得自己發生了什麼變化，反倒是回頭數落自己過去的不是；他宣稱自己從來不曾好過。這幅自卑妄念（主要是道德上）的圖像還會加上夜不成眠、沒有食慾，以及把本能完全顛覆（這在心理上非常引人注意），放棄一切讓人的生活非要不可的東西。

從科學和心理治療觀點看來，同樣會毫無結果的，乃是向帶來這麼多自我控訴的患者，去直面他的矛盾。他在某方面一定是對的，並且他也正在描述某些在他看來就是的樣子。我們實應當下毫無保留地肯定他所說的一些話。他是真的興趣缺缺，沒能力去愛人或成事，正如他所說。不過，我們知道，那些都是次要的；是某種內在工夫的效應，把他的自我耗盡──這種工夫是什麼，我們不知道，只知它可與哀悼的工夫相比。在我們看來，他在某些方面對自己的控訴是有理的；他比不在憂鬱中的人只不過是眼光更尖銳，可以看透真相。當他在高張的自我批評當中，把自己描述為卑鄙下賤、自我中心、不誠不實、缺乏獨立、目的都只在掩飾自己本性中的弱點，等等。這些也許都是對的，至少以我們的所知而言，他已經相當接近於自我理解；我們只是很驚訝：為什麼一個人必須患病才能接近這種真相。因為毫無疑問的是，假若任何人對他人堅持表示對自己的看法如此（就像哈姆雷特堅認自己和其他所有人都是這樣[10]），他就是病了，不論

---

10　「照每個人的名份去對待他，那麼誰還能逃得了一陣鞭子？」（《哈姆雷特》，第二幕，第二景）。──譯註：佛洛伊德在此引用了莎士比亞。此句的翻譯是根據朱生豪譯本（中英對照版，104頁）。但原文的意思更應該是這樣：「給每個人一份甜點之後，誰能因此就躲過一頓鞭打？」

他說的是真相，還是他或多或少在對自己不公平。同時也不難看出，以我們目前能作的判斷來說，在他的自貶程度和真正的理由之間，並不相符。一位好好的、能幹的、常用心思的女性，在發展出憂鬱症之後，談及自己時，總比不上一個原本就沒什麼價值的人；事實上，前者也許比後者更有可能陷入疾病之中，而對於後者，我們實在也沒什麼好話可說。最後，很令我們驚奇的是，憂鬱症患者的行為無論如何都有其不同於正常的表現——他們被悔恨與自責壓垮。羞於見人是平常的哀悼者所常有的，但憂鬱症患者就不是如此，或至少在他們身上並不是顯而易見。你可以強調他們的現身方式帶有完全相反的特質，就是他們堅持的言說方式，好似頗以自我暴露為榮。

因此，最重要的事情，並非憂鬱症患者悲切的自貶是否得當，亦即他的自我批評是否呼應了別人對他的看法。要點應該在於他所給出的，對於自己的心理狀態而言，正是恰當的描述。他喪失了自尊，而他對此必定很有理由。實際上，我們所面對的就是一場矛盾，其中呈現的難題真的難以解決。用哀悼來做類比，我們對他得出的結論就是：他看來是因為喪失了對象而受苦；但他告訴我們的，卻指出他所喪失的其實是他的自我。

在進入這場矛盾之前，讓我們暫先立足於一個觀點，亦即憂鬱症患者的失調所肩負的，乃是人類對於自我的構成。我們在他身上看見他的自我有一部分在跟另一部分作對，嚴苛地評判它，宛若把它當作對象。我們懷疑那個評判的執行機制在此是從自我中分離出去的，而經過進一步的觀察，也可肯定它具有獨立性。我們應該找出確實的根據來把這機制從自我的其他部分區分開來。我們會漸漸熟悉，這個機制通常叫做「良心」；我們應該把

它和其他的審查意識，以及現實考驗，都算作構成自我的主要體制，而我們會找到證據來看出它自己就可成為一場疾病。在憂鬱症的臨床圖像中，以道德為基礎對自我的不滿乃是其最為突出的特徵。患者所關心的這類範疇最常見者乃是自我評價，而不是身體衰弱、醜陋，或社會地位卑下。佔據了最顯著地位的，只是他的恐懼以及對自己日漸貧乏的斷言。

　　有個一點也不難得出的觀察結果，可用來解釋上文提及的矛盾。你若耐心傾聽一個憂鬱症患者諸多不同樣貌的自我控訴，最終必將發現，那些來自患者最嚴厲的控訴，幾乎完全不適用於其自身；然而，只需做些微的調整，你就會發現這些控訴實則完全適用於另一個人，即那個患者之所愛、或曾經愛過、或應當去愛的別人。這種猜測，每每在檢視結果後得到驗證。因此我們找到此一臨床表現的癥結所在：我們注意到，**患者的自我責備，實則原是針對所愛之對象的責備，現在轉向了自我的結果**。

　　一個女人會以憐憫的口氣大聲說自己的丈夫竟同她這麼無能的妻子綁在一起——無論從何種意義來理解，她真正想要控訴的，實乃其丈夫的無能。對於這些言辭中的自我譴責之意，且是以移調的方式零星移回自身，我們實在無需大驚小怪。這些話中有話，只是為了蒙蔽他人，使得其內心的真實狀態不可能被人識破。進一步說，自我譴責源於愛所帶來的**利弊**衝突，而正是這衝突導致愛的喪失。此時，患者的行為也變得更易於理解。他們的抱怨中蘊含著的「怨」（plaints）正是該詞最原始的意義。他們不覺羞慚，且一點也不加掩飾，因為他們所有損己的言詞在其底層上實都指向別人。此外，他們對於周遭的人絕不會表現出恥辱與馴服的態度，因為那樣做只會讓那些毫無價值的人獲益；相反

地，他們把自己變得討人嫌，看來就好像他們時常感到自己被冷落，或受到不公平對待。這一切只有當他們的行為仍舊由一系列反抗所驅動，才可能成真；然而接著，幾乎是必然地，他們的狀態就會過渡到下一個毀滅性的階段——憂鬱。

249　　　要重建此一過程並不困難。其中的對象選擇，意即力比多所依附的特定對象，曾一度存在過；接著，由於那個所愛者的回應是真實的藐視或失望，這個**對象關係**（object-relationship）[11]也在此被擊碎。其結果並非按照常理，患者將力比多從對象上撤回，並置換於一個新的對象關係上；而是做了稍有不同的選擇，因為對他們來說，接下來發生的情況才是必然的。結果證明，對象投注毫無阻抗之效，並且會把這投注過程終止。但那些重獲自由的力比多還未被置換到新的對象上，而是被撤回到自我。這些自由的力比多並未以任何其他方式受到利用，而是以被拋棄的對象來建立自我的**認同**（identification）[12]。就這樣，對象的影子投射在自我之上，而自我就此受到某個特派「審查員」（agent）[13]

---

11　譯註：「對象關係」正是 object-relationship 的恰當翻譯。這也是第二代精神分析開展出「對象關係理論」（object relations theory）的起點。目前常見的譯語「客體關係」，實係刻意模仿哲學的用詞。德文、英文中使用的「object」不一定要翻成「客體」。在中文的通常用語中，誰會把「愛的對象」說成「愛的客體」呢？是故，上文出現的 object 一詞，都已經譯為「對象」。

12　譯註：「認同」一詞適用於翻譯 identification，但卻不適用來譯 identity，此兩者並不因字根相同就可譯為相同的語詞。為避免造成語意淆亂的現象，這種區分值得特別強調：後者應譯為「身分識別」。

13　譯註：「agent」是個很常用的字，亦即上文「審查機制」（agency）的執行者。一般譯為「行動者」，或「代理人」。在《精神分析詞彙》這本書上有個特殊的譯名，叫做「審級」，已經把「審判」或「審查」的功能收進這個行動者之中。但以本文的文脈看來，這裡產生的是一個特派來擔任審判的

的審判，就仿佛那個審查者又變成了對象，一個被遺棄的對象。以此方式，對象的失落轉變為自我的喪失，而自我與所愛者之間的衝突則轉變為一道裂縫，介於自我批判行動以及因認同而發生轉變的自我之間。

如果我們關注的是這種過程的前置條件及其後效的話，有一兩件事情可以直接由此推論出來。一方面，對於所愛對象的強烈固著（fixation）必定已經呈現；另一方面，與此恰恰矛盾的是，這對象投注必定沒什麼力量可用作阻抗。正如奧圖·鸞克（Otto Rank）曾經精闢地寫道：這個矛盾似乎意指對象選擇已經有效建立了自戀的基礎，因此當障礙擋在前面時，對象投注就可以退行到自戀中。於是，對象的自戀認同可成為情慾投注的替代物，而其結果乃是：雖然與所愛的人頗有衝突，但其中的情愛關係則無需放棄。這種由對象愛而產生的認同所形成的替代作用乃是自戀情愫中的一個重要機制；卡爾·藍道爾（Karl Landauer 1914）最近已在精神分裂症患者的康復過程中指出這點。當然，它所代表的是從某一類的對象選擇退行到原初的自戀。我們曾在他處表明，認同是對象選擇的預備階段，亦即第一條途徑——以模稜兩可的方式表現——藉由此途，自我選出一個對象。自我想要把這對象含攝到自我本身中，並且配合自身力比多發展的口腔期和肛門期，他想要以吞噬來獲得。亞伯拉罕將此關聯到憂鬱症對營養物所採取的極端排斥形式，他的說法正確無誤。

我們的理論看似將導致結論——亦即，會得憂鬱症的傾向

250

---

行動者，因此我們可稱之為「特派審查員」，乃至簡稱為「審查員」。

（或此傾向中的某部分），是位在對象選擇中具優先性的自戀型中——很可惜尚未得到觀察的證實。在本文的開頭之處，我承認此研究所憑以建立的經驗材料尚不符合我們的所需。如果我們能在觀察結果與推論所得之間肯定其具有一致性，我們當能毫不猶豫地將此對象投注退行而來的力比多自戀口腔期包含在憂鬱症之內。對於對象的認同在傳移神經症中也並非罕見；事實上，那是一種眾所周知的症狀形成機制，尤其在歇斯底里症。不過，在自戀症與歇斯底里症這兩種認同之間的差異，也許可以看出：當前者的對象投注被放棄時，在後者則仍保留並持續顯現其影響力，雖然通常都僅限於某些各自分離的隨意肌活動上。無論如何，在傳移神經症上也一樣，認同的表現就是說，兩者之間有某種相同的東西，亦即由此而指向愛情。自戀認同是兩者中較為老舊的一種，它為歇斯底里認同鋪好了理解之路，因為後者還很少有人做過徹底的研究。[14]

因此，憂鬱症有一些特徵是向哀悼借來的，另外一些則是由自戀對象選擇朝向自戀症的退行而來。所以，它一方面像哀悼一樣，是對於所愛對象的真實喪失而生的反應；但在此之上，它顯然不具有正常哀悼的決定因素，而若有的話，也已是把後者轉換成病態的哀悼了。所愛對象的喪失乃是個絕佳的機會，讓情愛關係中的模稜兩可情狀顯現其效，並走上檯面。只要其中有頑念神經症的傾向，則由兩可情態中所生的衝突就會向哀悼做病態的投注，強迫它表現為自責，讓哀悼者把對象的喪失指責為自己的過

---

**14** 〔整個「認同」議題，佛洛伊德後來做了詳實的討論，見其《群體心理學》（*Group Psychology* 1921c）第七章。至於歇斯底里認同，在《釋夢》一書中出現最早的說明。〕

失，換言之，就是他情願如此。在所愛者死亡後隨之而來的憂鬱症中，會有頑念神經症（obsessional neurosis）的傾向，讓我們由此看出，在模稜兩可狀態中，若沒有力比多退行的吸引，衝突還是可以自行發生。在憂鬱症中，會引發為病的事件可大部分擴延到顯然超過死亡的所失，且會包含所有讓他受到奚落、忽視或讓他失望的情況，其中愛恨交加的情感可以輸入對象關係中，或者強化本已存在的模稜兩可。這種來自兩可狀態的衝突，有時是由真實的經驗而來，有時更多是由體質因素而來，但對於憂鬱症的前置條件來說，都不可忽視。如果這對於對象的愛——是一種不能放棄的愛，即使該對象已然放棄了——採取了自戀認同作為避難所，則其中的恨就會朝著替代的對象發作，虐待它、貶低它、讓它痛苦，然後從其痛苦中衍生出虐待狂式的（sadistic）滿足。憂鬱症中的這種自虐，無疑是很讓自己享受的，恰恰與頑念神經症中的現象相互呼應，暗示了虐待狂（sadism）與恨意[15]的滿足趨向，固然和對象有關，現在卻轉回到患者本身，而其方式就是像上文所討論的樣子。在這兩種病態失調中，患者透過自我懲罰之途，仍會向原來的對象迂曲地而成功地達成其報復，即以其病來折磨其所愛，且能以此訴求來避免對該對象直接表現敵意。總之，那個引發患者情緒失調的人，也是此病狀所集中投向的人，通常就在他鄰近的周遭環境中。憂鬱症患者關於對象的情慾投注因此而遭逢了兩種起伏週期：其中一部分退行到認同，而另一部分，在起於模稜兩可的衝突影響下，已被帶回到虐待狂的

252

---

15 此兩者的區別，請參閱我的論文〈本能及其週期起伏〉（'Instincts and their Vicissitudes'）。

階段，[16]更接近於該衝突本身。

單就是這種虐待狂，解開了讓憂鬱症患者最引人關注（也極其危險）的自殺傾向這個謎團。自我對於自己的愛是如此深厚，我們必得承認它本係人的原初狀態，而本能生活就只能循此前進，然後又知自戀力比多的尺度是如此巨大，看到它在生命受威脅時由恐懼釋放出來，我們簡直不能理解自我怎會這般同意它對自己的毀滅。我們早已知道，確實是這樣，沒有一個神經症患者的自殺念頭不是從對於他人的謀殺衝動轉回來對付自己的，但我們從來沒辦法解釋，到底是怎樣的力量在交互作用下竟能把這樣的目的直帶上執行之途。對於憂鬱症的分析至今所能顯現的是透過對象投注的翻轉，自我之所以能殺害自己，是只當它能對待自己如同對待一個對象物那般——假若它能把有關對象的敵意導向自己，而這敵意所代表的原本是自我對於外物的反應。[17]於是，從自戀對象選擇的退行中，對象其實已經被拋棄，然而可證明它的力量已經大過於自我。在兩種對立處境中，即最強烈的愛以及自殺之間，自我已被對象壓倒，雖然各自有其完全不同的力道。[18]

---

16　譯註：對於「虐待狂的階段」，有一個來自文藝復興時期的描繪，不無可能是啟發了佛洛伊德的洞識，因為佛洛伊德曾經仔細研究過這幅畫：（見附圖，羅浮宮典藏之達文西作品《聖母子與聖安妮、施洗者聖約翰》[Virgin and Child with Saint Anne and the Infant Saint John the Baptist, Louvre] 局部）

17　請參閱〈本能及其週期起伏〉。

18　〔關於自殺的討論，在較晚的著作中可發現：《自我與伊底》第五章；〈受虐狂的經濟學問題〉（'The Economic Problem of Masochism' 1924c）最後幾頁。〕

至於我們提過的憂鬱症，有一項特別驚人的特徵，即相當突出的恐懼：害怕自己變得貧乏，這有個可取的假設，就是它乃由肛門性慾衍生而來，脫離其最初的脈絡，以一種退行的意義轉變為此。

　　憂鬱症還另以一種難題的方式直面我們，而其答案有一部分會逸離我們的理解。事實就是它在過了一段時間之後，其改變總量的痕跡也都消失，使它無異於它與哀悼所共有的特徵。我們透過解釋而發現，在哀悼中，需要時間，好讓現實考驗可以仔細地逐步實施，而當此工夫完成時，自我就能成功地讓力比多從失去的對象上解脫。我們可以想像，在憂鬱症過程中的自我，也被類似的工夫所佔據；然而在此兩者，我們都無法看透整個過程中的經濟學。憂鬱症的失眠證實了此狀況中的嚴苛程度，就是不可能有效地抽引進入睡眠所需的投注。憂鬱症情結的行為就像個開放的傷口，把投注的精力引向自己——這在傳移神經症中我們稱它是「反投注」（anticathexes）——從四面八方吸噬過來，直到自我被掏空到一貧如洗。這在自我對睡意的阻抗中很容易證明。

253

　　也許有個不能以心理學來解釋的體質因素，在顯現時是把自身以平常的條件改裝而取得進入夜晚的地位。這樣的推敲會帶出一個問題，即自我的喪失與對象的喪失並不對稱——打向自我的是純粹自戀的一擊——但這並不足以生產出憂鬱症的圖像，還有，若考慮自我力比多的貧乏化是否直接來自生物化學毒素，恐怕這也不可能產生這種疾病的特定形式。

　　憂鬱症最為顯著的特徵，也是最需要解釋的一點，乃是它有個傾向，會循環演變為躁症（mania）——就症狀而言，這正好是其相反的狀態。就我們所知，這並不是在每一個憂鬱症患者身

上都會發生的。有些病例會有反覆出現的病程，而在這中間，躁症的徵象可能完全缺乏，或只是很輕微。其他病例則會顯現鬱症與躁症等長的變化週期，這就會導致循環病態的假設。如果不是精神分析方法可以成功而有效地在治療中改善病情，並且正是在好些這類病例上，你可能會輕易地把這看成非心因性的病例。因此，把分析得來的解釋擴展到憂鬱症以及躁症，這不僅是可取的，也是可靠的。

我不能擔保這種嘗試可證明到完全令人滿意的地步。這種可能性甚至還無法在踏出第一步之後繼續往前多走幾步。我們可以採取的前行之途有二：第一點是得自精神分析的印象，第二點也許可把這一回事稱為總體經驗的經濟學。關於印象的部分，已經由好幾位精神分析研究者寫出來，即躁症與憂鬱症在內容上沒有什麼不同，兩種失調都是在跟同樣的「情結」角力，但憂鬱症中的自我也許已屈從於該情結，而躁症則是在掌控或把它推開。我們的第二點是奠基於觀察，即所有類似於欣喜、得意、勝利的狀態都是躁症的正常模型，也都仰賴著同樣的經濟學條件。在此所發生的，作為某些影響力的後果，乃是精神能量的大量支出，長期以來所維持的習慣，至此終於變得沒必要了，於是就可有多種運用與釋放的可能性——譬如，當某個可憐蟲獲得了一大筆錢，突然不必為每天的麵包發愁時，或當一陣漫長又辛苦的奮鬥終於贏得成功時，又或者當一個人發現自己可以一舉甩開某些壓力，或某種必須長期守住的虛假地位之時，等等。所有這些處境的特徵就是精神高張，有歡欣情緒釋放的徵象，以及磨刀霍霍準備要有所行動——正如在躁症之中，以及恰恰在憂鬱症抑制的反面。我們可以大膽認定，躁症不過就是這類的勝利，只是自我在此又

被超越，至於是什麼贏過了它，它自己也不曉得。酒醉屬於這類狀態，似乎（至少屬於高張的一類）可用同樣的方式解釋；此處也許有些由毒素造成的懸浮狀態，就是在支用壓抑的能量。一般流行的看法會把此類躁症狀態中的歡欣活躍說成「很高興」。這種虛假的關聯必須予以更正。事實上，上述的人就其精神的經濟學狀況而言，是十分充裕的，這才是他為什麼一方面會精神高張，另方面在行動上又是如此沒有分寸之故。

如果我們把這以上兩點放在一起，我們會看出的就是這樣：在躁症中，自我必定已經超克了對象的喪失（或是超克了失去對象的哀悼，或也許就是超克了對象本身），因此整套反投注的額度（就是憂鬱症從對象中痛苦地抽回到自我之中的那些）及其「反彈」就都變得可用在此處了。毋寧唯是，躁症的人僅僅表現了他是從對象中解脫出來，而那本是他受苦的原因，所以他現在就會像個飢渴的人一樣，飢不擇食地釋出新的對象投注。

這樣的解釋，聽來固然可取，但是一來它顯得太不確定，二來它引發了更多新問題與疑惑，不是我們可以回答的。我們不會逃避討論，即令我們不期待能夠就此導向清晰的理解。

首先要談的是正常的哀悼，它也克服了對象的喪失，而當哀悼持續時，它也把自我的能量吸噬殆盡。那麼，為什麼在通過此一過程之後，沒有在此經濟學條件下露出一點點勝利的階段？我覺得對此反對意見不可能直接回答。這也把我們的注意力引向一個事實，即我們甚至不知道能完成哀悼工夫所憑藉的經濟學手段是什麼。不過，很可能，有個猜測對我們會很有幫助。每一次的回憶與對處境的期待片段都顯示出：力比多所依附的已失對象，經由現實的判定就是該對象再也不存在了；而自我呢，宛如直面

著這樣的問題,即它是否該認命,而自戀滿足的總量就會說服它,說它還能活著乃是因為它能從依附的對象上切割出來,割掉的也就丟棄了。我們也許可以假定這種切割的工夫就是緩緩執行,以致到了時間的盡頭,其所需花費的能量也已消耗殆盡。[19]

由這樣的猜想,我們很容易蹈入哀悼工夫的問題,且由此來試圖說明憂鬱症的工夫。我們在此一開頭就碰上不確定性。到目前為止,我們幾乎還不曾以地誌學的(topographical)觀點[20]來推敲憂鬱症,也沒問過我們自己:是在什麼樣的心靈系統之內/之間,能讓憂鬱症工夫得以進行。是此疾病中哪一部分的心靈過程,在放棄了對象之後,仍然佔著與無意識對象投注的位置?以及自我之中的哪一部分,透過認同而連結到其替代物之上?

給個快捷簡單的回答,就可說是「對象之無意識的事物呈現(thing-presentation)[21]已被力比多放棄」。不過,在現實中,這種呈現方式是由無數細微的印象(或無意識跡象)所組成,而力比多的這種撤回過程並非頃刻之間即可達成,而必定是像哀悼那般,在漫漫長路上逐步前行。究竟那是由好幾點同時開拔,或是遵循某種定型的順序,這很不容易確定;在分析中顯而易見的是,當第一個記憶出現,隨之就會啟動另一個,其中的哀怨聽起

---

**19** 經濟學的觀點一向未受精神分析文獻的青睞。我要提提一個例外,就是維多・陶斯克(Victor Tausk 1913)的論點:壓抑的動機受到補償而降低其價值。

**20** 譯註:地誌學的(topographical)觀點就是指佛洛伊德先前所建立的「意識/前意識/無意識」這個有如地層圖誌的理論觀點。見〈無意識〉一文。

**21** 譯註:佛洛伊德在〈無意識〉(1915)一文中分析無意識對於經驗的登錄,分為兩種呈現方式:事物呈現(thing-presentation)與字詞呈現(word-presentation)。

來總是一樣，同樣單調的憂心，然而其起因每次都是不同的無意識來源。若果對象本身對於自我不具有這麼重大的意義——這種意義會被數以千計的連結所強化——那麼，其喪失也必不屬於哀悼或憂鬱症的成因。因此，這種特徵，即力比多的點點滴滴脫離，須同樣歸因於哀悼與憂鬱症才對；很可能這是由同樣的經濟處境所支持，並且兩者都在為同樣的目的服務。

只不過，如我們所見，憂鬱症所包含的東西比正常哀悼多了一些。在憂鬱症之中的對象關係很不簡單；其中的糾結乃是由於模稜兩可的衝突而然。這種模稜兩可或者來自精神構成（constitutional）[22] 因素，亦即屬於每一次情愛關係中由這個特殊的自我所形成的因素，不然就正是來自那種會牽涉到對象喪失的威脅體驗。根據這個道理，憂鬱症的促發原因就要比哀悼來得廣泛得多，後者大部分都是由於對象真正的喪失，即其死亡。相對於此，憂鬱症在對象上花費的是無數掙扎，其中有愛恨交加；一方要讓力比多從對象中脫離，另一方則死命要留在原處。這些各自發生的種種掙扎，其所在除了是 Ucs.（無意識）系統之外別無他處，即其中的**事物**記憶軌跡（與**語詞**投注相對而言）。在哀悼中也一樣，要把力比多撤離的努力就發生在這同一個系統中；但這些過程是通過 Pcs.（前意識）的正常途徑到達意識，這中間沒有碰到任何障礙。然而在憂鬱症的工夫中，這條途徑滯礙難行，也許是由於種種原因或其組合之故。精神構成中的模稜兩可在本質上屬於**受壓抑者**（the repressed）[23]；和對象關聯的創傷體驗

---

22 譯註：constitutional 一詞雖然常可指「體質上的」，但在此上下文中完全沒有這個意思，因此較準確的譯法應是「精神構成」。

23 譯註：「受壓抑者」（the repressed）在佛洛伊德的用語中，所指的就是

可能激發其他的受壓抑材料。於是與此掙扎有關的（起於模稜兩可的）每樣事情都維持在撤離意識之處，直到具有憂鬱症特徵的東西進來篡位。如我們所知，這就包含了受威脅的力比多投注要花那麼多時間來放棄對象，不過，也只能撤回到它原先起步的地方，也就是自我。所以，逃回到自我，愛才免於消散。在力比多的退行之後，此一過程可以變得有意識，且會在意識中呈現為自我的一部分與另一部分（批判的審查機制）之間的衝突。

在憂鬱症的工夫中，意識所意識到的，就不是其中的主要部分，甚至不是會把痛苦帶著跑到底的那些影響力。我們所見的是自我的自貶，以及對自己的暴怒，而我們可以理解的也和患者一樣少，不知道這過程會把人帶向何方，以及如何才可改變。我們比較有信心的是把這功能歸之於整套工夫中的**無意識**部分，因為不難看出此一工夫在憂鬱症與哀悼之間主要的類似之處。正如哀悼會用公開宣稱對象已死的方式來迫使自我放棄對象，並給自我讓出一條路，好讓它活下去，由此，每一次對於模稜兩可的個別掙扎都是在讓黏著於對象上的力比多鬆綁開來，不論用的方式是毀謗它、輕視它，乃至於像是要殺了它。在 Ucs.（無意識）的過程中，有可能會走到底，不論是在憤怒中已把自我消耗殆盡，或是在對象已然被棄之如敝屣之後。我們無從得知，這兩種可能性之中的哪一種是比較普通或比較常被採取的，用來把憂鬱症結束，或者這樣的結束對於此一病例的未來發展會有什麼影響。自我在此中所享有的滿足乃是知道自己在相比之下，是優於對象

---

具體的無意識狀態。它幾乎可以視為「無意識」的同義詞。中文譯名中的「者」不是指某一個人，而是指精神構成之中的某個部位、某些內容。

的。

就算我們接受這種關於憂鬱症工夫的觀點，那也還不足以為我們正在尋求光源的要點上提供一個解釋。我們有所期待的乃是，在憂鬱症之後會闖入此病程的躁症，其經濟學條件可以在躁症所支配的模稜兩可情緒之中發現；我們甚且在此由很多方面的類比中找到支持的證據。但此中有一事實，使得我們的期待必須屈從。在憂鬱症的三種前置條件中——亦即對象的喪失、模稜兩可、以及力比多退行到自我——前兩者也發生在對象死亡之後而引起的強迫自責上。在那些案例中，毫無疑問的是，模稜兩可既是衝突發生的動機，而我們的觀察所得，就是在衝突結束之後，不會有躁症狀態所擁有的那種勝利感留下來。於是我們只剩下第三個條件，認為那才是導致憂鬱症的唯一因素。許多累積的投注原先是被綁在對象上的，在憂鬱症的工夫結束之後，就解脫出來，使得躁症有可能發生，這樣看來，必定可將此連結到力比多退行的自戀症上。在自我之內的衝突，也就是取代憂鬱症來跟對象的掙扎，必定像疼痛的傷口一樣，要求特別高的反投注——但在此，我們必須再度喊停，並延遲對於躁症的進一步解釋，直到我們能獲得一些經濟學本質的洞識，首先是對於身體上的疼痛，然後才是與此可以類比的心理之痛。就我們已知的，心靈有諸多複雜難題之間的相互依存關係，這會迫使我們在每一次的探究完成之前就不得不先停擺——除非有其他的探究成果能上前來支援。[24]

---

**24**　〔1925 年補註〕關於躁症的延續討論，請參照《群體心理學與自我的分析》（*Group Psychology and the Analysis of the Ego* 1921c）。

# 4

## 超越享樂原則

# *Beyond the Pleasure Principle*

## Jenseits Des Lustrinzips

本文譯自《佛洛伊德全集英文標準版》卷十八
(*The Standard Edition of the Complete
Psychological Works of Sigmund Freud,*
Volume XVIII [1920-1922], pp 1-64)

# I

在精神分析理論中，我們會毫不猶豫地認定：心靈事件發生[1]時所走的路子乃是由享樂原則（pleasure principle）自動支配的。也就是說，我們相信，那些事件發生的路徑總是由痛苦[2]的緊張所啟動，而它的方向也都是以降低緊張為最終目的——換言之，就是要避苦或趨樂。把這路向納入我們對於心靈過程的推敲，讓它成為我們的研究題材，這就會在我們的工作中引進「經濟學」（economic）的觀點；還有，假若在描述那些過程時，我們試圖在「地誌學上」（topographical）和「動力論」（dynamic）觀點之外還能估計其「經濟學」的因素，我認為我們在目前所能設想的情況下，就能對那些過程給予最完整的描述，而這樣也就值得用「後設心理學」（metapsychology）[3]一詞來把它們標明出來。

在我們所探討的享樂原則這個假設上，我們並不關切，也不採取，在歷史上已經建立的任何特殊哲學體系。我們之所以能達到這種推想式的假設，乃是因為試圖描述和解說我們平常在臨床研究上所得的觀察。優先性與原創性本非精神分析本身所設定的目標；而且在享樂原則假設下所見的印象實在太明顯，不太可能被忽視。從另一方面來說，我們也必須對於任何哲學或心理學理

---

1　譯註：「心靈事件（mental events）的發生」是很正式的用語，我們可以用白話說，就是「心中有事情」，或甚至只說「有心事」。

2　譯註：德文原文 Unlust，英文版譯為 unpleasure，字面上直譯應是「不樂」，但它的意思確實應是「苦樂」這組對比中的「苦」。

3　「後設心理學」（metapsychology）一詞在〈無意識〉（1915e）一文中已經出現。

論之能夠啟發苦樂情感的意義者，報以感懷之意，因為那些都已直接寫進我們心裡了。不過，所幸在目前的節骨眼上，我們沒有給定任何目的。這是心靈中最難以接近的晦暗區域，而且，既然我們不能避免與它接觸，則在我看來，最不嚴謹的假設方屬最佳。我們已決定要把苦與樂連結在心中的激動量（quantity of excitation）上，但決不是任何一種「約束」的意思；[4] 而它們之間的關聯方式乃是痛苦對應於激動量的**增加**，快樂則對應於該量的**減少**。我們在此所指的並非激動量與苦樂之情的強度之間有簡單的對應關係；起碼在我們所學到的心理生理學（psycho-physiology）中，完全沒提示其間有這麼直接的比例關係：對於這些情感的決定因素也許就在**於一定時間之內**激動量的增減。實驗研究在這部分也許可扮演某個角色；但在此奉勸分析師們不要涉入這種研究太深，因為我們的觀察並不朝向這般確定的觀察。

不過，我們還是不能對於具有深刻洞見的研究者視而不見，譬如像費希納（G. T. Fechner），他對於苦樂問題持有一個觀點，正好和我們在精神分析工作中所見的所有要點都若合符節。費希納的說法可見於他的一本小書《關於有機體的創造與發展史的一些觀念》（*Einige Ideen zur Schöpfungs und Entwicklungsgeschichte der Organismen* 1873, Part XI, Supplement, 94），其文曰：「正因意識衝動總是與苦樂有關，樂與苦也可視為對於穩定與不穩定狀態之間具有心理生理學的關係。這就為一個假設提供了基礎，至於其中更多的細節，我建議在他處再進入

---

4　〔關於激動的「量」和「約束」的概念，在佛洛伊德的著作中處處可見，但最細微的討論也許就出在他早期的〈科學方案〉（'Project' 1895）一文中，譬如可參看在該文第一節第三部分討論「約束」之處。〕

討論。根據此一假設，每一心理生理動作之能冒出意識閾限（threshold）者，就在某比例上參有享樂的成分，當它超過某限度時，它就會接近於完全的穩定，而在某比例上參有苦的成分，當它超過某限度時，它就會遠離完全的穩定；而在此兩限度之間，我們可稱之為樂與苦的質性閾限，就是某種審美無感的邊緣……」[5]

　　事實上，我們有理由相信在心靈生活中，享樂原則佔據著支配地位，這在心靈裝置（mental apparatus）的理論假設中也可找到同樣的表達，亦即整套裝置都在努力維持盡可能的低激動量，或至少要維持此量的恆定。上述的假設只不過是享樂原則的另一種說法；因為如果心靈裝置的工作方向在於維持低激動量，那麼任何事情只要算來會增加該量，就一定會被感到有違裝置的功能，也就是感覺為苦。享樂原則所遵循者起於恆定原則（principle of constancy）：實際上後者乃是由事實推論所得，而正是那些事實迫使我們接受了享樂原則。[6]甚且，更詳盡的討論當可顯示，我們在此將該趨向歸屬於心靈裝置，即是做為特例來引接費希納的「穩定性的維持趨向」原則，是他在其中把樂與苦的感覺關聯起來的。

---

5　譯註：「審美」在此並不只是屬於美學的詞彙，而是一種老式的說法，意指「與感覺或感知有關」。

6　〔「恆定原則」之說可追溯到佛洛伊德最初的心理學研究，即布洛伊爾（Breuer）與佛洛伊德合著的《歇斯底里研究》（*Studies on Hysteria* 1895）。布洛伊爾在其中所給的定義是「維持腦內激動量恆定的趨向」，而就在同一段落中，他將此原則的發現歸功於佛洛伊德。事實上在此之前，佛洛伊德就提供了一兩篇簡短的文獻，雖然這些作品在他生前都未曾出版。此議題較長的討論在佛洛伊德的〈科學方案〉（1895）開頭之處，所用的名稱是「神經慣性」。〕

不過，還是必須指出，心靈過程一路都由享樂原則支配，嚴格來說，這樣的說法是不正確的。如果這種支配力存在的話，那麼我們的心靈活動中的絕大部分都必須伴之以享樂，也會導向於享樂，然而全世界的經驗都與任何此類結論相矛盾。因此，頂多可說，心靈中存在一個很強的享樂原則趨向，但該趨向受到其他力量或環境狀況的抵制，因此最後結果不可能永遠是與享樂趨向和諧的。我們可以比較費希納（1873, 90）在同樣問題上的說法：「既然一種朝向目的的趨向並不意指該目的一定會達成，並且通常目的的達成也只能經由逐步趨近……」

如果我們現在把問題轉向「什麼環境狀況可以避免享樂原則的有效達成」，那麼我們就會發現我們再度踏上鋪平的安全地基上，並且可以把我們的答案框限在我們隨手可得且相當豐富的分析經驗上。

享樂原則受到這種抑制的第一個實例，大家都耳熟能詳，也經常可見。我們知道享樂原則適用於心靈裝置中的**原初**工作方法那部分，但那是就有機體被外在世界的難題重重圍困時的自我保存（self-preservation）觀點而言的，那就是打從一開頭就很沒效率、甚至極度危險的方法。在自我保存之中的自我本能（ego's instincts）[7]影響下，享樂原則被替換成**現實原則**（reality principle），這後面提及的原則並未放棄最終要獲得享樂的意圖，但它總是會要求也實際上把滿足予以延宕，並且放棄許多獲得滿足的可能性，然後把苦的暫時容忍當作漫長而間接通往享樂

---

**7** 譯註：請注意「自我保存」和「自我本能」當中的「自我」，在原文中是分別為 self- 和 ego- 兩種寫法，自然就不是同一個意思。

之途中的一步。無論如何，享樂原則是長期持續的、作為性本能所運用的方法，而這是很難加以「教育」的，接著，從那些本能或從自我本能開始，它常能克服現實原則，乃至不惜以傷害整個有機體為代價。

毫無疑問的是，用現實原則來取代享樂原則，只能在少數方面行得通，並且這通常並不是最強烈的苦受[8]經驗。作為苦受出路的另一種場合，這也並不少見的，是出現在心靈裝置當中的紛爭與衝突，而這是自我要發展到更高度有組織境界的必經之途。心靈裝置當中所填滿的能量，幾乎全都是因為內在的本能衝動而發。但不是所有的衝動都能獲得許可而達到同樣的發展階段。在事情發生時，個別本能或部分本能會一次又一次碰上和其他本能不相容的狀況，而這些都要能兜攏在一起，形成涵攝全部的自我統一體。於是前者那部分就會經由壓抑之途，從這統一體當中分裂出去，在心靈發展過程中停留在較低層次，且會被割離滿足的可能性。但如果那部分後來可以成功（這很容易發生在壓抑的性本能上），也就是迂曲地達到直接滿足或替代滿足，在那事態發生時，本來在其他狀況下可以有機會成為享樂的，卻被自我感覺為苦。結果，舊有的衝突變成壓抑，新的斷裂發生在享樂原則中，正是在某些本能為了要遵守原則，以便獲得新鮮的享樂而四處奔波之時。壓抑的過程把享樂的可能性轉為苦受之源，這是怎麼回事，我們還不清楚；但無疑的是：所有的神經症之苦都屬此

11

---

8　譯註：「苦受」就是「不樂」與「苦」的同義詞，但不是「受苦」。本書不採用「不樂」來作為 unpleasure 的譯名，因為那只是字面上看來如此，在字義上就顯得過於輕描淡寫。另外，由於現代漢語的造詞法常常需要把單詞改成複詞（單字改成兩字），因此，有必要時，「苦」就改用「苦受」。

類──即享樂之不能感覺為樂。<sup>9</sup>

我剛指出了苦受的那兩個源頭，那簡直無法包含我們大多數的苦受體驗。但是其他部分就很有理由說，它們並未與享樂原則的支配狀態構成矛盾。我們所體驗到的苦，大多是屬於**感知上的**（perceptual）苦。可能就是由未獲滿足的本能所生的壓力感知；或是來自外在的感知──一則它本身就是困厄，或者會在心靈裝置激起苦的期待──也就是會被辨認為「危險」。對於這些本能的要求以及危險的威脅所生的反應，也就是構成心靈裝置恰當活動的反應，就可由茲以享樂原則導入正確的反應方式，或以現實原則來將前者修正。這麼做，似乎不必然會把享樂原則推到太超過其限度。然而，對於外在危險的心理反應所做的探測，正好踩上一個新的觀測點，好產生新材料，來對於目前的難題做出嶄新的提問。

12

## II

有一種狀況，長期以來既是眾所周知，也有很多描述的，就是發生在嚴重的機械震盪、或火車出軌，以及其他危及生命的意外事故之後；當事人的狀況就因此被稱為「創傷神經症」（traumatic neurosis）。那場剛結束的恐怖戰爭<sup>10</sup>也造成更多這類病患，但至少這就終止了一般人會將此失調歸因於有機體的神

---

**9**　〔1925 年補註〕樂與苦的要點，無疑就在於它是有意識的感覺，那就是依附在自我之中。〔對於這一點，比較清楚的討論在《抑制、症狀與焦慮》（*Inhibitions, Symptoms and Anxiety* 1926d）的第二章。〕

**10**　譯註：這是指第一次世界大戰。

經系統受到機械力帶來的傷害。[11] 創傷神經症帶來的症狀圖像，接近於歇斯底里症之處，在於其相似的運動機能症狀，但也有超過於此規則的強烈徵象，可看出主觀上的痛苦（這就近似於慮病症 [hypochondria] 或憂鬱症）以及其中有證據可知的，更為整體性的衰弱和心理失能。至今為止，對於不論是戰時還是非戰時的創傷神經症，都還沒有達成完整的解釋。以戰爭神經症案例來說，同樣的症狀有時會發生在沒有任何機械外力衝擊之下，這就突然可以讓我們撥雲霧見青天了。至於平常的創傷神經症，有兩個特徵會浮顯出來：第一，其肇因有主要的比重落在驚與嚇的因素上；第二，有受傷同時發生，這就會成為一個規則，讓它與神經症的發展反其道而行。「驚嚇」、「恐懼」與「焦慮」不宜當作同義詞來使用；它們跟危險的關係，事實上都有清楚的分別。「焦慮」所指的是一種特殊狀態，即對危險的期待，或準備要面對它，即使它仍是不知何物。「恐懼」需要有個準確的對象來害怕。而「驚嚇」則是我們給人所碰到的狀態取個名字，是指他毫無預備，突然闖入險境；這裡強調的因素是吃驚。我不相信焦慮可以產生特有的創傷神經症。

關於焦慮，其中有些東西會防止它的患者受到驚嚇，因此也使它不會變成驚嚇神經症。我們到後頭再回來談這問題。[12]

13

---

11 關於戰爭帶來的神經症，於 1919 年由佛洛伊德、費倫齊（Ferenczi）、亞伯拉罕（Abraham）、齊美爾（Simmel）和鍾斯（Jones）等人做了精神分析的討論。〔該文由佛洛伊德寫了導論〕

12 〔佛洛伊德常常不是很準確地做此區分。他常用「Angst」（譯註：英文譯為「anxiety」，就是「焦慮」，但德文「Angst」和英文「anxiety」並非完全同義，故英譯者還有話說。）來指恐懼狀態，也沒說這和未來何干。看起來不無可能的是，他在這裡所寫的，已經開始預示要廓清他在《抑制、症

對夢的研究可視為對於深層心靈過程最可靠的探究之法。夢在創傷神經症當中有一特徵，即把患者重複帶回到他所遭受的事故情境，這就使他一次又一次在驚嚇中醒來。但很少人會對此覺得奇怪。他們認為創傷經驗的事實會一直把它自己逼向患者身上，即令是在他的睡眠時，這才足以證明該經驗的強度：有人會說，患者已固著在他的創傷上。固著於體驗並開始患病，這是我們早已在歇斯底里症上所熟知的病情。布洛伊爾和佛洛伊德在 1893 年即已聲稱：「歇斯底里症患者所受的苦主要是來自回憶。」而在戰爭神經症中也一樣，費倫齊與齊美爾的觀察得以解釋某些運動方面的症狀係來自創傷發生時刻的固著。

　　但我自己沒有察覺到，創傷神經症患者在他們醒著的時候，會執著於事故發生時的回憶。也許他們更在意的是**不要**去回想。任何人若接受說他們的夢就是會不證自明地把他們帶回到事故現場，也會使他們得病，這樣的想法對於夢的本質是很大的誤解。能與夢本質更為和諧的，毋寧是在夢中向患者顯現一些他們過去曾有的健全生活圖景，或描繪出一些他們所希望的康復模樣。對於創傷神經症患者所做的夢，如果我們對於「夢的主旨是願望的實現」這個信念不致動搖，我們在此就會看到，又有一項資源向我們開放：我們可以如此立論，即做夢的功能，和許許多多別人的夢一樣，在此處境中受到挫敗而轉離了其目的；或者我們也可能在此不得不而想到，自我之中實有這般謎樣的受虐趨向。

14　　談到這點，我建議離開一下這位黯然神傷的創傷神經症患

---

狀與焦慮》（1926d）一書中對兩者所做的區別：焦慮作為對創傷情境的反應——也許就等於此處所說的「驚嚇」——以及焦慮作為走近險境之前的警告信號。〕

者，轉而檢視一下心靈裝置如何運用其方法於最早的**正常**活動上——我是指在兒童的遊戲中。

對於兒童遊戲的各種不同理論，直到最近才由普費佛（Pfeifer 1919）以精神分析觀點做了綜合整理與討論，我願向讀者推薦這篇文章。這些理論試圖發現兒童遊戲的動機，但他們都無法把**經濟學的**動機提上檯面，其中包含著對於享樂優先的考量。我並不指望讓這些現象來包含整個領域，但我可以透過能顯明其自身的機會，來給一個一歲半的小男童自己發明的第一個遊戲稍微打點光。那不只是一陣可有可無的觀察，因為我曾經跟他和他的父母住在同一個屋簷下好幾個禮拜，而對於他一直重複的這個謎樣活動，我是直到不久之前才悟出了其中的道理。

這個孩子在智慧發展上還完全沒達到他能有意識的程度。[13] 到了一歲半，他還只能講少數幾個能讓人聽懂的字；但他會做出幾個聲音來表達他周遭的人都能聽懂的意思。他和他的父母以及一位年輕女僕的關係都很好，常聽人稱讚他是個「好孩子」。他在晚間不會打擾父母，他很乖、很聽話，不去亂碰某些東西，或走進某些房間，還有，最重要的是，他從來不會因為媽媽離開幾個鐘頭就哭。在此同時，他很黏他的媽媽，這位媽媽不僅親自給他餵食，還自己一個人照顧孩子，沒有其他幫手。不過，這個乖寶寶偶爾會有一種惱人的習慣，就是把手邊能拿到的小東西丟到屋角，或床下，等等，因此，要獵取他的玩具，把東西找回來，

---

13　譯註：對於「沒達到他能有意識的程度」，原文直譯將會是「尚未到達前意識（preconscious）」——但在德文的原文中並未使用「前意識」這個字眼（Das Kind war in seiner intellektuellen Entwicklung keineswegs voreilig ...），因為用「前意識」會引發節外生枝的討論，故在此不用英譯本的譯法。

那可是好一椿正事。在他這麼做的同時，他會發出一長聲的「喔
15　—喔—喔—喔」，伴隨著很有興趣、很滿足的音調。他的母親以
及本文作者都同意那不只是一聲感嘆，而是代表德文「fort」[14]這
個字。我最後終於曉得那是一種遊戲，也只當那孩子把他的玩具
「弄丟」的時候，才會發出那種聲音。有一天我做了一場觀察，
確認了我的想法。這孩子有一顆木頭輪子，上面纏繞著一些線。
他從來沒把這東西拖在地板上走，譬如把它當作車子。他的玩法
是用線綁著輪子，很技巧地把它丟到地毯邊邊的小床下，於是，
東西就在裡面，不見了，同時他就發出那很有表情的「喔—喔—
喔—喔」聲音。接著，他會用線把輪子拉出床下，並對這東西的
重新出現報以一聲歡樂的「da」（音「搭」，在那兒）。這樣才
是整套遊戲——丟了又回來（不見與重現）。一般來說，人家只
看到他的第一幕，因為他玩了又玩，一直重複都不疲倦，雖然毫
無疑問，其中最大的樂趣應是附在第二幕裡。[15]

　　對於遊戲的詮釋，這就變得明朗了。遊戲和兒童的文化成就
大有相關——在於本能的棄絕（instinctual renunciation）（也就
是說，棄絕本能的滿足），他能做得到，足夠讓他允許母親離開
而不必抗議。他宛如以此來為自己補償，可把自己放在舞臺上，

---

**14** 譯註：「fort」這個字在德文的發音與英文近似，但沒有「r」的捲舌音，要
之，那是指「不見了（丟了）」，因其主要的母音是「o」（喔），連續發
音就會變成「喔—喔—喔—喔」。中文「复」讀音「ㄈㄨˋ」，是最接近的
發音。

**15** 後來進一步的觀察完全可以確認此一詮釋。有一天，孩子的媽出去幾個鐘
頭，當她回到家時，孩子對她迎來一句「寶貝喔—喔—喔—喔」，這是最初
都沒人聽懂的。不過，很快就被搞懂，是這孩子發現了一種方法來讓他自己
不見。在底端尚未觸及地板的長鏡子裡，他發現有自己的影子，而只要他蹲
低下來，鏡像就會變得「不見」了。

利用手邊現成的道具，演出對象消失與歸來的戲碼。要判斷這遊戲本質上是否有效，我們當然不必在乎遊戲是他自己發明的，或來自他處的提示。我們的興趣指向另一個要點。這孩子不可能覺得媽媽離開是可以接受的，或甚至事不關己的。那他怎樣讓這種重複發生的惱人事件變成一種遊戲，且能符合享樂原則？也許可以這樣說：媽媽的離開，必須予以重現，以便有個必要的先決條件，使她能演出歡樂的歸來，是這後者才能達成遊戲真正的目的。但對於這點，必須以觀察的事實為本，才足以顯示這個遊戲的劇碼中，第一幕比起歡樂的結局來說，確是比全劇更經常演出的。

16

　　單由一個如此的案例拿來作分析，是不可能達成什麼確定性的。由不帶偏見的觀點來看，會得出一個印象，即這孩子之所以會把他的體驗轉變為遊戲，是有另外一個動機的。在一開始時，他處於**被動的**情境——他完全籠罩在體驗之中；但經由一再重複，雖然苦在其中，但做為遊戲，他取得了**主動的**角色。這樣的努力也許可設定在基底，就是有一種能獨立駕馭的本能，不論它到記憶中會是苦或是樂。還有另一種詮釋可以嘗試。把一個物體拋開，讓它「丟了」，也許可以滿足孩子的一種衝動，在實際生活中，那是被壓抑的，亦即要報復媽媽離開他自己。在那狀況下，可能有個挑釁的意味：「好吧，你去吧！我不需要你了。我要自己把你送走。」一年後，同一個男孩，就是我觀察過他的第一次遊戲那個，在他生氣時會拿個玩具，丟在地板上，喊道：「去上前線！」當時他曾聽說過他那不在家的父親「正在前線」，而他對於父親不在家一點也不懊惱；相反地，他很清楚

表明，他單獨屬於媽媽，不願接受任何打擾。[16] 我們知道有其他的小孩會用同樣的方式來表達敵意衝動，就是摔東西，但不是摔人。[17] 我們因此才會在此陷入懷疑：到底是不是有種這麼強大的衝動，致使在心中贏過某種被支配的體驗，由此讓自己能有駕馭權，才成為一件最基本的大事，而這件事獨立於享樂原則之外。因為，就我們所討論的個案而言，這孩子畢竟只能在遊戲中重複他的苦受經驗，但其中會釋出另一種享樂，不下於直接的樂。

17　　在這兩種觀點之間，我們不必猶豫就可對兒童的遊戲做進一步的推敲。很顯然地，兒童在遊戲中會把真實生活對他們造成深刻印象的每件事都予以重複，這麼做可把來自印象的力道發洩掉，你也可以說，那是在於讓他能駕馭自己的處境。但在另一方面，顯然他們所有的遊戲都受到一種願望的影響，就是要能隨時得以掌控——期望長大到能夠做大人所做的事。其中也可觀察到，此經驗中即便帶有苦的本質，也都不會不適於遊戲。如果醫師給小孩檢查喉嚨，或對他做個小手術，我們可保證這種嚇人的經驗很快就會成為他下一場遊戲的主題；但我們在那節骨眼上不該忽視其中有來自另一源頭而產生的享樂。當孩子從經驗中的被動跨越到遊戲中的主動，他會把這種不悅的經驗轉手交給他的玩伴，並以此向一個替代者做出報復。

　　然而，在此討論中顯現的是我們不需要假定有一種特殊的模仿本能存在，才可為遊戲提供動機。最後，還剩下一點補充，就

---

**16** 這個孩子在五歲又九個月時，他的母親過世了。這樣，她就真的「不見了」（「喔—喔—喔」），但這個小男孩沒出現一點點哀傷的徵象。之前，有第二個孩子誕生，並引起他相當暴烈的嫉妒。

**17** 請參照我對於歌德（Goethe）童年回憶的註記（1917b）。

是成年人所做的藝術遊戲與藝術性的模仿，這些都和小孩不同，是針對特定觀眾的，不必為他們省掉最痛苦的經驗（譬如悲劇的演出）而仍能讓他們覺得賞心悅目。[18] 這些都足以證明：就算在享樂原則的支配下，也總是還有些途徑和手法，足夠讓苦本身混入題材中，讓人記得和反覆咀嚼。把這些最終結果都會產生享樂的案例和情境放入考量，就應由某種體系的美學來接手，並把經濟學取向帶入其題材中。這些東西對我們現在所談的目的而言還沒什麼用處，因為其中預設了**超越**享樂原則的趨向與運作方式，亦即比享樂原則更為原始的趨向，並且獨立於外自成一格。

## III

二十五年來緊鑼密鼓的工作已經有其成果，使得精神分析技法的直接目的在今天已相當不同於開創之初。當時分析師能做的不多，就是發現隱藏在患者意識之外的無意識材料，拼湊起來，到了適當的時間，告訴他。當時的精神分析始終就是一門詮釋的藝術。由於這樣無法解決治療上的難題，進一步的目的不久就進入治療觀點：患者必須擔負起責任，來確認分析師從他的記憶中形成的建構（construction）。[19] 在那樣的努力之中，強調的工作

---

**18** 譯註：佛洛伊德寫過多篇有關藝術的研究，如達文西、米開朗基羅，還有〈格拉迪瓦〉、〈不可思議之事〉，以及生前沒出版的〈舞臺上的心理病理角色〉等等，都明白表達了這個意思。

**19** 譯註：這裡提出在詮釋（interpretation）之上，進一步的分析工作是建構（construction）。這種說法，具體的說明出現在 1937 年的〈分析中的建構〉（'Constructions in Analysis'）一文。中文譯本見宋文里選譯／評註（2018）《重讀佛洛伊德》，台北：心靈工坊。

是針對患者的阻抗（resistances）：這門藝術當時就是要盡快揭露阻抗的意義，向患者指出來，並以人所能有的影響力來誘導他——這正是把暗示運用在「傳移」（transference）中——使他放棄他的阻抗。

然而對於當時設定的治療目的，後來情況愈趨明朗——治療目的就是要把無意識變成有意識——這是當時採用的方法完全無法達成的。患者根本記不得他自己心中被壓抑的是什麼，然而他所記不得的可能正是重點所在。因此他對於分析師告訴他的建構，不會相信其中含有正確的意思。他總是一心一意在**重複**那些被壓抑的材料，以為那就是當前的體驗，而不是如治療師更能看清的，他是在**回憶**那些屬於過去的體驗。[20] 這些複製品，很準確地來自他所不想要的意念，其內容中總是含有某比例的幼年性生活——也就是伊底帕斯情結，及其衍生物；而這些都一定會在患者與治療師關係的傳移場域中演現（acted out）。當事情演變到這地步，那就可說：早先的神經症現在已被嶄新的「傳移神經症」取代。治療師所當努力的就是把這傳移神經症維持在盡可能狹小的範圍內：盡可能使力讓它進入記憶的管道，也盡可能不讓它以重複來出現。在記憶與複製之間的比率會隨著個案之不同而改變。按規則來做的話，治療師不會讓患者省掉這一關。他必須讓患者重新體驗某些部分已經遺忘的生活，但另一方面也必須仔細注意，患者仍持有相當程度的自豪，以致他一直把這些視為現實的事物，但這事實上只不過是他在反思時所帶出的遺忘。如

19

---

**20** 參見我的文章〈回憶、重複與作透〉（'Recollecting, Repeating and Working Through' 1914g）。

果能成功達到這地步，患者也相信了，則治療的成功就仰賴於此了。

　　為了使這種在精神分析對神經症療程中出現的「強迫重複」更容易理解，我們首先必須去除一些錯誤觀念，即我們所奮力處理的阻抗就是**無意識**部分的阻抗。無意識——也就是「受壓抑者」——不論如何努力處理都不會產生阻抗。的確，它除了在壓力下突圍而出，並把力量轉往意識，或透過某些真實的行動來釋放力量之外，它本身並沒有其他的施力方式。療程中的阻抗是出於心靈系統中，與原本實施壓抑同樣高的層次。但從經驗之中我們曉得，事實上阻抗的動機，以及阻抗本身，最初在治療中就是無意識的，這就給了我們一個暗示：我們應該改掉我們所用術語中的短缺。我們該避免的淆亂是當我們在做對比時，不該用意識對比於無意識，而應用連貫的**自我**來對比於**受壓抑者**。自我本身中肯定有一大部分是無意識的，並且值得注意的正是我們可以描述為其核心的部分；[21] 其中只有一小部分被所謂的「前意識」（preconscious）所覆蓋。既然已經用純然描述性的術語來取代了，我們也已知那是屬於系統性或動力性的一部分，我們就可說，患者的阻抗是來自他的自我，然後我們立可察覺他的強迫重複必須歸因於無意識的壓抑。看來很可能那種強迫性只能在療程的中途表現出來，那時他的壓抑已經鬆動了，我們也會在那裡與它相遇。[22]

20

---

21　譯註：佛洛伊德在《自我與伊底》書中所做的更正是說：「較早對於『自我的核心』曾有過提示……但需要更正，因為 **Pcpt.-Cs.** 這系統也可視為自我的核心。」亦即自我的無意識部分並非核心的全部。

22　〔1923年補註〕我曾在他處（1923c）論道：會來給強迫性重複一些助力的

毫無疑問，意識與無意識的自我所做出的阻抗乃是在享樂原則之下而風行草偃的：它所追求的是避苦，其方法則由受壓抑部分的解脫而產生。但在另一方面，**我們的**努力卻是要引導他去容忍那些苦，訴求的則是現實原則。但對於強迫重複——這明明是來自受壓抑者的力量——要怎麼樣才能讓它和享樂原則有關？顯然在強迫重複之下所再度體驗到的必定肇致自我之苦，因為它把受壓抑的本能衝動帶上檯面。不過，那是一種我們已經考量過的苦，知道它並不與享樂原則相矛盾：在某一系統中是苦，同時在另一系統中卻是滿足。[23] 但我們現在碰到的則是個值得注意的新事實，亦即強迫重複也會喚起的過去經驗中不可能包含著享樂，並且其中無論是多久之前的體驗，也絕不可能對本能衝動帶來滿足，因為那都已受到壓抑了。

　　在幼兒性生活早期所開的花，註定是要凋謝的，因為其中的願望和現實不能相容，並且小孩所到達的發展階段也還不到時候。那種早期開花的結束方式是在最為不利的環境中，伴隨著極為痛苦的感覺。愛的喪失與挫敗在他們的自尊心 [24] 上留下永遠的痛，其形式則是自戀的傷痕，這在我看來，也跟馬欽瑙斯基（Marcinowski 1918）一樣，對於「自卑感」問題的貢獻多過其他一切，而這種感覺在神經症中非常普遍。幼兒的性探索

21

---

　　因素是治療中的「暗示」——也就是說，患者對治療師的順從，其中有很深的根源，在於患者無意識的父母情結。

**23** 〔佛洛伊德用這種寓意式的說法來談〈三個願望〉（'Three Wishes'）的童話，可參照《精神分析引論》（*Introductory Lectures* 1916-1917）第十四講的開頭。〕

**24** 譯註：「自尊心」在上文中譯為「自我關愛」，但在此處譯作「自尊心」比較容易理解，因為下文對比的是「自卑感」。

（sexual researches），既受限於他的生理發展，就不能造成任何滿足的結果；以致他後來常有的抱怨會像是「我幹不了什麼事；我什麼都做不成」。情感的紐帶，原則上就是把小孩和父母中異性的一方連結起來的，結果就得在失望中屈服，帶來徒然的期望和不滿，或是對於新生嬰兒的嫉妒——對於幼兒的情感來說，這是對象不忠最不會錯的證據。他自己試圖生一個寶寶，雖然認真得要死，但結果是一敗塗地。他所能接受到的關愛程度逐漸減少，必須接受教育的要求逐漸增高，盡在學些很難的字，偶爾還會被處罰——這些事情最終就向他完全展示了他已不被看在眼裡。以上是些典型的、反覆不斷發生的例子，表現的是那個年紀的幼兒所需的愛，最後下場都是如此。

患者在傳移中會重複所有這些不想要的處境以及痛苦的情緒，並且會活靈活現地讓這些再生出來。他們會在療程未完的階段就想要岔開；他們所圖的是再度感覺自己受到藐視，想逼使治療師對他們使用嚴厲的話語，冷酷地對待他們；他們發現他們的嫉妒有個適於發洩的對象；與其在幼年期中熱切渴望自己生個寶寶，不如在此圖個大計，要求更大號的禮物——最後的結果都一樣證明是不現實。這些事情在過去沒有一樣可產生樂趣，所以他們假想：現在如果只是產生一些回憶或夢想而不是親身產生新的經歷，也許比較不會那麼苦。那些其實都是本能的活動，冀望可導致滿足；但從這些活動的老經驗裡沒學到任何教訓，就是除了受苦之外不會有其他後果。縱然如此，他們還是在強迫的壓力下一再重複。

精神分析在神經症的傳移現象中所顯示的，也可在一些普通人身上觀察到。他們給人的印象就是遭到厄運，或被某種「邪

魔」附身；[25] 但精神分析持有的觀點總是把他們的命運視為大部分是自編自導的，另外就是受到幼兒期經驗的影響。這裡所說的強迫性雖然證據確鑿，但卻不能拿來和我們發現的神經症強迫重複相比，而我們所談的那些人本身也從未有任何徵象可看出他們必須產生症狀來跟神經症的衝突相搏鬥。於是我們碰到的人都是帶有這種人際關係的，也都帶來同樣的結局：譬如一個捐助者，因為有幾個受助者憤怒地放棄接受捐助（不論這幾個人的情況有何不同），他就覺得他命中註定要嘗盡人間的忘恩負義；或者有個人，他所有的友誼最後都以朋友出賣而告終；又或者有個人，在他的一生中經常幫他所拔擢的人到某種私立或公立機構的高權威地位，但過了一段時間，他自己會跟該權威鬥氣，就把他換掉；再來，一個陷入愛情的男人，跟女人的情事都通過一樣的幾個階段，也以同樣的方式結束。像這般「同樣事情的反覆重演」並不會讓我們驚訝，只要我們所談的人對於自己的行為有**積極的**（active）掌握，並且我們也可在他身上看出某種主要的性格特質，一直維持不變，然後就只是強迫表現為同樣經驗的重複演出。我們比較會有深刻印象的，毋寧是當一個人顯得陷入**消極的**（passive）經驗中，他自己沒有影響力，但就任隨自己反覆碰上同樣的命運。譬如有一個案例，是一位女性，連續結婚三次，每次都是婚後不久，丈夫就告病，而她必須在病床邊看護，直到送終。[26] 對於這種命運最動人的詩意圖像，可見於塔索（Tasso）的浪漫史詩《耶路撒冷的解放》（*Gerusalemme Liberata*）。其中

---

**25** 譯註：談到這個主題，正是引起譯者選譯本書最後一篇〈十七世紀魔鬼學神經症的案例〉的動機。

**26** 可參看榮格（C. G. Jung 1909）對此案例精闢的評論。

的主角坦可雷德（Tancred），在不知情的情況下，在一場決鬥中把自己的愛人可羅琳達（Clorinda）殺死，因為她喬裝為身穿敵方盔甲的戰士。在她安葬後，他走進一個奇異的魔法森林，該林會以恐怖手段攻擊十字軍的軍隊。他拔刀斬了一株大樹；刀口血流如注，同時伴隨著可羅琳達的哀號，說她的靈魂被囚禁在樹裡，他又一次砍殺了自己的愛人。

如果我們要把這種觀察拿來說明，根據的是男人女人的真實生命史，且是發生在傳移的行為中，我們就應有勇氣下個假定：他們心中確實存在著強迫性的重複，能夠壓過享樂原則。現在也一樣，我們應是傾向於把這種強迫性跟創傷神經症所做的夢，以及幼兒的遊戲衝動關聯起來。

但應該記下來的是：只有在極少數事例上，我們才會觀察到純粹的強迫重複效果，而沒受到其他動機的支應。在兒童遊戲的案例中，我們已經強調了有其他方式可以詮釋強迫行為的發生；強迫的重複以及本能的滿足本來就已是直接的享樂，而在此又會合併起來成為親密的伴侶。傳移的現象顯然是被阻抗所利用的，自我透過此道在其中維持著倔強堅持的壓抑；強迫的重複是治療的一方試圖拉過來為其所用的，但總是被患者拉向其**自我**的一方（緊黏著自我，正如自我黏著在享樂原則上）。那些可描述為註定的命運者，其中很多都可在理性基礎上理解；因此我們也沒必要為瞭解釋而稱之為新的謎樣動機。

〔對此動機力量〕之中最不可疑的例子也許是創傷者做的夢。但經過深思熟慮後，我們就會被迫承認：就算在其他事例上，這整套的基礎，其運作機制並不全部由熟知的動機所覆蓋。有夠多的案例留著沒解釋，因此不足以支持這個強迫重複的假

設——其中好像有某種更為原始、更為基本、更屬本能的東西，甚至可以跨越享樂原則。但若這種強迫重複的機制**確實**在心中運作，我們就該高興對它多知一些，瞭解它所對應的是什麼功能，在何種條件下會跟它合併，以及它與享樂原則有何關係——總之，我們自此要把它歸屬於內心生活的激動過程中最具支配性的力量。

# IV

以下所說的是些臆測，常來自不羈的推想，有些讀者可能會依其個人偏好而考慮跳過不看。總之，我們就是想要對一個觀念打破砂鍋問到底，基於好奇心之故，看看它可以把我們帶向何方。

精神分析推想所採取的出發點是由檢視無意識歷程而導出的印象，但那也可能是意識歷程，不過意識並非心靈歷程中最普遍的屬性，而僅是其中的一種特殊功能。用後設心理學術語來說，意識被設定為一種特殊系統的功能，在其中以 **Cs.** 來表示。意識所能生產的主要包含來自外在世界的激動感知，以及只能在心靈裝置中所生的苦樂之感；因此之故，它可能劃歸到 **Pcpt.-Cs.**（感知－意識）[27] 這個系統空間中的位置。它的所在位置必定是介於外在與內在之間的邊界線（borderline）上；它必須轉過來

---

27 譯註：**Pcpt.** 是 perception（感知）的縮寫，**Cs.** 則是 consciousness（意識）的縮寫。對於 **Pcpt.-Cs.** 這個系統的後設心理學，最早出現在《釋夢》一書中。下文出現此一系統的名稱時，出於行文方便都不再用譯文，而直接使用這個符號化的原文。

面對外在世界，並把其他的心靈系統包覆在內。到此可看出，這些假定中沒什麼新鮮大膽之處；我們只不過像是承接了大腦解剖學的區位觀點，其中把意識的「座位」安放在腦皮質層——中樞器官的最外緣。大腦解剖學並不需考量為何就解剖學來說，意識必須安頓在腦皮層，而不是寓居於更安全的內部最深處？也許在此情況下我們就該來對 **Pcpt.-Cs.** 這個系統做出更完滿的說明。

意識在它所歸屬的系統中並非唯一凸出的特色。以精神分析經驗得來的印象為本，我們認定所有發生在**其他**系統的激動歷程都會在意識的後面（behind）留下永久的痕跡，這就是記憶的基礎。這樣的記憶痕跡，事實上到了後來和意識並沒有關聯；其實它們在留下痕跡的歷程中是最有力也最持久的，但此一歷程卻從未進入意識。不過，我們發現很難相信的，就是像這樣持久的激動痕跡也會留在 **Pcpt.-Cs.** 這個系統中。如果它還一直保持在意識中，就很快會使該系統的功能受限，不能再接收新的激動。[28] 故此，我們應該說，把進入意識的歷程劃歸為一個系統，這樣做其實對於我們的假設既未改變什麼，也不會有什麼收穫。雖然這樣的推敲不算是絕對的結論，然而它已引起我們的懷疑：進入意識和留下記憶痕跡是否為在同一系統內互不相容的兩種歷程？所以我們才能說：激動的歷程是在 **Cs.** 系統中變成意識，但卻沒在它後面留下永久的痕跡；而這激動歷程是傳導至鄰接在下的幾個系統中，並且是在**那裡**把痕跡留下的。我循此同樣的思路，在我的《釋夢》一書之中的理論推想章節用圖示來表現。[29] 讀者務必

25

---

28　以下所述完全是遵照布洛伊爾在《歇斯底里研究》中的觀點。

29　譯註：佛洛伊德在《釋夢》一書中所畫的理論圖示，見於英譯《標準版全集》，卷五，第七章，頁538、539、541。

留意的是：意識的起源，由別的資料中也一樣所知不多；因此，當我們立下的命題為「意識毋寧是起於記憶痕跡」，這樣的肯定之說值得多做推敲，不管是發生在什麼事情中，其基礎都應用相當準確的字眼來設限。

果能如此的話，則 **Cs.** 系統的特色就是一種特異的性質，在其中（對比於在其他心靈系統中發生的事來說）激動歷程並未在所有的因素[30]中留下任何永久性的變化，而好像是立刻消失，並轉變為意識的現象。像這類的現象，對於整體規則而言，有一例外，需要動用某些只適用於該系統的因素才能解釋。像這樣在其他系統中所欠缺的因素，很可能正因為 **Cs.** 系統之緊鄰於外在世界，而形成了其暴露的處境。

讓我們來把活生生的有機體用可能最簡單的形式來形塑一幅圖像，即一個完全未分化而能接收外在刺激的物質性胞囊。那麼，它的表面在接觸外在世界的處境下，就會被分化而出，變成一種接收外在刺激的器官。事實上胚胎學有此本事，可使得發展的歷史得以如此重現，它對我們顯示了中樞神經系統實際上是起源於外胚層；腦皮質層中的灰質一直是有機體的原始表淺層面，且可能從其中衍生它的一些主要性能。於是我們很容易做出這樣的假設：由於外界刺激不斷向胞囊的表面衝擊，其結果就造成這表面實質的永久性改變，因此其激動歷程的進行就會和較深層次的進行方式有所不同了。這很像長出一層硬脆的餅皮，最後就因為被外來刺激「烘焙透了」以致能夠呈現出最佳狀態來接收刺

---

**30** 譯註：在當代興起的比昂（Wilfred Bion）理論熱潮中，特別值得注意的是他對於心靈因素（elements）之論，故在佛洛伊德使用此同樣詞彙時，可注意其所指為何，以便拉上前後關聯。

激，並且也變得不能再做進一步的修改。以 **Cs.** 系統來說，這就意謂其因素不會在刺激過程中再產生永久性的變化，因為它在這方面已經發生了可能是最大程度的變化：現在，無論如何，就是它變得有能力產生意識。至於對此實質變化及其激動歷程的本質如何，目前有很多想法形成，但都還無法驗證。我們可以假設，從一個因素轉變為另一個因素時，所產生的激動必須用於克服阻抗，因此阻抗降低的效應就是此激動所烙下的永久痕跡，也就是對降低阻抗的助力。接下來，在 **Cs.** 系統中的這類阻抗，由於參與了從一因素逐步轉為另一因素的過程，它就不能再存在了。這樣一幅圖像可以代入布洛伊爾在系統的因素當中區分出來的兩種投注能量，來看看其間的關係：一是靜止的（quiescent）（或約束的），另一是活動的（mobile）；[31]**Cs.** 系統中的因素本不會帶有被約束的能量，而只會帶著能夠自由釋放的能量。總之，對於這些點子的表現，最好是盡可能謹慎。縱然如此，這樣的推想卻也使得我們能夠把意識的起源和屬於 **Cs.** 系統中的處境帶出某種關聯來，並且特別指向其中發生的一些激動歷程。

但對於帶有接收性的皮質層活胞囊，我們還有更多話可說。這個小碎片般的生物是懸浮在攜帶有最大能量的外在世界當中；而它若沒有防護罩來擋開外在刺激輻射而來的能量，它就會被殺死。它所需的防護罩是這個樣子：它的最外層表面不再帶有生物的正常結構，而是會變成某程度的無機物，然後做為一種特殊的包膜，來擋住刺激。結果，外界刺激能穿透防護罩進入內層而仍

27

---

31　布洛伊爾與佛洛伊德，1895 年。〔在本文第二部分，有布洛伊爾所撰的理論說明，特別在該部分開頭的註腳中。〕

然能存活的，只剩下原有強度的一點點；而內層在防護罩後面也可感受到那一點點穿透進來的刺激。外層之死換來了拯救內層的命運——換句話說，除非射來的刺激太強，直接突破了防護罩。對刺激的**防護功能**，就活著的有機體而言，幾乎比**接收功能**更為重要。防護罩的形成是以其自身擁有的能量，在針對外來的大量刺激構成威脅時，透過特殊的轉化模式而帶有這種防護效能——這樣的效能傾向於將其自身瓦解，因此就是傾向於毀滅了。**接收功能**的主要目的是要發現外來刺激的方向與性質；因此只要能採到一點點樣本就夠用了。在高度發展的有機體上，其接收性的皮質層胞囊早已撤入體內，雖然有一部分仍留在表層，緊貼著整體的防護罩，一起對抗外來刺激。這些就是各種感官，其中包括主要的裝置就是在針對種種特殊的刺激效能，但也包含特殊的安排來做進一步的保護，以免於過量的刺激，並把不適的刺激予以排除。[32] 它們的特色就是只處理極少量的外來刺激，並且只是**採樣**使用。也許可將它們比擬為**觸鬚**，分秒不停地向前摸索外在世界，然後縮回來。

28

談到這裡，我就敢於碰一碰一個值得三思的主題。由於有了某些精神分析的研究發現，我們今天才可以登上有利位置來討論一個康德定理（Kantian theorem），即時間與空間乃是「必要的思想形式」。我們已知心靈過程中的無意識本身是「非時間性」的（timeless）。[33] 這首先就意謂思想並不遵循時間的秩序安排，時間並不以任何方式改變無意識，也就是時間的觀念無法運用於

---

**32** 〔參見〈科學方案〉一文，第一部分的第五節、第九節。〕
**33** 〔參見〈無意識〉一文，第五節。〕

無意識。這些都是負面的說法，為了清楚理解此特徵，最好能拿意識的心靈過程來作比較。換個方式來說，我們對於時間的抽象觀念似乎都來自 **Pcpt.-Cs.** 這個系統的運作方法，然後用其中的感知來對應其方法。這種作用模式也許就構成了另一種對抗刺激的防護罩。我知道這些說法聽起來都還很模糊，但我必須把我自己限制在這些暗示之內。[34]

我們已經指出活的胞囊如何提供防護罩來對抗外來刺激；並且也已陳示了緊貼於防護罩之下的皮質層必須分化為一種器官，足以接收外來的刺激。無論如何，這個敏感的皮質層，後來會變成 **Cs.** 系統，也會接收**來自於內**的激動。這個系統介於內外之間的處境，及其管制兩方的條件差異，對於該系統在整個心靈裝置中的功能具有決定性的效應。對外，它是對抗刺激的防護罩，對撞上來的激動只有減量的效應。對內，就不可能有這樣的防護罩；[35]深層之中的激動以不減的量直接伸入此系統，只要看看其中的某些特徵如何引發苦樂系列的感覺即可知之。只不過，由內而來的激動，就其強度以及另外就其性質而言——也或許就是它的某種振幅（amplitude）——是跟此系統對付外來刺激的運作方法更可以共量（commensurate）的。[36]這樣的事態就會產生兩

29

---

34　〔佛洛伊德回頭談時間觀念的起源，是在〈神祕的書寫板〉（'The Mystic Writing-Pad' 1925a）一文。同一篇文章中也包括「對抗刺激的防護罩」的進一步討論。〕

35　〔參見〈科學方案〉一文，第一部分的第十節。〕

36　〔參見〈科學方案〉一文，第一部分第四節的後段。〕譯註：佛洛伊德在討論 **Cs.** 系統的運作方法時，所用的詞彙是「振幅」（amplitude）、「共量」（commensurate）等，這顯然是採用了物理學的術語。由於這些討論都起源於他最早的〈科學方案〉一文，即當時的思考是要跟神經科學界所作的商榷，而使用物理術語也是那個學界的習慣。我們在理解後期佛洛伊德理論

種明確的結果。第一，苦樂的感覺（就是心靈裝置內部發生何事的指標）完全支配了所有的外在刺激。第二，採用了一種特別的方式來對付內在激動，由此而使苦受之感大增：有一種傾向，把這些刺激視為不從內來而是從外來的，於是可能把對內的防護轉而用作防禦外侵的手段。這就是**投射作用**（projection）的起源，它註定要在病理過程的病因中扮演很大的角色。

我所得到的印象就是：對於享樂原則的支配性，這最後一種思考方式為我們帶來更佳的理解；但對於相反於該支配性的案例而言，它卻沒帶來什麼啟示。所以，讓我們再往前走一步。我們把任何來自外界的激動稱為「創傷」，只要它有足夠的強度能突破防護罩的話。在我看來，創傷的概念必然意指一種關聯，就是這種激動和其他為了對抗刺激的屏障兩者之間產生了裂口。這種從外而來的創傷事件會引發一場有機體功能在能量上的大規模擾亂，因此也發動了所有可能的防衛。在此同時，享樂原則就會暫時停止作用。在心靈裝置中就不再可能防止大量刺激的氾濫，反而由此造成了另一個難題——操控刺激量的難題，因為刺激已經決堤灌入，無法圍堵，在精神上的意義就是無法把它們排出去了。

身體疼痛造成特殊的苦受，也許就是防護罩在某特定區域潰決的結果。接下來就會有激動之流在其心靈的中樞裝置周邊不斷滾湧，有如通常只會從裝置之內而來的擾動一般。[37] 那麼，我們

---

時，大可將這些術語改譯為意義相當的日常用語，如「廣度」、「相稱」等等，但在此為了能承接〈科學方案〉一文的思想脈絡，我們還是用最接近其早期思想的用語。

**37** 參見〈本能及其週期起伏〉（'Instincts and their Vicissitudes' 1915c）〔再加

會期待心靈如何向這些入侵做出反應？投注的能量會從四面八方動員到裂口的周邊以提供足夠的能量來做高度的投注。由此設立起大規模的「反投注」，也為了對此供輸之故，其他的心靈系統就被搞到精疲力竭，因此剩下來的心靈功能也大幅度癱瘓或衰減了。我們必須努力從這類案例中學得教訓，並用之於我們的後設心理學推想。那麼，在目前的狀況中，我們推論出一個系統，它本身已被高度投注，因此能夠承受額外流入的新能量，並且能夠將它轉化為靜止的投注，也就是能夠在心靈中把它約束起來。[38]此系統本身愈高的靜止投注，其約束的力量也愈大；因此，反過來說，投注愈低就愈是無力承受流入的能量，並且在對抗入侵的防護罩上出現的裂口也會愈裂愈深。以此看來，要作出這樣的反對看法是挺不可能的：即在裂口周邊增加的投注，更容易的解釋就是「流入的大量激動之直接結果」。果真是這樣，則心靈裝置就只會接收能量投注的增加，至於疼痛會使全身癱瘓的特性，以及所有其他系統的弱化，這些都不在解釋之中。另外還有能量猛烈釋放的現象發生在疼痛之時，也會影響到我們的解釋，因為它是以反射的方式發生——也就是說，它根本不必經過心靈裝置的干預。我們在此所謂的後設心理學之中，所有的討論都帶有不確定性，這當然是因為事實上我們對於發生在心靈系統因素中的激動歷程幾乎一無所知，且對此議題所作的任何假設框架也都不認為有足夠理由。結果我們多半是在很多的未知因素下進行分析，在此我們其實應該要能夠代入每一個新的分析方程式才對。合理

31

---

上〈科學方案〉第一部分第六節；以及〈抑制、症狀與焦慮〉（1926d）〕
**38** 譯註：這裡提到的「靜止」和「約束（起來）」，是在回顧上文（頁150）所提到的布洛伊爾最初的發現和鑄造的概念。

的假設也許是這樣：這個激動歷程可由**不定量**的能量來執行；其中也可能包含一種以上的**性質**（譬如帶有振幅的本質）。作為一個新的因素，我們把布洛伊爾的假設放入考量，亦即能量釋放有兩種不同的形式；於是，我們就必須區分出心靈系統（或其因素）當中的兩種能量投注——其一是自由流動的投注，朝著釋放奔去，另一則是靜止的投注。我們也許會有此猜測：一股約束的能量流，在進入心靈裝置時包含著從自由流動轉變為靜止狀態。

我在想，我們也許可以就此來大膽一試，把通常的創傷神經症視為對抗刺激的防護罩發生嚴重破裂的後果。乍看之下，這很像是在重述那老舊幼稚的震驚理論，用來對比於後來更有野心的心理學理論——該理論試圖不把重要的病因歸結於猛烈機械震盪的效應，而是要從驚嚇對於生命所產生的威脅來下手。只不過，這兩種對立的觀點並非不能結合；而精神分析對於創傷神經症的觀點就算在最粗糙的層面來說，也不等於震驚理論。後者把震驚的要點放在細胞結構的直接傷害，甚至認為傷及神經系統因素的組織結構；相較之下，我們企圖理解的是要從心靈器官所產生的效果來探尋，亦即要看防護罩的破裂及其後導致什麼難題。我們仍然把重點歸因於驚嚇這個因素。造成驚嚇的乃是對於焦慮缺乏準備，包括整個系統缺乏了高度投注，要那樣才能在第一時間承接刺激。由於投注不足，那些系統無法站在有利位置來約束流入的激動量，結果造成防護罩破裂，不易堵住後續的流入。那麼，這就可看出：焦慮的準備以及在接收系統的高度投注構成了防護罩的最後一道防線。在多重創傷的狀態下，未作準備的系統和有高度投注而完成充分準備的系統，這兩者之間的差異可能就是最終結果的決定性因素；雖然在創傷的強度超過一定限度之時，此

32

一因素也定會變得無足輕重。願望的實現，如我們所知，做夢時都在享樂原則的支配下由幻覺的方式帶出來，這才變成夢的功能。但是，正在創傷神經症中受苦的患者，他做的夢就不是為享樂原則服務，而是會一直把他帶回創傷發生的現場。所以，我們寧可假定：夢在此處境中是要實行另一種任務，而此任務必須在享樂原則開始支配之前，就先完成。這些夢以回顧的方式努力駕馭刺激，其方法是發展出焦慮，而焦慮的缺漏正是創傷神經症的起因。由此，我們就可支撐一個觀點，即心靈裝置的功能，雖然不會與享樂原則相矛盾，但它自有獨立的功能，且其目的比起來要更為原始，不只是在趨樂避苦。

談到這裡，似乎到了個好地點，讓我們得以首度承認，即對於「夢是願望的實現」這個命題是有個例外的。焦慮夢（anxiety dreams），如我已反覆呈現至其處處細節，無法提供這種例外。「懲罰夢」（punishment dreams）也不行，因為它只會把禁止的願望實現代換為適當的懲罰；換句話說，它所實現的願望乃是罪疚感，也就是對於被責備的衝動所起的反應。但是，那不可能把我們正在討論的創傷神經症所做的夢歸類為願望實現的夢，也一樣不可能對於精神分析過程中由夢所引出的幼年創傷記憶做如此的歸類。那些夢毋寧是起於對強迫重複的服從，雖然在分析之下會發現那種強迫也是由願望所支持的（那也受到「暗示」的鼓舞），[39] 以便把遺忘和壓抑的經驗召喚出來。因此，夢的功能看來雖包括把所有會打斷睡眠的動機都推開，讓擾人衝動的願望都 33

---

**39** 〔以上括弧中的字，是 1923 年改寫的，較早的版本寫的是「那也不是無意識的」。〕

予以實現，但這並非夢的**本來**功能。要表現出這樣的功能是不可能的，除非心靈生命的整體都已接受了享樂原則的支配。如果有一種「超越享樂的原則」存在，那也只能存在於夢之願望實現的目的之前。這樣就不必否認後來的功能。可一旦這樣的整體規則被打破，就會引發接下來的問題：難道不能把夢看成對創傷印象的心靈約束，因此才會遵從強迫的重複——難道不可說，這樣的夢其實是發生在分析之外的？而這問題的回答只能是斷然的肯定。

我曾在他處論道：[40]「戰爭神經症」（其實此詞的含意要遠多過其所指涉的疾病初發之環境）可能是創傷神經症被自我之中的衝突所助長。我在該文第 12 頁所指的事實，即一場巨大的身體傷害與創傷同時造成，就會降低發展為神經症的機會，這只要對精神分析研究所強調的兩個事實心裡有數，就會變得很可理解：一是機體的激動必須指認為性興奮的根源，[41]其次為痛楚的疾病，只要它還在延續中，就會對於力比多的分配產生強烈的效果。於是，一方面在創傷中所帶有的機械暴力會釋放一定量的性興奮，在此，由於缺乏對焦慮的準備，就會有創傷效應；但在另一方面，同時產生的身體傷害，召喚出自戀的高度投注於受傷的器官上，[42]就會約束其激動量，不使超出。這也是眾所周知的，雖然力比多理論尚未充分運用此一事實，即如憂鬱症這般嚴重的力比多分配失調會因為器官疾病的干涉而暫時中止，實際上連已

---

40 參見我在《精神分析與戰爭神經症》（*Psycho-Analysis and the War Neuroses* 1919d）一文的緒論。
41 參見我在另文（《性學三論》）對於盪鞦韆與搭火車的效應所做的註記。
42 參見我對於自戀症的論文（1914c）〔第三節的開頭〕。

經完全發展出來的早發性癡呆症，在同樣的情況下，都會暫時豁免。

人的腦皮質層在接受刺激時，並沒有對抗內在激動的任何防護罩，其結果就一定會使這些刺激的傳導具有經濟學的優勢，且常會引發經濟學的困擾，堪與創傷神經症相比。這種內在激動最豐盛的來源就是所謂有機體的「本能」——它代表所有源自體內並傳導到心靈裝置的力量——它在心理學研究上既是最重要，同時也是最隱晦的因素。

這也許不算是輕率的假設，即把發自本能的衝動視為不屬於那類**約束**的神經歷程，而屬於**自由流動**的類型，會朝向釋放奔流而去。對於這些歷程，我們所知的最佳部分是從夢作（dream work）[43]的研究中導出。我們在此發現：在無意識系統中的歷程基本上與前意識（或意識）系統中的歷程不同。在無意識中的投注很容易可完全傳移，既移置且濃縮。不過，對此的治療處遇如果運用在前意識材料上，只會產生無效的結果；而這也說明了我們所熟知的顯夢中展示出來的種種怪像，而那是在前一日的前意識殘留，我們在分析中把它詮釋出來，合乎我們所能運用的無意識法則。我把發現於無意識的歷程類型稱為「初級」（primary）心理歷程，相對於此的就叫「次級」歷程，亦即得

---

**43** 譯註：「dream work」是指做夢時產生的「夢作品」，在此簡譯為「夢作」，而不用「夢工作」。這在上文中已經說過，但譯者覺得有必要在此向讀者重複聲明。

之於醒著時的正常生活。既然所有的本能衝動都是以無意識系統做為其衝擊點，因此說它會遵從初級歷程，那就不是什麼新說。再說一遍：我們很容易就可把初級心理歷程等同於布洛伊爾的自由流動投注，而次級歷程加上改變則等同於他所謂約束的（或靜止的）投注。[44] 果真如此，那麼要把抵達初級歷程的本能激動加以約束的，就是在心靈裝置中較高層次的工作。不能做有效的約束就會激起堪比創傷神經症的困擾；而只當約束完成時，才可能有享樂原則（及其修正為現實原則）的支配，且一路無阻。到了那地步，心靈裝置的其他工作，即把激動加以駕馭或約束的工夫，就會領有優先權——確實，不是在享樂原則的**對立面**，而是獨立於其外，也在某程度上不予理睬。

強迫重複的顯現（我們已經對它做過描述，是會發生在幼兒早期心理生活的活動當中，以及發生在精神分析療程的事件中）展示出高度的驅力特徵，[45] 並且，當它以對立於享樂原則的方式來行動時，就會讓這種現身中帶有些「魔力」（daemonic force）。在幼兒的遊戲當中，我們似乎看到小孩所重複的苦受經驗還有額外的理由，使得他們可以把那些強烈的印象駕馭到運用自如，而不只是在消極地體驗它。每一次新鮮的重複似乎都可強化他們所尋求的駕馭能力。兒童對於享樂體驗的重複總是不嫌多，且他們會不屈不撓地堅認所有的重複都是同一回事。這

---

**44** 參見我在《釋夢》一書中的第七章。

**45** 譯註：英譯本原譯為 instinctual character（本能特徵），但英譯者卻在註腳中說：佛洛伊德的原文是 'Triebhaft'，而此字中的 Trieb（drive）是佛洛伊德後來更常用於替換「本能」的字眼，即「驅力」。我們在此依照佛洛伊德的意思，把它替換過來。

種性格特質後來會消失。一則笑話聽第二次就會失去效果；劇場的演出在看第二回時總不如第一回的印象那麼深刻；其實，對一個成年人，幾乎不可能說服他把看過的書立刻重讀一遍。新鮮感永遠是享受的條件。但是孩子們卻會一直要求大人重複玩他看到的遊戲，或跟他一起重複玩，一點都不覺得累，除非他已玩得精疲力盡。如果對孩子講了一個好故事，他就會堅持要再聽一遍又一遍；且他會無怨無悔地規定講法必須一模一樣，你若做了些更動，他還會糾正你並認為是你的錯——雖然他們實際上希望獲得的乃是新鮮的贊同。

36

這些和享樂原則都不矛盾；重複，即重新體驗同樣的事，其本身顯然是享樂的一個源頭。就分析當中的案主來說，相反地，他在傳移之中對於童年事件的強迫重複，在每一方面都顯得他並不理睬享樂原則。患者的一舉一動純粹像個幼兒，由此對我們透露了他所壓抑的原初體驗之記憶痕跡，然而這裡頭沒出現約束的狀態，因此也就無法遵從次級歷程。就是這個無法約束的事實，加上前一天的記憶殘餘，進一步在夢中形成一廂情願的幻想。這同一種強迫重複在分析療程中常以治療障礙的方式跟我們碰面，且到分析的末期會誘使患者跟治療師完全決裂。我們也可想當然爾知道一般人對分析很不熟悉的話，會感到一種曖昧的恐懼——怕會激發某種東西，他們覺得，還不如讓它睡著——他們所怕的，在其最底層乃是這種強迫行為之中暗示了某種「魔力」的附身。

但是，屬於「本能的」意謂中，是什麼會和強迫重複有關？談到這裡，我們無法躲避的一個疑點就是：我們可能走上的軌道是普遍的本能屬性，也可能是有機生命的共相，但卻一直沒被清

楚辨認，或至少沒曾明白強調過。**那麼，看起來，本能就是一種催促力，內在於有機生命本身，為的是讓事情回復其較早的狀態**，也就是生命實體在外來壓力的困擾之下，本應予以放棄的；換句話說，那是一種有機的彈性，或再換個方式說，是有機生命本身墮性的表現。[46]

　　這種本能觀怪得嚇人，因為我們已經慣於看見本能之中有個因素會逼著產生改變和發展，然而我們現在卻要以正好相反的方式來認識它──即以一種保守（conservative）本性的表現來看待生命實體。在另一方面，我們馬上會想起動物生命的例子，可以肯定此一觀點，即本能都是由生命史決定的。譬如某種魚類，在產卵期正逢勞苦的遷徙過程，為了保存所產的卵，會把卵藏在特殊的水域，遠離慣常的棲息地。有很多生物學家對此的意見是說，牠們會這麼做，只是為了找到牠們這個物種先前居所的地點，但在時間的演進中，牠們已換居他處。同樣的解釋相信也可應用存在於候鳥遷徙的過程──但我們很快就可免除這種再找更多例子的必要，只要想想最令人印象深刻的證據，即有機的強迫重複就在遺傳的現象以及胚胎學的事實中。我們看到動物活體的原蟲，在牠的發展過程中會重現（即便只以暫時的、簡短的方式）其本來結構的所有形式，而不是用最短的途徑快速地發展為其最終的形狀。這種行為只有極微的程度可歸因於機械的成因，而在此對比下歷史發展的解釋也不能忽視。同樣地，失去的器官有重新生長的力量，可以生出完全相似的器官，這就可上溯到動

---

[46] 我自己無疑有類似的觀念，就是關於「種種本能」的本質如此，也已經重複說過多次。

物世界的最開端。

　　我們應會碰到合理的反對，就是在保守本能會逼人做出重複行為之外，也許還有其他本能會令人邁向進展以及生產出新的形式。這個論點當然不可忽視，而我們也會在較後階段把它放入考量。但在當前課題上，比較引人去追求其邏輯結論的，仍是此一假設：所有的本能都傾向於讓一切事物回復到其早期的存在狀態。其結果就可能造成神祕主義的印象，或只有偽造的深度；但我們對於只看到這些目的的觀點感到非常無奈。我們所要追尋的只是嚴肅的研究成果，或是根據於此的反思；我們不期望去發現那些沒有品質保障的結果。[47]

　　那就讓我們來把這樣的假設作成：所有有機的本能都具有保守性，都是在其生命史中所獲取，且傾向於回復到較早期的存在狀態。隨之而來的有機體發展現象就必定緣於外來的、且各方面都擾人的影響莫屬了。最初級的生物打從一開頭就不會有改變的願望；假若生活條件維持原樣，它就會一直重複同樣的生命路線。到了最終的盡頭，有機體會留下的發展標誌必定是我們所活在其中的地球生命史，以及它與太陽的關係。強加於此有機體生命路線上的每一種修正都會被保守的本能接受，且貯存為下一步的重複行為。那些本能因此就被約束成一副欺人的樣子，看來很像是邁向改變與進展的力量，底子裡其實還是在追求那古老的目標，只是通過一條舊瓶新酒的途徑罷了。毋寧唯是，我們還很可能把一切有機體所奮力追求的目標予以特別指出。這就會跟本能

38

---

**47**　〔1925年補註：〕讀者不應忽略的事實是：以下要談的乃是一條相當極端發展的思路。後來，到了要說明性本能時，就會發現這些必要的限制和更正就是要用在這裡。

的保守本質構成矛盾——如果生命的目標就是從未達到的存在狀態的話。反過來說，那必定是個老舊的存在狀態，亦即一開頭就有的狀態，是一個生物遲早會從其中脫離而出，然後又會奮力歸去的一條循環之道，而所謂發展就是依此道而行進。假若我們認定世間有個絕無例外的真理，那就是所有的生物最終都會因為其**內在的**原因而死亡——重新變回無機物——那麼我們就不得不這樣說：「**所有生命的目的就是死亡**」，然後回頭也看到：「**無生物存在於有生命之前。**」

　　生命這種屬性有時會被無生物激發，而我們對於該激發之力就是不可名狀的。這也許很像後來的生物會在其中的某特定層次發展為意識的過程一樣。這種張力的興起就是本來的無生物奮力要取消自身的存在。[48] 第一個本能乃由此而生：回到無生命狀態的本能。在那時，一個生物要死去是一件易事；它的一生可能很短暫，而其生路的方向就已由幼體的化學結構決定了。也許在漫長的時間中，生物因此必須不斷新生且易死，直到外來影響讓它發生決定性的改變，促使存活下來的物體由他原有的生路上做出多方向的展開，在它抵達死亡的目的地之前能形成更加複雜的**岔路**。這條迂曲的死亡之路，由保守的本能忠實地維繫著，於是才能在今日對我們呈現出生命現象的圖景。如果我們堅定地維持本能唯一的保守性質，我們就無法獲得有關生命起源和目的的其他概念。

　　此中含意，放進有機體生命現象底下的一大堆本能當中來

---

**48** 譯註：對於無生物有力量而興起的概念，也許不會比「道生一，一生二，二生三……」的說法更為玄妙。我們所知的漢字「生」，本來就只是指植物之生長，後來這概念就廣泛延伸到一切生命之上。

看，必定顯得令人困惑無比。自我保存本能的假設，正如我們歸給一切有生命之物者，明明就站在這個假設的對立面——本能生命的整體是為了帶向死亡之路而服務的，由此觀看，則自我保存、自我肯定、駕馭激動等等本能的理論要義就會大大減損。那整套本能的作用在於保證有機體會遵循其自身的道路而走向死亡，並抵禦任何回到無機物存在的可能，除了屬於有機體本身之內（的死亡之道）[49]。我們沒料到有機體本身會有這種如謎一般的決定（很難放進任何適當的上下文之間）竟是要在面對所有的障礙時還維繫住其自身的存在。我們只留下唯一的事實就是有機體要以它自身的方式死亡。於是，這些生命的護衛隊，原來也是死亡的僕從。由此生出的弔詭處境居然是：活生生的有機體所奮力對抗的事件（事實上就是危險）本來是有助於快速達到其目的的——通過的是某種捷徑。總之，像這樣的行為，拿來對比於智性的努力，才正是純粹本能的特色所在。[50]

　　但讓我們暫停一下，來想想。那是不可能的。性的本能，在神經症的理論中佔有相當特殊的地位，而其出現則是在非常不同的面向上。

　　外來的壓力雖會引發不斷增進的發展程度，卻並不一定會強加於**每一個**有機體身上。其中有很多一直保持著它們在發展上的低階。像這樣的生物之中多數（雖不是全部）必定很像高級動植物的最早階段，它們其實至今還活著。同樣，構成一種高等有機　40

---

**49** 譯註：括弧內的文字是譯者所加，因為這裡的關係代名詞就是指這一長句前面的關鍵詞「死亡之道」。

**50** 〔在 1925 年以前的版本，有一註腳出現在此：「這是在修正那種支援自我保存本能的極端觀點。」〕

體的複雜身體之基本實體，它們並非**都**踏上通往自然死亡的發展之路。其中有些，即幼芽細胞（germ-cell），可能保留著生物的原初結構，且在一段時間之後，用它們先天稟賦以及後天獲取的<u>完全補償本能傾向</u>，來讓它們從有機體的整體中分離而出。這兩種特色可能正是讓它們可以成為獨立存在的能力。在有利的條件下，它們就會開始發展——也就是把它們原先的補償本能重複展現出來；最終，它們的實體中有一部分會再度走上發展之途，直走到盡頭；至於另外的部分就會聽令撤回，像是殘芽新生，回到發展過程的最初狀態。因此，這些幼芽細胞是以對抗活體死亡的方式在工作，並且贏得其潛在的不朽性，雖然這意思只不過是在延長死亡之路。我們必須在這事實中看出最高度意義，就是幼芽細胞的功能受到增強，或假若它能與本身相似但又不同的細胞接合起來的話，就是在促發出新生的可能性。

這些初等有機體的命運由一組本能監看，看著它們好讓整個有機體得以存活下去，也讓它們為這個面臨外來刺激時簡直手無寸鐵的狀態，提供一個安全的防護罩，好讓它們有機會碰上別的幼芽細胞，等等——這些就構成了一整群的性本能。它們的保守性和其他本能毫無二致之處就在於它們會把生命體帶回到早期狀態；但它們的保守性還有更高一層次，在於它們對外來刺激有奇特的阻抗力；而它們仍以另一方式維持其保守性，那就是它們要讓生命本身在相較之下延續得更為長久。[51] 它們才是真正的生命本能。它們的運行之道和其他本能的目的可謂背道而馳——以

---

**51** 〔1923年補註：〕然而只有在它們身上我們才可將內在衝動歸因於邁向更高層次的「進步」發展！

功能而言，其他本能乃是導向死亡的；而此一事實指出它們和其他本能之間有對立關係，這樣的對立在很早之前已被神經症理論辨認出來。於是有機體的生命就好像是以上下起伏的節奏邁進。有一群本能急急向前衝以便盡可能迅速達到生命的最終目標，另一群則會向後跳回某定點以便製造新起點來延長生命的旅程。雖然可以肯定，性和性別在生命的起點並不存在，但在往後可稱為「性」的可能性仍是在一開頭就已開始運作了，並且不盡然是在往後為了對抗「自我本能」[52] 的活動才有此起頭的。

 讓我們暫時回頭聽聽方才說過的話，並重新推敲一下：我們的這些推想是否有任何根據可言？是不是真的，**在性本能之外**，就沒有其他的本能會尋求恢復早期的存在狀態？沒有其他本能會以未曾達到的存在狀態為其發展的目的？我不知道在有機世界中，還有其他的顯例在其特徵上可以跟我所提議者相矛盾的。毫無疑問的是，在動植物世界中，沒有一種可見的普遍存在本能可以朝向更高的狀態而發展，就算發展本身事實上也是朝著那方向前進的。但是，一方面，當我們宣稱發展的某一階段高於另一階段，那常只是意見的問題；另一方面，生物學給我們的教訓是，在某面向的高度發展，經常只是跟其他面向平衡而已，或甚至只是透過捲入（involution）才出現的超重補償。更有甚者，有許多動物的形式，我們從其早期階段就可作相反的推論，即其發展乃是採取逆行途徑。高度發展與中途捲入這兩者就很可能是適應外來壓力的後果；而在此兩種情況中，本能所扮演的角色就只限

41

---

**52** 〔1925 年補註：〕必須瞭解的是，此一脈絡中的「自我本能」是作為暫用的描述，衍生自最早期的精神分析術語。

於保留住（其形式即為內在的享樂資源）必要的調整。[53]

　　對我們之中的許多人而言，也一樣困難的，就是放棄一種信仰，即人類有一種在工作中邁向完美的本能，可使得他們臻至目前的智性成就上的高峰以及道德上的昇華，且憑此可預料他們會監控著自己朝向超人（supermen）而發展。只不過，我不信有這種內在本能的存在，而這種立意本善的錯覺，我看不出為何需要保存。在我看來，人類在當今的發展，其解釋和動物沒有兩樣。人類當中有極少數的一些個體有孜孜矻矻地追求精益求精的衝動，但那也很容易理解為本能壓抑的結果，而其壓抑的來源則是人類文明中最珍貴的根本。受壓抑的本能會無休無止地奮力追求完全滿足，其中就包含原初滿足體驗的再三重複。沒有任何替代或反動的形成（substitutive or reactive formations）[54]、也沒有昇華作用足以挪開受壓抑本能的持續緊張；而那是在兩種量上的差異提供了驅動因素——享樂的滿足所需之量，及其實際達成之量——且不允許在任何已達到的點上停留，但以詩人的話來說：「永不減速地向前衝去」（ungebändigt immer vorwärts dringt）。[55] 其中導向完全滿足的逆向道路則會（依我們所知的規則）受阻抗所撓，以維持住壓抑。所以在沒有別的路可走之下，

---

53　費倫齊（1913, 137）曾以不同的思路推至同樣的結論：「假若以這種想法推至其邏輯的結論，你就必須讓你自己熟悉此一觀念，即有機生命有保存傾向或退行傾向，兩者同時具有支配力，至於進一步的發展或適應等等，則只會在外來刺激之下才會變得活躍。」

54　譯註：Reactive (reaction) formation 一詞常見的譯名是「反向形成」，但衡諸此詞的意思，「反向」不如「反動」——也就是抑制衝動或行動。

55　《浮士德》第一部，第四景中，魔鬼化身的梅菲斯托費勒斯（Mephistopheles）所說的話。

只能朝著仍然開放的成長之途向前走去——雖然沒能將此過程帶向結局，也不具能達到目的的展望。這些過程包含了恐慌神經症（neurotic phobia）的形成，而這不是別的，正是要逃離本能滿足的企圖，向我們呈現了此一假設的原初模型，即「朝向完美的本能」——但此本能不可能是**每一個**人類都秉具的。它的發展所需的**動力論**條件其實是普遍存在的；但它只在少數個體的**經濟學**處境中出現，有利於生產出（朝向完美的）現象。[56]

我只要再補上一個字「愛洛思」（Eros）[57]即可用來提示它如何竭盡心力將有機的實質納入更為寬廣的統一體，也許正是有此，方可提供一替代物給「朝向完美的本能」，但我們仍難以承認它的存在。我們歸於此現象的屬性，似乎很能解釋何以愛洛思的種種努力可接合到壓抑的結果當中。[58]

43

## VI

44

我們這趟探索的結局，到目前為止已為「自我本能」和性本能劃下一道鮮明的界線，也產生了一個觀點：前者將壓力推向死

---

56 譯註：本句中括弧內五字為譯者所加，因為原文使用定冠詞「the」就是指上一句「朝向完美的本能」。這種本能雖屬普遍的**動力論**條件，卻只在少數**經濟學**處境中才能出現——意即本能動力經過特殊的權衡之後才會成為「朝向完美」的有利條件。

57 譯註：「愛洛思」作為希臘神話人物 Eros 的譯名，不必以其所指的一種可能屬性 erotic 來為之強名。蓋因 Eros 既是欲也是愛，但譯作「愛欲」會使這個現代漢語的重心落在「欲」，偏離原意，故最好還是根據「五不翻原則」，只譯其音。

58 〔這最後一段是 1923 年所補加，為下一章對愛洛思的說明先給一點伏筆。〕

亡，而後者則推向生命的綿延。但這樣的結論在很多方面總讓人覺得不滿意，甚至我們自己亦然。更有甚者，實際上我們只能把前面那群本能總歸在保守（乃至倒退）的特色下，堪與強迫重複相應。因為在我們的假設中，自我本能是起於無生物開始有生命之時，並且會一路走向無生命狀態；然而談到性本能，雖然它們確實會生產有機體的原始狀態，但它們確定會瞄準每一可能的手段，以便讓兩種經過特殊分化的幼芽細胞得以結合。如果這種合體沒有完成，幼芽細胞就會隨著多細胞有機體的其他因素一起死亡。只有在此條件下的性功能可以延續細胞的生命，且讓它獲得不朽的樣貌。但是，在生物活體發展的有性生殖中，重複究竟是什麼要事？或說，兩個原生物（protista）的結合到底有何重要？[59] 我們還不能回答；是故我們這整套論證結構如果最終證明是錯的，我們應該可以就此釋懷。在**自我或死本能**（death instincts）[60] 以及**性或生本能**之間的對立，也可就此解消，而強迫重複也就不再具有我們賦予它的重要性。

我們這就回過頭來，談談我們已經說過的假定之中有一個要點，期望我們能有辦法來給它做個斬釘截鐵的否定。我們已經從假設中拉得很遠而得出這樣的結論：所有的生物都必定有內在的死因。我們之所以會輕率做出這樣的假設，是因為我們根本沒把它**當作假設**。我們很習慣認定這是事實，而我們的想法又被詩句所強化。也許我們接受了這種信仰，是因為其中有某種安慰

45

---

**59** 譯註：佛洛伊德在此句中用的 protista 和下文用的 protozoa，同樣是用來指單細胞有機物，沒有什麼分別。也就是和前文開始談的「幼芽細胞」、「原生質」等都是一樣的意思。

**60** 〔此詞第一次在出版物中出現。〕

的意思在內。如果我們自己會死，且首先會因死亡而失去最親愛的人，那麼，比較容易的是順服於無悔的自然法則，即崇高的 Ανάγκη（*anánkē*，必然性），而不是有可能避開的偶然機會。不過，這種對於死亡之內在必然性的信仰可能只是另外一個錯覺，由此產生了「**承受存在的負擔**」[61]之說。這當然不是什麼原初的信仰。「自然死亡」（壽終正寢）對於初民部落的人來說是相當陌生的觀念；他們把身邊的每一次死亡事故都歸因於敵人或邪魔的影響。因此我們必須轉往生物學以便考驗該信仰的效度。

如果我們真的這麼做，我們可能會很吃驚地發現：在生物學家之間，竟然只有極少數會同意自然死亡，且事實上整套死亡的課題到了他們手中就只會煙消霧散。至少在高等動物中的事實是壽命會有平均的長度，這就有利於死亡有自然原因的論點。但這樣的印象馬上受到挑戰，如果我們考慮的是某些大型動物以及某些巨木，它們的壽命幾乎可長到無法計算。根據威廉・弗利斯（Wilhelm Fliess 1906）的一個大概念，有機體所展現的一切生命現象——以及，無疑地，包括它們的死亡——都會連結到一定週期的完成，而此週期有賴於兩種生命實體（一雄一雌）和太陽曆之間的關係。不過，我們只要看看外在影響力是多麼容易和多麼廣泛地受到修正，致使死期發生改變（尤其在植物世界）——不論是就預測或撤回而言——疑點馬上就會指向弗利斯公式的僵化，或至少指向他所立下的法則是否足以擔當唯一的決定因素。

由我們的治療觀點會有很高的興趣來看看外司曼（Weismann

---

**61** 〔佛洛伊德在此引用的是詩人席勒的一句：'*um die Schwere des Daseins zu ertragen*'.（「承受存在的負擔」），出自《墨西拿的新娘》（*Die Braut von Messina* I, 8.）〕

1882, 1884, 1892, etc.）對於「有機體壽命能有多長」這個議題的作品。是他引介了生命實體有可朽與不朽這兩部分的區分。可朽的部分是在狹義的**身體**中——希臘文「σῶμα」（soma）——只有這部分會自然死亡。在另一方面，幼芽細胞具有不朽的潛質，只要它能在某種有利條件下發育成為新的個體，或換句話說，會用新的身體來包住它自身（Weismann 1884）。

這種說法很令我們吃驚，因為這對我們的觀點來說，是個沒料到的類比（analogy），而他達到此結論的思路和我們迥然不同。外司曼是以型態學（morphological）觀點來看待生命實體，他在其中看見有一部分註定會死亡——與性和遺傳有關的身體——以及另外有不朽的部分——幼芽細胞，會透過繁殖來保持物種的存活。至於我們對生命實體的處理，是在另一方面，亦即以其中的活力運作，因而區分出兩種有別的本能：一部分是將生命帶向死亡，另一部分（即性本能）則永遠試圖要達到生命的更新。這樣聽起來就很像對外司曼型態學理論重新做動力論的理解。

但這種看似頗有意義的對應關係，一旦看過外司曼對於死亡觀點的問題之後，就會立刻瓦解。因為他只把可朽身體與不朽幼芽細胞之間的區分放在**多細胞有機體**上來談；但在單細胞有機體上，長成的個體和繁殖細胞仍是同一個（Weismann 1882, 38）。於是他認為單細胞有機體具有不朽的潛質，而死亡只在多細胞的後起生物中才會出現。這樣說是對的：高等有機體之死是死於自然的、內在的原因；但這種原初特色卻無法在生命實體上發現（Weismann 1884, 84），並且在其生命本質的基礎上也不可視為絕對的必然性（Weismann 1882, 33）。死亡毋寧是個

權宜之計，是生命調適於外在條件方始有此；因為，當身體區分為身體細胞與幼芽原質之後，個體生命的無限延長就會變為相當不得要領的奢侈現象。當多細胞有機體做出了這種區分之後，死亡就變得可能，也是方便。因為到那時，高等有機體的身體在一定限度的週期內由內在原因而致死，然而幼芽細胞仍能維持其不朽。這並非實情，因為從另一方面來看，繁殖就必須同時以死亡之義來引入。反過來說，生命實體具有的原初特色，就像生長一樣（即從生命實體中長出來），而生命自從在地球上開始以來，就一直是延續不斷的（Weismann 1884, 84f）。

47

我們馬上就可看出，以此方式讓步的結果，亦即認為高等有機體會有自然死亡，對我們而言沒什麼幫助。因為如果死亡是有機體在其**晚期**所獲取的性質，那麼對於地球上的生物從一開始就帶有死本能之說，就不可能產生任何問題。多細胞有機體會以內在原因而致死，是由於有缺陷的分化，或有其不完美的新陳代謝，但從我們的問題角度來看，這不是我們會有興趣的事情。把死亡的起源用這樣來說明，和一般人所習慣的思考模式沒什麼兩樣，而比起「死本能」的假設來說，就更沒什麼驚人之處。

遵循外司曼所提示的思路走下去，依我所見，走不出任何有結果的結論。[62] 有些作者走回到哥特（Goette 1883）的觀點，認為死亡即是繁殖的直接結果。哈特曼（Hartmann 1906, 29）則不把「死亡的身體」之出現——即生命實體的死亡部分——視為死亡的標準，而將死亡定義為「個體發展的終止」。依此而言，原

---

62  參見哈特曼（Hartmann 1906）、立普舒茲（Lipschütz 1914）和竇芙蘭（Doflein 1919）。

**4** 超越享樂原則 | 187

生物也會是不朽的；在它們身上，死亡永遠會與繁殖重疊，但在某程度上也會因此而顯得曖昧難名，因為整套生命體的親代就得直接傳入子代。

不久之後，就所謂生命實體不朽性的問題，以實驗檢覈的研究方式直接導入單細胞有機體。一位美國的生物學家伍德魯夫（Woodruff），以滴蟲（ciliate infusorian）來進行實驗，這種「拖鞋狀的微生物」（slipper-animalcule），其繁殖方式是直接分裂成兩個個體，一直繁衍到第 3029 個世代（這是實驗停止的時間點），每次都把新生的個體取出，放進新鮮的水中。這個來自第一代滴蟲的新生代，就像它的老祖宗一樣鮮活，也沒顯現任何老化或退化。於是，只要這樣的證明算數的話，那就是原生物的不朽性在實驗上是可證明的。**63**

其他的實驗者卻發現了不同的結果。莫帕斯（Maupas）、寇肯斯（Calkins）等人，和伍德魯夫相反，發現特定數量的滴蟲分出體會變得弱化，體型縮小，失去身體組織的一部分，除非施以某種劑量的活力恢復劑，否則最終就難免死亡。若果如此，原生物會出現衰老期，繼之以死亡，正如高等動物然——由此可與外司曼所主張的「死亡是活的有機體在晚期所獲取的性質」之說完全相反。

從這一堆實驗研究中，有兩項事實突顯出來，給我們提供了堅確的立足點。

第一：假若兩個微生物，在它們顯現老化跡象之前，有辦法進行結合，也就是「交配」（在那之後它們會立刻分開），它們

---

**63** 對於此研究的後續研究，可參見立普舒茲（Lipschütz 1914, 26 and 52 ff.）。

避開了衰老而「維持年輕」。交配無疑是高等生物有性生殖的前奏；但那還無關乎增殖，只限於兩個體之間的物質混合。（外司曼稱之為「兩性交合」[amphimixis]。）不過，交配之中的活力恢復（rejuvenating）效應可由其他方式來取代，如施以某種刺激物，或換用可提供營養的液體成分，或升高溫度，或搖一搖，等等。我們這就會想起一個聞名遐邇的實驗，是由 J・婁卜（J. Loeb）所做的。他利用某種化學刺激物來使海膽的卵誘發出細胞分裂——此一過程通常只會出現於排卵之後。

第二：然而很可能滴蟲會由自然原因而致死，那就是其本身生命歷程的結果。在伍德魯夫與其他人的發現中有矛盾之處，在於他給每一代都換用新鮮的營養液。假若他忽略這一步，他也會和其他人的實驗一樣看到老化跡象。他的結論是說：微生物在新陳代謝過程中受到排泄物的傷害。因此他證明了他的結論：對於這種特殊的微生物來說，只有它自身的新陳代謝會帶來致命的結果。因為同樣的微生物，如果它們所處的營養液已充滿了由遠房親屬排泄物造成的過飽和溶液，則群聚在一起的它們，就難免於滅亡。因此，一隻滴蟲如果是獨處的話，會因為其自身新陳代謝的排出物不足，而導致自然死亡。（也許由於同樣這種無能，在所有的高等動物中，這也就構成其終極的致死原因。）49

談到這裡，我們心中難免會生出一個疑問：由原生物的研究出發，是否不論在任何對象都足以用來解決自然死亡的難題？這些小東西的原始組織可能把重要的條件隱藏起來，雖然在它們身上確實存在，但必須到了高等動物，擁有了型態學上的表現力，才會變成**看得見**。如果我們放棄型態學而採取動力論觀點，那麼，自然的死因是否可在原生物身上發生且顯現出來，那就完全

不是我們所關切的問題。到了後來才被辨認為不朽的實體，其本身和可朽的物質尚未分離開來。本能的力量會設法把生命導向死亡，這在原生物中也一樣自始即起著作用，只不過這樣的效應也許被維生的力量完全掩蓋，以致很難有任何直接證據來證明其存在。更有甚者，我們還看到生物學家的觀察讓我們可以假定：這種導向死亡的內在歷程確實也發生在原生質之中。但就算原生質會以外司曼的意義而言變成不朽，他所肯定的「晚期取得之死亡」就只能應用在**已顯現**的現象上，而不會使**傾向於此**的假設成為不可能。

因此，我們原期望生物學可以直截了當地反駁「死本能之承認」這回事，但生物學辦不到。我們就可自由自在地讓自己繼續關切其可能性，如果我們還有其他理由做下去的話。在外司曼所區分的身體與幼芽細胞，以及我們從生（命）本能中分辨出來的死本能，這兩者之間有驚人的相似性，而其重大意義也會繼續保持下去。

對於本能生命有這般優越的二元論觀點，我們的討論可以在此暫停一下。根據 E・賀陵（E. Hering）的理論，生命實體有兩種歷程一直存在，以相反的方向運作，其一是建設性或同化性的（assimilatory），另一則是分解性或異化性的（dissimilatory）。我們是否可以勇敢承認：這兩個方向就是生命歷程中，我們所謂的兩種本能衝動方式，亦即生本能與死本能？無論如何，此外總是還有別的，我們也不能視而不見。我們已經不知不覺地駛上航道，進入叔本華（Schopenhauer）哲學的港灣。對他而言，死亡乃是「真正的結果，其境界已臻至生命的

50

目的」，[64] 而其中的性本能乃是生命意志（will to live）的體現。

讓我們來個大膽的嘗試，更向前邁一步。一般人都認為，聯合若干細胞為一個生命結合體——即構成有機體的多細胞性質——就變成延長生命的手段。一個細胞幫助另一個細胞保持生命，而一整個細胞群就可存活下去，即便有些個別細胞必須死去。我們已聽說交配也是如此——兩個單細胞有機體暫時的結合會同時對雙方都有維繫生命、恢復活力的效應。據此而言，我們也許可嘗試將此運用於力比多理論，亦即精神分析對於細胞相互關係的理論。其中的生（命）本能與性本能在每一個細胞中都很活躍，我們可假設它們會以其他細胞為對象，讓那些細胞中的死本能局部中立（亦即它們所啟動的歷程），由此而保存其生命；在此同時，其他細胞也以同樣的方式回報，更有別的細胞為了讓此種力比多功能表現出來而犧牲其自身。幼芽細胞本身的行為方式是完全「自戀」——這是以我們慣用於神經症理論的語彙來描述那整個人，他把他的力比多完全保留在其自我中而不付諸於任何對象投注。幼芽細胞需要力比多，即其生（命）本能為其自身所做的活動，當作備用物資，用以對抗後日重大的建設活動。（惡性的新生細胞會破壞有機體本身，這就該以同樣的意義來稱之為「自戀」：病理學早有準備來將此類幼芽視為先天的，並將它歸為胚胎中的屬性。）[65] 我們的性本能之中的力比多以此方式

---

64 叔本華（Schopenhauer 1851; *Sämtliche Werke*, ed. Hübscher, 1938, **5,** 236）。譯註：佛洛伊德引述的句子出自〈附錄與補遺〉（*Parerga and Paralipomena* 2 vols., 1851），叔本華晚年所作的哲學沉思集，在《全集》第五卷，頁236。

65 〔此句為1921年所添加。〕

對應於詩人與哲學家筆下的愛洛思，而這卻是把一切生命兜攏起來的東西。

那麼，此處就是個機會，來回顧我們的力比多理論為何發展遲緩。最初的實例出現在傳移神經症的分析中，是患者迫使我們注意到「性本能」和某種其他本能之間的對立。性本能原來是要朝著對象而去的，但那其他本能卻是我們還不夠熟悉的，我們就姑且稱之為「自我本能」。[66] 其首要位置必然要讓給個人的自我保存本能。當時很不可能說其中可以劃出什麼區分。對於真正的心理科學基礎來說，沒什麼知識能比此更有價值的——就是對於本能的共同特徵以及可能的區分做出逼近的捕捉。但是心理學中除了摸黑之外，我們根本無處立足。每位心理學家都會提出他所假設存在的種種本能，或他所選擇的一些「基本本能」，然後就像古代希臘的自然哲學家對於所謂的四大元素——土、氣、火、水——那般，去變盡把戲。精神分析也無法避免要對於本能作出某些假設，最初就像流行的俗話那樣，說最典型的區分就是「飢渴與愛情」。[67] 至少那還不算是什麼胡說；以此之助，對於神經症的分析乃可往前大步邁開。關於「性」的概念，同時還對於「性本能」，就真的必須廣泛延伸，以致能夠包含不只是屬於生殖功能這個類別的種種事物；而這就導致一場不算小的喧囂，在這個嚴苛的、或可敬的、或只是假道學的世界裡。

當精神分析感覺到自己的路數接近於心理學的自我，就採取了下一步，首先只知自我是個壓抑與審查的機制，有能力豎立起

---

**66** 〔譬如對於這種對立，最早的說明出現在佛洛伊德的文章中，是論視覺的心因性困擾（1910i）。〕

**67** 譯註：這種流行的俗話，就跟我們所熟悉兩千年的「食色性也」一模一樣。

保護性的結構以及反動形成。但其實，有批判性的遠見很早以來就反對把力比多的概念限制在只針對性對象而釋放能量的性本能。但持此想法的人也無法解釋他們還能對此得出什麼更好的知識，或從其中導出精神分析可加以利用的任何做法。更為謹慎地向前探索使精神分析觀察到力比多會很有規律地從對象撤回到自我（此即為逆轉[68]的過程）；此外，經由研究幼兒在其早期的力比多發展，得出此結論：自我才是力比多真正的源頭和水庫，[69]而只有出自這水庫的力比多才能奔流到各個對象。自我在此發現它在各個性對象之間的地位，且立刻會在其中安置第一優位。以此方式居留在自我之中的力比多就是所謂的「自戀」。[70]自戀的力比多就分析的意味而言，當然是性本能的顯現，而它也必然會被辨識為「自我保存本能」，其存在是第一個被認出來的。於是，自我本能與性本能之間的原始對立在此就證明是不恰當地。自我本能中有一部分可看成力比多；即性本能——很可能是沿著其他本能併行——在自我之中的運作。然而我們有充分理由可說：舊的公式裡寫下的「神經症乃基於自我本能與性本能之間的衝突」，至今倒還是不必否定。只不過此兩種本能之間的區分，原本認為只是某種**質性上的**（qualitative）差異，現在必須另指出此差異的特色——即**地誌學上的**（topographical）差異。

52

---

**68** 譯註：「逆轉」是 introversion 的譯名，見〈論自戀症〉一文的註 31。

**69** 譯註：對於這種觀念的完整說明，請參見本書中的〈論自戀症〉一文。不過，對於「力比多的大水庫」何在，佛洛伊德在《自我與伊底》（*The Ego and the Id* 1923）一書中更正了說法，把它設定在伊底，而不在自我。關於把 id 譯作「伊底」而不用「本我」的譯名問題，請參見〈譯者導論〉的說明。

**70** 請見我的〈論自戀症〉（1914）一文。

至今仍特別真實的是在傳移神經症，即精神分析研究的根本題材，知道那是在自我與力比多的對象投注之間所產生的衝突之結果。

但對我們而言，必須更加強調的乃是自我保存本能中帶有的力比多特色，而我們正大膽地邁向下一步，把性本能辨認為**愛洛思**這個萬事萬物的保存者，然而也是它將自我的自戀力比多從力比多的庫存中抽引出來，並以此為手段，使身體的諸多細胞得以相互結合。但如今我們突然發現自己面對著另一個問題。假若自我保存的本能也具有力比多本質，那麼，是否除了力比多本能之外，就根本不再有其他的本能？在所有的事件中，可見的都見到了，沒有別的。情況真是如此的話，我們總會被逼到非同意我們的批評者不可——他們懷疑精神分析自始即以性來解釋**萬事萬物**，或譬如像榮格那樣的改革者，遽下論斷地把「力比多」視為普遍的本能力量。難道非得如此不可？

我們可沒那個**意圖**要讓所有的事情都產生這樣的結果。我們的論證要點在於我們認為有個明確的區分：自我本能相當於死本能，而性本能則相當於生（命）本能。（我們在較早階段曾預備在自我的自我保存本能中把死本能也包含進來；但後來我們對這一點做了修正，並把它取消。）我們的觀點自始即為二元論（dualistic），而在今天甚至比以往更確定是二元論——現在我們把對立描述成：不在於自我本能與性本能之間，而在於生本能與死本能之間。榮格的力比多理論與此相反，是個一元論（monistic）；事實上，當他把他那唯一的本能力量稱為「力比多」時，很容易造成混淆，但那對我們沒有影響。我們懷疑有另一種在自我之中起到自我保存作用的本能，而且我們應該

有可能把它指出來才對。然而，很不幸的是，對於自我的分析
（analysis of the ego）[71] 一直沒有什麼進展，以致我們都難以為
繼。其實，很有可能在自我之內的力比多本能有其獨特的門道[72]
來和其他的自我本能連結，只是我們都還覺得很陌生而已。甚至
在我們對於自戀症有任何清楚的理解之前，精神分析就曾懷疑
「自我本能」有力比多成分附著於其中。但這是非常不確定的可
能性，而我們的對手也就不太會注意。困難之處仍然是精神分析
讓我們迄今無法指出在力比多本能之外還有任何〔自我〕本能。
不過，那也不至於構成理由，讓我們陷入結論，說事實上就沒有
別的本能存在。

　　在當今曖昧的本能理論支配下，若拒絕任何能承諾為此投下
一線曙光的主張，實為不智之舉。我們正是在生本能與死本能的
劇烈對立之間而開啟了我們的航程。現在對象愛本身也為我們呈
現了第二個類似兩極性的實例——即在愛（或情誼）與恨（或攻
擊性）之間。只要我們能在此兩極之間拉出關係，也能從其中之
一極衍生至另一極！從一開頭我們就已在性本能中辨認出虐待狂
（sadism）的成分。[73] 就們所知，它本身即可獨立，並可用泛轉的
形式而支配一個人整體的性活動。它在初生之時即已是我所謂
「前生殖期組織」（pregenital organizations）之一當中具有優位

54

---

71　譯註：自我的分析（analysis of the ego）是指對於個案（個體或集體）的
　　「自我」（the ego）進行分析，而不是對自己的分析（self-analysis）。譬如
　　可見的顯例是佛洛伊德的《群體心理學與自我的分析》。
72　〔只在第一版中有此一句：「——透過本能的『匯流』（confluence），這
　　是借用阿德勒（Adler 1908）的用語——」。〕
73　這是在《性學三論》（*Three Essays on the Theory of Sexuality* 1905）第一版
　　中即已出現。

成分的本能。但是，這個衍生自愛洛思的虐待狂本能，其目的本是要傷害其對象的，又怎能擔任生命的保存者？是不是很有可能假設這個虐待狂事實上就是死本能，只是在自戀力比多的影響之下，被迫必須離開自我，結果也只能在對象關係中現身？現在它就進來為性功能服務了。在力比多組織的口腔期，要獲取情慾對象掌控權的活動，正好與摧毀對象的活動一致；後來虐待狂本能分離出去，最終到了生殖為主的時期，它就為了繁殖的目的而取得對於性對象的壓倒性功能，其程度在執行性活動時成為必要。其實也可說，被迫離開自我的虐待狂，是在為性本能中的力比多成分指路，而這些力比多乃能循路到達對象。在原初的虐待狂都沒受到任何減緩或混雜之處，我們就會在該處發現情慾生活中很眼熟的模稜兩可。

假若像這樣的假設可以成立的話，那麼我們就會碰上這樣的要求，叫我們製造出一個死本能的實例來——縱然是個誤置之例。但以這種看法來說，實在很難捕捉並創出一個確然而又奧祕的印象。這會讓人疑心重重地以為，我們是想要在一個令人尷尬至極的處境中，不計代價地找到出路。只不過，我們也許會想起來，這種假設其實了無新意。我們回到更早的場合，就是在尷尬處境的問題出現之前。那時的臨床觀察引導我們看見受虐狂（masochism），也就是一種與虐待狂互補的本能成分，它必須被視為虐待狂逆轉回到主體的自我本身。[74] 但本能從對象轉向自我，以及從自我轉向對象，這兩者在原則上沒什麼不同——這對目前的討論來說，倒是個新點子。受虐狂，本能逆轉回到主體本

---

**74** 請參見我的《性學三論》（1905d）；以及〈本能及其週期起伏〉（1915c）。

## 55

身的自我，在那情況下就會是轉回到本能史的較早期，也就是一種退行。早先對於受虐狂的一面倒說明必須加以修正：有一種東西**也許**可稱為基本受虐狂——我在當時已對此可能性提出了異議。[75]

不過，還是讓我們回到性本能的自我保存功能上來。對於原生物的實驗已經對我們顯示，交配——亦即兩個獨立的個體在交合之後立即分開，沒有發生隨後的細胞分裂——對於雙方都會有強化及恢復活力的效應。[76]在它們的後代中也沒出現退化的跡象，且看起來有能力產生對於其自身新陳代謝帶來的傷害有更長的抵抗效應。我認為，也許單就此一觀察即足以做為性結合所產生這種生命的新生效應？另一種實驗不是讓原生物結合而是改用化學劑或機械刺激（參照立普舒茲 [Lipschütz 1914]）就能使我們對此一問題回答出不疑有他的結論。那種結果是經由匯集某一定量的新鮮刺激而產生。這就跟上述的假設若合符節：個體的生命歷程引發內在原因以消除化學張力，也就是帶來死亡；反之，跟不同的生命物質結合則會增加張力，引入所謂新鮮的「生命差異」，因之而能夠活下去。至於這種差異性，那就必須有幾種總

---

75 這些臆想之中有一大部分是由莎賓娜・史畢蘭（Sabina Spielrein 1912）在一篇很具啟示性也頗有意思的文章中首先預告的，但很可惜的是對我而言還不完全清楚。她在其中把性本能中的虐待狂成分描述為「毀滅性」。A・史岱克（A. Stärke 1914）又試圖把力比多概念本身認定為生物學上推向死亡的動力概念（在理論基礎上作此設定）。也可參見蠻克（1907）。以上所有的討論，正如在他們的文章中，都給了證據表示本能的理論還需要澄清，也還未達成。

76 參見上文所引述的立普舒茲（Lipschütz 1914）。

和的數量。心靈生活，以及也許是一般的神經生活，乃是為道日損，以便維持恆量，或去除來自刺激的內在張力（「涅槃原則」[Nirvana principle]，這是借用芭芭拉‧婁 [Barbara Low 1920] 的用語）——

在享樂原則中找到表現的一種傾向；而我們能認得該事實乃是我們相信死本能存在的最強理由。

然而我們仍覺得我們的思路上還略有一些障礙，亦即事實上我們無法把強迫重複歸因到性本能的特徵中，而這正是最初把我們抬上死本能軌道的問題。在胚胎發展歷程的環境中，這種重複的現象無疑是極為豐富的；在涉及性的繁殖現象時，其中的兩個幼芽細胞以及它們的生命史本身，只是在重複有機生命的源頭起點。但這歷程所引導的性生活，其精髓乃在於兩個細胞體的結合。就憑這一點才保障了高等有機體的生命實體具有不朽性。

換句話說，對於有性生殖的起源，以及普遍的性本能，我們需要更多的資訊。這個難題會讓外行人望之卻步，而專家本身又還無法解決。因此我們應先撇開成堆不諧和的主張與意見，就我們的思路及其相關知識先給點簡潔的摘要。

在這些觀點之中，有一種會把繁殖的問題呈現為成長過程的部分顯示（可參見分裂增殖、發芽生長等）而剝除其神祕迷人的性質。幼芽細胞有性分化的生殖現象，其起源可能被描繪成一幅嚴格遵守達爾文主義路線的圖景，所憑依的假設乃是兩性交配而獲得的利益，亦即兩原生物在偶然的交配中會保留下來，到了往後的發展中又會脫除的（某些屬性）[77]。在此觀點之下的「性」根

---

[77] 雖然外司曼（1892）也拒絕了這種利益：「生殖現象中並未有相應於生命的

本不是什麼非常遠古的事情；其中含有異常暴力成分的本能，目
的在於引出性交的行為，這是在重複某些原本只是偶然發生的情 57
況，後來才被構築成有利的條件。

問題就在此出現，正如在死亡出現時的狀況，到底哪個才對：把那些實際展現的特徵歸給原生物，或者假定只有在高等有機體上的力量與過程第一次變得可見時才是其起源？上述對於性的觀點對我們的目的而言沒什麼幫助。可以提出的反對意見是說：它有個前提，假定了生本能早已在最簡單的有機物中存在；不然的話，交配的行為既然跟生命是反其道而行，也讓生命的終止變得更為困難，它就不會保存下來且步步精化，而應避免才對。因此，如果我們不要放棄死本能的假設，我們就該假定那些本能從一開始就是和生（命）本能連在一起的。但我們得承認，果真如此的話，我們就是在從事於製作一條方程式，其中帶有兩個未知量。

在此之外，對於性的起源，科學能告訴我們的就這麼少，我們的難題宛如踏進一片黑暗，連一線假設的曙光都無法穿透。在相當不同的區塊中，我們倒是**眞的**碰上了這樣的假設；但卻是如此地如夢似幻——毋寧更像是神話而非科學解釋——以致我真不該把它大膽說出來，要不是因為它正巧以我們所欲求的條件實現了我們的願望。因為它追溯到一種本能的源頭，指出了**一種**需

---

活化與新生的部分，而在其發生時，為了延續生命也無此必要：那只是一種安排設計，好讓兩種不同的遺傳傾向得以交合。」然而他還是相信這種交合會導致有機體多樣化的增加。——譯註：本句末尾括弧中的字（某些屬性）係譯者所加，因為原句用關係代名詞所指的那些「利益」中，顯然有此含意。佛洛伊德的發展理論中曾提到長出幼齒，後來會脫落換成新牙的現象，當屬此意。

求，是要回歸到較早的存在狀態。

我所在意的，當然是柏拉圖讓亞里斯托芬尼斯（Aristophanes）在《饗宴篇》（*Symposium*）中說出的理論，其所處理的不只是性本能的**起源**，最重要的是還及於其對象關係之種種變形。「人類原初的本性不像當今的樣子，而是不同。首先，原本的性別有三，而非如今的兩性；那時有男、有女、還有兩性合一⋯⋯」這種原初人的每一面向都是雙重的：他們有四手四足，兩張臉，兩個私處，等等。後來宙斯決定把這種人剖為兩半，「就像山梨要先剖半才能醬泡」。在分割完成後，「這人的兩半，各自追求他的另一半，追到之後互相環抱，急著想重新長成一個。」[78]

我們應該追隨詩哲所給的暗示，且大膽提出這樣的假設，說生命實體在其開始有生命時會分裂成兩個小半體，爾後又會透過

---

[78] 〔1921 年補註：〕我要謝謝維也納的龔佩爾茲教授（Professor Heinrich Gomperz）對於柏拉圖神話來源所做的討論，下述文字有些是他的原文。值得注意的是，基本上相同的理論在《奧義書》中已經出現。我們發現如下的段落出現在《廣林奧義書》，1，4，3，其中說來自 Atman（自我）的世界之源，如是：「彼覺無歡。故孤寂者恆覺無歡。彼願有副身。彼身甚巨，如夫婦同體。彼嗣後使我身一分為二，分後起身即為夫婦矣。故耶若婆伕曰：『吾等二身如貝殼各半矣。』故本無即已為婦填滿。」《廣林奧義書》是諸《奧義書》中最古老的一本，有識之士對其流傳時代所做的權威考據俱稱此書應不晚於公元前八百年（800 B.C.）。我個人對於流行的意見相反，即我很猶豫是否能斷然否定柏拉圖神話有可能導源自印度，即便是間接的，因為類似的可能性在教義的遠距流傳中無法排除。就算這類的衍生可以得證（其首例是畢達哥拉斯），這兩軌的思路之有此巧合，其意義不可小覷。因為柏拉圖不會接受這種來自東方某地的故事——更別說會把它放在如此重要的地位——除非對他產生的衝擊中含有一點真理的因素。

有一篇文章對於柏拉圖之前的此一思路做了很有系統的檢視，即齊格勒（Ziegler 1913），他一直追溯到巴比倫的源頭。

性本能而戮力追求重合？而這些本能之中有化學物質與無生物維持著親合性，在其原生物的世界中會逐漸發展，克服重重困難，努力通過帶有諸多危險刺激的環境——這種刺激會逼使它們形成一層護皮？這些由生命實體分裂出來的碎片以此方式發展到多細胞狀態，最終將此重合的本能以高度集中的方式轉變成幼芽細胞？但在此，我認為，已經走到該分道揚鑣的時刻。

無論如何，不會沒有幾行字來表達批判的反思。可能有人會 用上文所說的那些來問我，對於此一假設中的真理是否相信或信得多深？我的回答是這樣的：我本人並不相信，也無意說服別人來相信。或者，講得更準確一點，就是我不知道我對此信得有多深。在我看來，根本沒道理讓一個信念中的情緒因素闖入這個問題來。當然很可能把自己投入一條思路，並且沿路而去，不論是由於單純的科學好奇心，或者，如果讀者喜歡的話，也可說是做為一個**魔鬼的代言人**（*advocatus diaboli*），但並不因此而賣身給魔鬼。[79] 我不想為本能理論中的第三步爭論，我雖把它放在本文中，事實上不能宣稱它可與較具確定性的前兩步相比——對於性概念的延伸，以及關於自戀症的假設。這兩套革新的觀念是直接從觀察中轉譯成理論的，至於要檢覈其來源是否有誤，那就像所有這類的案例一樣，開放無阻。其實我對於本能具有退行特性的主張也是奠基於觀察的材料之上——亦即根據強迫重複的事實。不過，我很可能高估了它們的重要性。無論如何，要追尋這種想法本來是不可能的，除非能夠反覆結合事實材料跟純粹的推

---

**79** 譯註：關於魔鬼的代言人以及賣身給魔鬼的問題，著名的文學作品是歌德的《浮士德》，但佛洛伊德本人也為此主題寫了一篇分析的作品，請參見本書第五篇〈十七世紀魔鬼學神經症的案例〉。

想，因此也難免和經驗上的觀察偏離得很遠。我們愈常要在此過程中建構理論，其最終結果，如我們所知，也愈會令人難信。但是，不確定性的程度不是我們能算準的。你很可能幸運地擊中紅心，也可能難堪地歪到不行。我不認為這種工作中有一大部分是靠著所謂「直覺」來完成的。我所見到的直覺，好像是某種智性上公允的產物。不過，很不幸的是，人若處在極端的事態中，譬如科學或生活上的大難題，鮮少能維持公允。在這種事態中，我們每個人都會受根深柢固的內在偏見所影響，而我們的推想就在其中不知不覺地被上下其手。由於我們已有很多令人難信的經驗基礎，我們對於自己的深思熟慮也只能以冷冷的善意來看待。不過，我還急著要再補一句：像這樣的自我批判絕不是要對任何反對意見待之以特殊的寬容。對於某些理論，即從一開始就悖離分析所觀察到的事實者，我們會完全無情地將它拒絕，在此同時，我們也仍能意識到我們自己的理論效度常只是暫時的。

　　拿我們的推想來對照判斷生與死的本能，而事實上有太多令人困惑以及曖昧難名的事情在其中發生——譬如某一本能會受另一本能驅使，或某一本能會從自我轉往對象，等等——所以我們就不必覺得大受干擾了。這只不過是由於我們必須以科學的術語來操作，也就是說，我們在使用圖像語言（figurative language），特別是在心理學上（或更準確地說，在深度心理學上）。在此之外，我們無法描述這個問題之中的過程，並且，說真的，我們還根本不會意識到它。我們的描述中有處處缺陷，如果我們已經選擇的立場是要用生理學或化學的術語來取代心理學的話，那些缺陷也自然會消失無蹤了。其實我們也只用了一部分的圖像語言；但那是我們熟悉已久，且也許是比較簡單的一種

了。

在另一方面，應該說得更清楚的是：在我們的推想之中的不確定性之所以大增，是因為我們必須借用生物科學。生物學確實是帶有無限可能性的一大片園地。我們期望它會給我們最驚人的資訊，並且無法預料它在未來的幾十年內對於我們向它提出的問題會回報以怎樣的答案。它很可能會把我們所有來自假設的人工建構一掃而光。若果如此，有人就會問：為什麼我要鋌而走險踏上如今這條思路，尤其是為什麼我還決定公開發表？是的——我無法否定其中包含的某些類比、相關、連結等，在我看來是值得思索的。[80]

---

[80] 關於我們使用的術語，我要增補幾段話來加以澄清，在一路走到目前的工作上，已經歷了一些發展。我們碰上「性本能」時，是在它和性別以及生殖功能有關的語境中。我們在精神分析中保留了這個詞彙，但我們的發現卻必須讓它不再和生殖有密切關聯。由自戀力比多及其延伸到個別細胞的概念，性本能已被我們的需求轉化為愛洛思，而這是指能夠想盡辦法把生命實體的各個局部全兜攏在一起的力量。一般所謂的性本能，在我們看來，乃是指部分的愛洛思投向對象。我們的推想提示了愛洛思自始即在生命中現身為「生本能」，以與「死本能」相抗衡，而死本能之由來則是生命本來自無機物。這些推想是想要為生命解謎，因而一開始就設定此二大本能自始即處在對立的鬥爭狀態。〔1921 年補註：〕不太容易跟得上的，也許是「自我本能」概念所經歷的轉化之途。在開始使用該名稱時，是用來指稱能夠和對象投注的性本能有所區分的所有本能趨向（對此，我們並沒有密切的知識）；而當我們把自我本能和性本能對立起來時，力比多正是其顯現方式。隨後，我們透過自我的分析（analysis of the ego）中密切的掌握而得以認出一部分的「自我本能」也帶有力比多的特色，並且會把主體的自我作為它的對象。這些自戀的自我保存本能從此就得算入力比多的性本能之中。在自我本能與性本能之間的對立乃轉變為自我本能與對象本能的對立，但兩者都具有力比多的本色。但就在這裡，有個新鮮的對立出現在力比多的（自我的和對象的）本能與其他本能之間，而這就必須假定是在自我當中，且或許是實際上可觀察到的毀滅本能。我們的推想已將此轉換為生命本能（愛洛思）與死本能之間的對立。

# VII

　　假若對於回復到較早的存在狀態之追求，真的算是本能的普遍特色，我們就不必太驚訝於心靈生活中會有這麼多各自運作的歷程不在享樂原則下發生。此一特色將會是所有本能成分所共用的，並且都以回到發展歷程的較早階段為目的。這些事態乃是享樂原則還無法控制的；但那並不意謂其中的任何一個都必然與享樂原則對立，而我們仍得解決重複行為的本能歷程以及享樂原則的支配性，這兩者之間有何關係的問題。

　　我們早已發現，心靈裝置最早也最重要的功能之一乃是將撞擊而來的所有本能衝動都收攏約束起來，用次級歷程來取代蠢蠢欲動的初級歷程，並將自由流動的投注能量轉換為基本上靜止的（輔音的）投注。當這樣的轉換正在發生時，我們就注意不到其發展中有苦的一面。相反地，轉換乃是以享樂原則的名義而發生；約束乃是準備性的動作，以便引發及保證享樂原則會取得支配地位。

　　讓我們來把先前在功能與趨勢之間的區分磨得更尖銳一點。這麼一來，享樂原則的運作趨勢就是在為一種功能服務，該功能所從事者乃是讓心靈裝置不受制於激動，或讓激動量維持恆定，或甚至讓支出盡可能變得少量。我們還不能做出確切的決定，以有利於這樣的說法；但顯然在如此描述之下的功能就會牽涉到所有生命實體最普遍的存活之路——也就是說，回復到無機物的靜止世界。我們所有人都經驗過人可能達到的極樂，也就是在性行為中獲得最強烈的興奮及其瞬間的釋放。將本能衝動約束至此乃是其原本的功能，將設計好的興奮最終以釋放之樂來予以消除。

　　這裡出現的問題就是：苦與樂之感是否會以等量產生於有約束及無約束的激動歷程？而其中無論怎麼看來都無疑的就是：無約束的初級歷程所引發的苦樂之感，在兩方向上都比有約束的次級歷程要強烈得多。何況，初級歷程在時序上是較早發生；在心靈生活的初期，那兒沒有別的，於是我們可以推知：如果享樂原則不是早就**在其中**運作，它在未來就永遠不會有容身之地。我們於是對於最底端的東西就推出不可能是非常簡單的結論，也就是說，在心靈生活的開始時期，對於樂的奮力以求必定遠比後來更強烈，但也不是毫無羈絆：對於經常出現的打斷，它必須順服。在往後的時期，享樂原則更加保住了支配性，而它自身所逃不開的自我馴服則一點都不少於其他整體本能的干涉。無論何種清況，但凡在激動過程中所導致的苦樂之感，會出現在初級歷程中，也必定現身於次級歷程。

　　在此可能是好幾場嶄新探索的起點。我們的意識向我們溝通自內而來的情感，不只是苦樂，還有一種特殊的緊張，而當它現身時可以是或此或彼，或苦或樂。這些情感之間的差異會不會讓我們能夠分辨出有約束和無約束的能量？或者那種緊張感，當苦樂的系列情感**在給定的時間單位內**指示了投注量的改變時，就只關聯於那絕對量，或是投注的層次？[81] 另一個驚人的事實是：生（命）本能與我們的內在感知有這麼多的接觸——現身為對平靜踩下煞車，且總是產生種種緊張，而其釋放就是享樂之感——當

---

81　譯註：要之，這是在問能量投注和意識之間的關係問題。佛洛伊德的回答指出兩種可能性：一是苦樂之感本身，二是併隨於此的緊張感的可能是另一層次的絕對量——苦樂的特色是興奮激動，意識的特色則是某種需較長時間且少量的支出。

此之時，死本能似乎不受干擾，繼續埋頭工作。享樂原則看來實際上是為死本能服務。事實上享樂原則會繼續監視外來的刺激，後者兩種本能都會視為危險；但特別要防衛的是內在刺激的增加，因為那會讓生存的工作變得更加困難。接下來，這就會引出一大堆的問題，而我們目前對此還找不到答案。我們必須有耐心地等待嶄新的研究方法和機緣。我們也必須準備好，放棄我們前一段時間沿著走過來的路徑，因為看起來它沒有導向好的終點。信徒們在要求著科學取代他們所放棄的教義問答手冊，只有他們才會譴責研究者發展或轉變他的觀點。也許我們可借用詩人的話語，來安慰我們的科學知識這般緩如牛步的進展：

人若不能飛翔而至，必當跛行抵達
經典有謂：跛行本非罪。[82]

---

82 「Was man nicht erfliegen kann, muss man erhinken./Die Schrift sagt, es ist keine Sünde zu hinken.」——取自詩人呂克特（Friedrich Rückert）譯自阿拉伯文 *Maqâmât al-Hariri* 之中的〈兩銀元〉篇最後兩句。

# 5

## 十七世紀魔鬼學神經症的案例

# A Seventeenth-Century Demonological Neurosis

## Eine Teufelsneurose Im Siebzehnten Jahrhundert

本文譯自《佛洛伊德全集英文標準版》卷十九
(*The Standard Edition of the Complete Psychological Works of Sigmund Freud*, Volume XIX [1923-1925], pp 67-106)

魔鬼第二度向克里斯多夫‧海茲曼的現身

（THE SECOND APPEARANCE OF THE DEVIL TO CHRISTOPH HAIZMANN）

# 英譯者導言 [1]

　　本文對於這篇 1925 年的譯文〈十七世紀的魔鬼附身神經症〉（1925, Tr. E. Glover），不但更換了新的標題，也對其內容做了相當多的修訂。1928 年的「愛書人」版本則是為了維也納的愛書人討論會而出版。其中包括了三幅影印的畫作（代表了魔鬼第一次、第二次與第五次的現身）以及四份複製的原版手稿。

　　本篇寫作於 1922 年年尾（Jones, 1957: 105）。佛洛伊德本人對於本文的寫作原意在文章第一節的開頭處做了充分的解釋。佛洛伊德對於巫術、附身、視覺殘留及其聯繫現象等一直保有長期的興趣。這似乎是由 1885-1886 年間在薩佩堤葉額（Salpêtrière）醫院的研習而引起。沙考（Charcot）本人曾經非常注意神經症的歷史面向，此一事實在佛洛伊德留學巴黎之後的「報告」（1886）中提過不止一次。在佛洛伊德翻譯的第一套《沙考講義》第十六講開頭處，就說明了十七世紀的附身個案，
以及在第二套《週二課程》中討論到中世紀的「魔鬼－狂燥」具有歇斯底里症的本質。更且，在他為沙考寫的訃聞（1893a）之中，特別強調了他的老師在這方面的研究工作。

　　有兩封給弗利斯（Fliess）的信，寫於 1897 年一月十七日和二十四日（Freud 1950a，編號 56、57），其中論及巫師以及他們和魔鬼的關係，顯示出這種興趣並未消褪；確實在第一封信裡，他的談法好像這話題是他和弗利斯之間常有的討論。其中已

---

[1]　譯註：這篇英譯者導言對於本文寫作背景做了很好的交代，很值得讀者參考。

有暗示說，魔鬼可能是父親形象（father-figure），而他特別堅持的就是中世紀信仰中與女巫有關的肛門材料所扮演的角色。這兩點在一篇論文〈性格與肛門性慾〉（'Character and Anal Erotism', 1908b, *S.E.* 9: 174）當中都做了簡短的引述。我們從鍾斯（Jones, 1957: 378）那兒得知，1909 年一月二十七日，維也納的書商兼出版者賀樂（Hugo Heller），在維也納精神分析學社以會員身分宣讀了一篇文章，論〈魔鬼的歷史〉。這篇學社文件很不幸沒有傳到我們手裡，但根據鍾斯之說，佛洛伊德在該會上有一段很長的發言，論及魔鬼信仰的心理成分，顯然跟本文第三節的內容相當一致。在這一節中，佛洛伊德也一樣透過討論個案以及有限的魔鬼學難題，來推敲一些範圍較廣的問題，也就是男性對於父親如何接受了女性態度。在此，他提出史瑞伯博士（Dr. Schreber）的個人史來做平行的討論，雖然他從來不曾把本文的個案歸類為妄想症。

有一本大部頭的書最近出版了，書名是《思覺失調症，[2]1677》（*Schizophrenia 1677*, London, 1956: Dawson），作者是兩位醫師，麥卡派恩（Ida Macalpine）和杭特（R. A. Hunter）。這本書中包含了《馬利亞采爾的凱旋誌》（*Trophy of Mariazell*）[3]手稿影印本，以及附件中九幅畫的彩色複製本。仔細檢視這些材料，才有可能對佛洛伊德的說明做一兩個補充和修訂——毫無疑問，佛洛伊德是完全根據派耶 - 涂恩（Payer-

---

2　譯註：Schizophrenia 一詞舊譯「精神分裂症」，台灣的衛生福利部在 2014 年宣布將「精神分裂症」正式更名為「思覺失調症」。

3　譯註：這份手稿在本文中出現的標題是用拉丁文 *Trophaeum Mariano-Cellense*。

Thurn）醫師所提供的抄本和報告。在此必須再加以補充的是：麥卡派恩和杭特兩位醫師的長篇評註大部分都是針對佛洛伊德對於此個案觀點的批評；很可惜我們無法收錄他們對於佛洛伊德所引述的原稿諸多段落所做的翻譯，因為至少有兩三個重點，他們對原稿的譯法跟佛洛伊德的翻譯頗有出入。[4]

　　本文中所做的翻譯對於原手稿的十七世紀德文文體風格無意模仿，特此註記。

詹姆斯·史崔齊

---

**4** 最近范登德里舍博士（Dr. G. Vandendriessche）發現了不少跟克里斯多夫·海茲曼（Christoph Heizmann）有關的史料——都是佛洛伊德所不知的——其中包括《凱旋誌》（*Trophaeum*）更多章節的抄本，這使得他能夠對於維也納手稿的文本做些修訂，並且重建了原有的一些破損部分。他的發現已經很翔實地包含在他對於佛洛伊德文章的批判檢視中（《佛洛伊德在海茲曼個案中所犯的失誤》[*The Parapraxis in the Haizmann Case of Sigmund Freud*, Louvain and Paris, 1965]）。

# 十七世紀魔鬼學神經症的案例[5]

## 導論

　　童年期神經症所教會我們的一些事情，我們用肉眼就很容易看見，但到了成年之後就只能透過完整的探究才能發現。我們也許期待早先幾個世紀的神經症會有同樣的情形發生，只要我們有心理準備會用不同於今日的神經症名稱來指認出它們。我們不必訝異，在現代的心理學之外，神經症常會以其慮病症的（hypochondriacal）面向裝扮成體質性疾病而發作，至於更早幾個世紀的神經症則常陷落在魔鬼學（demonological）[6]語境之中發生。有好幾位作者，如眾所周知，其中尤以沙考（Charcot）為最，把歇斯底里症的顯現視為等同於對附身（possession）、迷

---

[5] 〔在 1925 年版的英譯文中出現了如下的註腳：「作者希望補加兩條註腳到英譯本中（用方括弧補加的），並表示他的懊悔，因為在德文版中這兩條註腳都被刪略。」實際上，這個問題已經補在本文現有的註腳中（譯按：即註32、33），但後來的德文版仍未補上。〕

[6] 譯註：魔鬼學（demonology）是指一般人對於鬼或魔鬼的信仰，以及專家對此信仰的研究。此詞的形容詞態 demonological 是指前者，名詞態 demonology 就是像作者佛洛伊德的這種研究。西文所稱的「魔鬼」和中文所稱的「鬼」，兩者的意思相近，但也不盡相同，有值得比較之處。基督宗教傳統中的「魔鬼」最常指「墮落的天使——撒旦」。中文的「鬼」則常帶有「已故先人」的含意；任何死人都會變為「鬼」。本文所談的是西方概念的「魔鬼」，在基督宗教的文學傳統裡經常出現，與本文最相關的魔鬼形象，有誘惑、附身等特質，這在中文的鬼故事中也很常見。（本文中的魔鬼接近於歌德名著《浮士德》之中的梅菲斯托費勒斯 [Mephistopheles] 這個角色。參見本書第四篇〈超越享樂原則〉，文中有佛洛伊德引用梅菲斯托費勒斯的一句台詞。）

狂（ecstasy）[7]等現象的描繪，而這些都很常保留在藝術作品中。如果這些個案史在當時都曾獲得更多注意，那麼要在其中重新尋回神經症的題材，就不會是什麼難事了。

那些黑暗年代的魔鬼學理論最終都在對抗當時的「準確」科學之下贏得勝利。所謂附身狀態可與我們的神經症相呼應，而為了對此做出解釋，我們再度訴諸於心靈的力量。在我們眼中，魔鬼就是壞的、令人生厭的願望，衍生自被拒斥和壓抑的本能衝動。我們只不過是把（中世紀所帶來的）心靈對外在世界的投射予以消除；代之以另一種看法，即魔鬼居於此心，魔由心生。

## I. 畫家克里斯多夫・海茲曼的故事

我受惠於維也納前皇家公共圖書館館長派耶 - 涂恩（Payer-Thurn）博士的友情支持，才有機會研究這類十七世紀的魔鬼學神經症。派耶 - 涂恩在此圖書館中發現一份手稿，原本藏於馬利亞采爾聖堂（Mariazell），其中詳細說明了一個透過萬福馬利亞的恩寵而從魔鬼之約中所展現的神蹟救贖案情。他的興趣是緣於此一故事與浮士德傳說的相似之處，並使他費盡精力將這些材料編輯出版。不過，由於發現故事中描述的人物所獲得的救贖中伴隨有痙攣發作以及幻視現象，因此他來找我，徵詢我對此案情的醫

---

7　譯註：附身（possession）、迷狂（ecstasy）只是常見的泛稱，在每個文化中的所謂「魔鬼學（demonological）語境」之中，其實一定還有很多其他詞彙用來指稱這種莫名其妙的狀態。「上身」、「降壇」、「起童」、「起駕」、「聖靈充滿」、「狂喜」、「中邪」、「卡到陰」等等都是我們常見的提法，有程度之別而已。

學意見。後來我們達成協議，將我們所做的探討分開來獨立出版。[8] 我要藉此機會感謝他最初的提示，以及他在多方面協助我研讀這份手稿。

這個魔鬼學個案史可導引出真正有價值的發現，它本身不需太多詮釋即可自行發光——像極了一敲即中的一股純粹礦脈，但在他處可能需要非常費力地把礦石挖出、熔解才能取得。

這份手稿，現在擺在我眼前的，是完整如實的拷貝，其中包含兩個截然不同的部分。其一是一份報告書，以拉丁文寫成，寫者是一位僧院的抄寫手或編輯者；另一則是患者留下的日記片段，用德文寫的。第一部分包括一篇前言以及對於神蹟療癒的整段描述。第二部分對於那些神父們可能沒什麼意義，但對我們而言卻價值連城。它大部分有助於肯定我們對於此案例的判斷，而他人可能對此躊躇不前，同時我們有很好的理由要感謝那位僧侶將此檔案保存下來，雖然他的那份報告對於支持他們的觀點而言是乏善可陳，其實，更可能是弱化了他們的要旨。

但在進一步踏入題名為 *Trophaeum Mariano-Cellense*（《馬利亞采爾聖堂的凱旋誌》）的這本小冊子的文章之前，我必須先講講一部分取自前言的內容。

在 1677 年九月五日，一位畫家克里斯多夫·海茲曼（Christoph Heizmann），巴伐利亞人，被人帶到馬利亞采爾聖堂，他身上攜著一封介紹信，是由不遠處的波騰布魯恩（Pottenbrunn）鄉下神父寫的。[9] 信中寫道：此人在波騰布魯恩待

---

8　〔派耶 - 涂恩寫的文章比佛洛伊德晚一年出版。〕

9　這位畫家的年齡在全文都沒提到。由上下文來判斷，他應是在三十到四十歲之間，可能比較接近後者。他歿於 1700 年，我們在下文會看到。

過幾個月，想找個畫家的職業。八月二十九日，在當地的教堂中，他有一陣很嚇人的痙攣發作。[10] 後來幾天，痙攣復發了好幾次，波騰布魯恩的地方首長親自來檢視，認為他所受的壓迫，很可能是因為他走進了一條邪靈（Evil Spirit）[11] 的惡道。[12] 因此之故，這個人承認了在九年前，在他意志消沉之時，由於懷疑自己是否有能力支持生計，因而降服於引誘過他九次的魔鬼，也和魔鬼立約，寫下自己的身體和靈魂都屬於魔鬼，為期九年。這段期間將會在當月的第二十四日到期。[13] 信文內容還說：這個不幸的人曾經懺悔，並相信只有馬利亞采爾聖堂的聖母恩寵才能拯救他，強迫惡靈把簽約的那份血書交回。因此之故，鄉下的神父大膽建議 *miserum hunc hominem omni auxilio destitutum*（這個失去一切救援的可憐人）去向馬利亞采爾聖堂的好心神父求助。

以上是李奧波德斯・布勞恩，即波騰布魯恩的鄉下神父在報告書中所做的敘述，日期在 1677 年九月一日。

現在我們就可對此手稿來進行分析。分析的標的包含三部分：

1. 彩色的封面頁，表示了簽約的情景以及在馬利亞采爾聖堂受到

---

10 譯註：在原文中，這陣發作是以被動態來表示：「he had been seized with...」，亦即「被（某物）抓住」。這種描述顯然不是精神分析的語法，而只是佛洛伊德在轉述該信文。

11 譯註：「邪靈」（Evil Spirit）就是魔鬼的別稱，在下文有時稱為 the Evil One（也同樣譯作「邪靈」），都用大寫，表示這已成為一個專有名詞。

12 我們只是偶爾要提醒一下，很有可能這些長官的審訊讓這位受害者激起了——或被人「暗示」了——他和魔鬼簽過契約的幻想。

13 所簽的約上寫著：*"Quorum et finis 24 mensis hujus futurus appropinquat."*〔「當月」應是指九月，亦即寫介紹信的那月。〕

救贖的景象。在下一頁則有八幅圖，[14] 也是彩色的，呈現了接下來幾次的魔鬼現身，每幅圖底下都有德文寫的傳說簡述。這些圖樣不是原版，而是拷貝——忠實的複製品，有嚴肅的保證——就是來自克里斯多夫・海茲曼的原作。

2. 《馬利亞采爾聖堂的凱旋誌》（拉丁文）原版，即那位編輯者的作品，底下署名「P. A. E.」，還附有四行韻文，包括有作者的傳記。《凱旋誌》一文的結尾處有聖藍伯特的奇里恩修道院（Kilian of St. Lambert）院長所做的證詞，寫於 1729 年九月九日，其書寫字形不同於編輯者，說的是手稿與圖畫跟典藏檔案完全相符。文中沒提到《凱旋誌》在哪年編成。我們的自由心證認定那是在奇里恩的院長寫下證詞的同一年，也就是在 1729 年；或者，既然文本中提及的最後日期是 1714 年，我們可將編輯的工作設定在 1714 年到 1729 年之間。這份手稿想要保留不忘的神蹟是發生在 1677 年——也就是說，在三十七到五十二年之前。

3. 畫家的日記，用德文寫的，紀錄的期間是從教堂中獲得救贖到隔年，1678 年的一月十三日。這是附在《凱旋誌》文本的接近末尾之處。

76

---

14　〔這說法與馬卡派恩與杭特（Macalpine and Hunter 1956, 55）的敘述不符：「這份手稿是由二十張對開的大裁紙（307×196 mm）釘製而成。其中五張都是圖：畫家在病中所見的魔鬼，以各種形象與扮裝現身；還有一幅三連畫（triptych），畫的是首次與魔鬼相遇，其中的中央一幅描繪了簽約書在馬利亞采爾聖堂的歸還。」圖畫的呈現方式在本文中沒有詳說，但很可能五頁的圖之一就是那幅三連畫（佛洛伊德所謂的「封面頁」），其餘四頁則各包含兩幅較小的圖。〕

《凱旋誌》文本實際上的核心包含在兩個書寫片段中：即波騰布魯恩鄉下神父李奧波德斯・布勞恩所寫的介紹信（上文已提及），日期是 1677 年九月一日，以及聖藍伯特修道院院長法蘭西斯可（Franciscus）對於此神蹟療癒所做的報告，日期在 1677 年九月十二日，也就是說，在隔了幾天之後。編輯者 P. A. E. 的工作是提供了一篇前言，把這兩份文獻結合在一起；他也增補了一些不太重要的連結橋段，以及在末尾加上一段關於畫家後續發展的說明，他所根據的是在 1714 年所做的考據。[15]

　　這位畫家先前的生活史在《凱旋誌》中先後被說了三次：（1）波騰布魯恩鄉下神父的介紹信，（2）法蘭西斯可院長的正式報告，（3）編者的前言。將此三種來源資料做個比對，會發現其中有些不一致的地方，對於想要追根究底的我們而言，不可謂不重要。

　　現在對於這位畫家的故事，我可以繼續往下說了。在馬利亞采爾經過了一段相當長的懺悔苦修和禱告之後，魔鬼就在聖堂裡向他現身，那是在九月八日聖母誕辰的午夜，魔鬼以一頭有翼的龍形顯靈，把所簽的契約交還給他，那是一份血書。我們往後會曉得，也很吃驚的是：出現在海茲曼故事裡和魔鬼簽的契約書有兩份——較早一版，用黑墨水寫的，以及後來的一版，用血寫的。在報告書中提及的驅魔情景，也可見於封面頁的圖像，其中的契約是血書——也就是後來的版本。

77　　談到這裡，有個疑點冒了出來：出自僧院的報告書到底有多高的可信度？我們心中難道不會發出警告，叫我們不要浪費精力

---

[15] 這就使得《凱旋誌》一文看起來也是寫於 1714 年。

來讀這種迷信的產品嗎？我們看到文中提到幾位有名有姓的僧侶，當魔鬼現身時，在教堂裡協助驅魔。如果可以肯定他們也都看見了以龍形現身的魔鬼，遞交了紅色字的契約書給畫家，我們就得面對幾個令人不悅的可能性，而有集體幻覺產生還算是其中最溫和的一個。但是法蘭西斯可院長的證詞掃除了這個疑點。他並沒有肯定來幫忙的僧侶們也看見了魔鬼，而只是以平實嚴肅的字眼說：畫家突然從神父們的手中掙脫，疾奔向教堂的角落，在那裡看見顯靈，然後跑回來，手中握著那份契約書。[16]

　　這是一次偉大的神蹟，而這無疑是聖母對撒旦的勝利；但很不幸的是這場療癒的效果未能維持長久。僧侶工作仍有可圈可點之處，因為他們對此並不隱瞞。在短暫的逗留之後，畫家以最佳健康狀態離開了馬利亞采爾聖堂，前往維也納，寄宿於一個已婚的姊姊家裡。在十月十一日，開始了一場新的發作，其中有幾次相當嚴重，這些在寫到一月十三日〔1678〕的日記中都有報導。其中包括若干幻視以及一些「不在場」（absences），[17] 他在其中看到和體驗到種種事態，他的痙攣發作還伴隨有非常痛苦的感覺，譬如有一回是雙腿癱瘓，等等。不過，這次折磨他的不是魔鬼；讓他惱火不已的竟是那些神聖的形象——基督以及萬福馬

---

16　此段原文如下：'... *[poenitens] ipsumque Daemonem ad Aram Sac. Cellae per fenestrellam in cornu Epistolae, Schedam sibi porrigentem conspexisset, eo advolans e Religio-sorum manibus, qui eum tenebant, ipsam Schedam ad manum obtinuit. ...*'〔「……（悔罪者）自己在聖堂的神龕旁透過書信邊的小窗口看見了魔鬼，向他遞交契約書；他從神父們的手中掙脫，跑過去把契約書抓回……」〕

17　譯註：這裡所謂的「不在場」（或「缺如」）應是指海茲曼本人和幻視（看見）相較之下的「看不見」，譬如在間歇的昏厥狀態中。

利亞本身。很值得注意的是他所受的苦來自這些天界神顯以及祂們的施罰，並不少於他先前與魔鬼打交道而得者。實際上，在他的日記中，他把這些嶄新的體驗有如見鬼一般寫下來；而當他在1678年五月重返馬利亞采爾時，他抱怨的是「*maligni Spiritûs manifestationes*」（**邪靈的顯現**）。

他告訴可敬的神父們，他回來此處的理由是因為他必須要求魔鬼還給他較早的另一份契約書，那是用墨水寫的。[18] 這回又是由萬福馬利亞以及虔誠的神父們幫忙他了遂心願。至於這是如何發生的，在報告書中卻幾乎靜默無語，只有這麼半行字：「*quâ iuxta votum redditâ*」（……**這是在回應他的禱告下歸還**……）──亦即他再度禱告後取回了契約書。在此之後他覺得相當自在，就加入了慈善修士會（Order of the Brothers Hospitallers）。

我們再度碰上的場面就是：雖然我們對於文本編輯者明顯的用心已有認知，但也看出他對於個案史寫法還不至於罔顧其中所需的誠信。因為他並未隱瞞他在1714年對於畫家的後期史所做的考察結果，他的根據來自〔維也納〕慈善修士會的修道院高層。當地神父的報告說：克里索斯多穆修士（Brother Chrysostomus）[19] 又反覆受到邪靈的誘惑，要他再簽新約（雖然這只發生在「他喝酒有點過多之後」）。但由於神的恩寵，他總是能夠拒絕誘惑。克里索斯多穆修士後來是在莫爾道河畔新鎮（Neustadt on the Moldau）的修道院中，「安詳地」死於一場急

---

18 這份契約書的簽約時間在1668年九月，而到了1678年五月，也就是九年半之後，契約的到期日早已過了。

19 譯註：這是海茲曼在修士會中使用的名字。

性熱病，時在 1700 年。

## II.　與魔鬼簽約的動機

如果我們來把這份跟魔鬼簽的約看成一個神經症的案例，我們的第一個問題馬上就會落在動機上面，當然，也就是說，這會和事件起因有密切關聯。為什麼有人會跟魔鬼簽約？實際上，浮士德就曾經很輕蔑地問道：「你這卑賤的魔鬼，有什麼好給的呢？」（'Was willst du armer Teufel geben?'）但他錯了。要回報給一個（自認為）不朽的靈魂，[20] 魔鬼對一個男人可給的高價之物可多了：錢財、免於危險的安全、在眾人之上的權力、掌控自然的能力、甚至魔力，以及特別是高於一切的享樂——享有美麗的女人。這些由魔鬼表現出來的服務或提供的保證，通常都需以特定的項目來跟他簽合約。[21] 那麼，把克里斯多夫‧海茲曼引去跟魔鬼簽約的動機是什麼？

---

**20**　譯註：這「自認為」三字是譯者所加，因為佛洛伊德所稱的「不朽的靈魂」顯然是用反諷的語氣，不過，這是漢語讀者對於「靈魂」之事不太習慣的用法，加上去也許是畫蛇添足，但就當作是減少腦筋轉彎的麻煩也罷。

**21**　可參看《浮士德》，第一部，第四幕：
Ich will mich *hier* zu deinem Dienst verbinden,
Auf deinem Wink nicht rasten und nicht ruhn;
Wenn wir uns *drüben* wieder finden,
So sollst du mir das Gleiche thun.
「在**此界**，我願戴上枷鎖，聽你使喚，
並對你的每一次示意都服服貼貼：
當我們在**來世**重逢時，
你也應為我做同樣的事情。」
（譯者的翻譯）

這就夠怪了──根本沒有上述那種種自然的願望。為了掃除整個事件的疑雲，你只要讀一讀畫家在他描繪魔鬼現身的插畫底下那些簡單的附筆。譬如，第三幅的附筆寫道：「在一年半內的第三次，他是以這令人嫌惡的模樣對我現身的，手上拿著一本書，寫滿了巫魔法術……」[22] 但是，根據附在下一次現身中的傳說，我們聽到的是魔鬼兇惡地咒罵他「把上回提到的那本書焚燬」，且威脅道：若不歸還那本書，就要把他撕碎。

　　在這第四次現身時，魔鬼讓他看看一個黃色的大錢袋，裡面盛滿金幣，且承諾他無論何時他想要多少就給多少。但這位畫家還能吹噓道他「對這種東西，什麼也沒拿。」[23]

　　另一次，魔鬼要他轉向享樂和歡愉，畫家在此記道：「我這確實是依他所欲而敷衍過去；但我在三天後就沒繼續了，此後我又恢復了自由之身。」

　　由於他拒絕魔鬼提供的巫魔法術、錢財、以及其他種種享樂，還更沒讓那些成為立約的條件，那就變得更令人迫切想知道畫家跟魔鬼立約時，事實上他要的是什麼東西。跟魔鬼打交道總要有某種動機。

　　到此，《凱旋誌》也為我們提供了可信的訊息。他變得意志消沉，不能或不願好好工作，且一直擔心生計問題；也就是說，他正受著憂鬱症（melancholic depression）之苦，帶有工作抑制

---

**22** ['Zum driten ist er mir in anderthalb Jahren in diser abscheüh-lichen Gestalt erschinen, mit einen Buuch in der Handt, darin lauter Zauberey und schwarze Kunst war begrüffen ...']

**23** ['...aber ich solliches gar nit angenomben.']

（work inhibition）[24] 以及（合理地）為將來而感到恐懼。我們可以看到，我們正在處理的就是一個真實的個案史。我們也知道，其發病的原因，畫家自己在他的魔鬼圖之一寫下的附筆實際上自稱為憂鬱症（「我應該想辦法轉移注意力並且趕走憂鬱症」）。在我們的三種資料來源中的第一種，即鄉下神父的介紹信中，其實只說到有沮喪的狀態，但第二種來源，即法蘭西斯可院長的報告，也告訴了我們這種心灰意冷或沮喪的原因。他說：「acceptâ aliquâ pusillanimitate ex morte parentis」（他變得心灰意冷是由於他的父親過世），也就是說，當時他的父親過世使得他陷入憂鬱狀態；當此之際，魔鬼來降，問他為何如此低落和哀傷，並允諾「要以每一種方式來協助他，並給他支持」。[25]

於是，這裡有個人，他和魔鬼簽約以便能從憂鬱狀態中解脫。這無疑是個充分的動機——凡能理解這種狀態是如何折磨人，也曉得醫藥對此病不太有減緩之效者，就一定會同意他的動機。然而跟著讀這故事的人當中，沒有一個能猜到他和魔鬼簽的這份契約書（或這兩份契約書）[26] 上面的文字實際上究竟是怎麼寫的。

這些契約書為我們帶來兩個很大的震驚。「首先，契約書中沒提到對於畫家押上永生的幸福，魔鬼要給他什麼承諾做為**回報**，而只說魔鬼提出了畫家必須滿足的**要求**。」讓我們驚訝的是

---

**24** 譯註：工作抑制（work inhibition）是精神分析的常用語，指不能工作，但不是技能上出了什麼問題，而是無意識地無法動手，或失去工作的動機。

**25** 在封面頁的圖中，有附筆將魔鬼形容為「誠實公民」的模樣。

**26** 既然是有兩份契約書——第一份為墨書，第二份為大約一年後的血書——兩者都說是馬利亞采爾聖殿的典藏，且也已抄錄在《凱旋誌》一文中。

其中的不合邏輯以及荒謬：此人必須交出他的靈魂，不是為了他**獲得**了什麼，而是他必須為魔鬼**做**些事。但畫家所給的保證看來還更奇怪。

首先是這份「簽約書」，用墨水寫的內容如下：「我，克里斯多夫·海茲曼，本人向這位主人簽約，成為他的義子，直到九年後。即 1669 年。」[27] 第二份用血寫的，如下：

> 年在 1669。
>
> 克里斯多夫·海茲曼，本人在此與撒旦立約，願奉上肉身及靈魂，為其義子，為時九年。[28]

不過，我們的訝異會立即消失，如果我們閱讀契約書的文本，看出其中的意思，即所謂魔鬼的要求，其實是他自己要提供的服務——也就是說，那是畫家自己的要求。這份令人費解的契約在那情況下就會有個直截了當的意思，我們可以將它重寫如下：魔鬼將取代畫家失去的父親，為時九年。到那時之前畫家將以其肉身及靈魂奉為魔鬼的財產，正如我們常見的習俗中是這樣的交易。讓畫家有此動機去立約的思路似乎是這樣的：他的父親之死讓他失魂落魄，也失去工作能力；只要他能獲得一個父親的替身，他也許會有希望重獲他所失去的一切。

一個人因為父親之死而陷入憂鬱狀態，那麼他一定是很喜歡

---

**27** ['Ich Christoph Haizmann vndterschreibe mich disen Herrn sein leibeigener Sohn auff 9. Jahr. 1669 Jahr.]

**28** 〔'Christoph Haizmann. Ich verschreibe mich disen Satan ich sein leibeigner Sohn zu sein, und in 9. Jahr ihm mein Leib und Seel zuzugeheren.'〕

父親的。但若如此，這個人會想要找魔鬼來替代他所愛的父親，那可真是個怪主意。

## III.　以魔鬼為父親的替身

我擔心有些嚴肅的批評者還無心承認這種新鮮的詮釋可讓和魔鬼簽約的意義變得清晰。他們可能提出兩點反對的意見。

首先，他們會說，沒必要把此約視為兩造的承擔都已聲明的契約書。相反地，他們會辯稱，其中所載只有畫家一方的承擔；至於魔鬼的承擔則在文本中已被省略，且宛如 *sous-entendu*（有此含意）：畫家寫下了**兩種**承擔——其一是做為魔鬼的義子九年，其二是在死後則全部歸他所有。以此而言，我們的立論前提之一就已被處理掉了。

第二個反對意見就是說：我們沒有理由特別強調「魔鬼的義子」；因為這只不過是一種慣用的成語，任何人都可像神父那樣用來詮釋此詞。因為在拉丁文的翻譯中並沒有提到在契約書中承諾為子的關係，而只是說畫家要「mancipavit」他自己——讓他自為約定的奴僕——臣屬於邪靈，且要步入一條否認神也否認聖三位一體的有罪之路。既然如此，那又何必閃避對於此事顯然且自然的看法呢？[29] 這要點，簡單說，就是這個人在憂鬱的折磨和困惑中，和魔鬼立約，他自認為這是具有最大療效的力量。他的憂鬱和其父之死同時發生，但這兩者之間是無關的；這時也可能

---

29　我們就事論事，後來推敲到這些契約書是在何時以及為誰而立，這麼一來我們就該曉得，那些文本的遣詞用字本來就會使用通順易解的方式來寫。無論如何，對我們而言，其中包含的曖昧之處正是我們做此討論的起點。

發生任何別的事情。

這些意見聽起來頗有道理而且可信。精神分析又一次必須面對這樣的指責，說它老是在最單純的事情中做出細如毫毛的複雜分辨，然後看出其中的許多奧祕和難題，其實根本是不存在的，而分析可以這麼做就是一直把莫須有的強調放在沒意義、不相干而且到處都會發生的細節上，然後就據此導出遙不可及的怪異結論。對於我們的詮釋做出這般的拒斥，我們把它指出來，對我們而言也是徒勞無用，因那就會把我們在本案例中可以證明的許多驚人的類比以及為數不少的幽微關聯都一掃精光。我們的反對者會說那些類比和關聯事實上都不存在，而是由我們以根本用不著的鬼靈精把它們羅織到案情之中的。

我不必在我的回答前面加上「老實說」，或「持平說」，因為每個人對於這些事情本來就該如此，而不必事先註明。說白了，我很清楚，先前不相信精神分析思想模式是有理可循的人，沒有一位會從這個十七世紀畫家克里斯多夫·海茲曼的事例中獲取信仰。我也無意利用此案例來做為精神分析效度的證據。相反地，我在事先已接受其效度，然後要運用它來為畫家的魔鬼學病情再多打上一點光。我能這麼做的理由在於我們對於神經症本質的整體探究已經獲得的成效。我們可以毫不誇張地說，在今天即令是我們的同僚以及我輩中人都開始曉得：神經症的狀態若沒有精神分析之助是很難理解的。

「這些箭可以征服特洛伊，就只憑這些箭」

如同奧德賽（Odysseus）在索佛克里斯（Sophocles）的

《費羅克鐵提斯》（*Philoctetes*）如此自嘆。[30]

　　如果我們的看法是對的——畫家和魔鬼的簽約乃是一種神經症的幻覺——那就沒必要為精神分析的推敲做進一步的辯解。即令是很小的指標也有其意義與重要性，而當它會關聯到神經症的起源條件時，更會顯得很特別。其實，它的價值可能被高估或低估，至於我們可以在此論據上走多遠，那就是判斷上的問題。但任何人若不相信精神分析——或以此事而言，也就是不相信魔鬼——對於畫家的案例必須自己戮力尋求解釋，甚至可能在此看不出哪裡需要解釋。

　　於是我們就回到我們的魔鬼假設，畫家是跟這個魔鬼簽了　　85
約，以他做為父親的直接替身。而魔鬼的形象，就其第一次現身而言——是個誠實的年長公民，滿面棕鬚，身穿紅色斗蓬，右手拄著枴杖，身邊跟著一隻黑狗[31]（參照第一圖）。到了後來，他的形象變得愈來愈恐怖——也許可說，更接近於神話。他頭上長角，有鷹爪、蝙蝠翼。最終他在教堂現身為有翼的龍。我們在底下再回頭來談談身體形象的細節。

　　聽來確實奇怪的是為何需選擇魔鬼來替代慈愛的父親。但這只是在乍看之下如此，因為我們還知道很多別的事情，會減低我們的驚訝。我們從頭說起：我們知道神（上帝）就是父親的替身（father-substitute）（替代物）；或更準確地說，他即是被人尊崇的父；或再進一步，他乃是幼兒的父親體驗之複製品（拷

---

**30** 譯註：佛洛伊德藉由奧德賽的這句自白，感嘆手中握有可以征服特洛伊的利箭，但卻無人知曉。

**31** 在歌德〔《浮士德》第一部，第二幕及第三幕〕，有隻像這樣的黑狗，後來變身為魔鬼本人。

貝）——就個人而言是自身童年時期的父親，就人類而言是在史前原始群落或部族中的父親。後來的個人生活史中所見的父親會變得不太一樣，或愈來愈小。但是屬於童年的理念形象會和遺傳記憶軌跡中的原初父親（primal father）合併，而形成每個人觀念中的**神**。我們也知道，從分析所揭露的個人祕密生活史中，他和父親的關係也許在一開頭就是模稜兩可（ambivalent）的，[32] 或者，無論如何，不久後就變成這樣。也就是說，其中包含兩套相互對立的情緒衝動：所包含的本性不僅是慈愛與順服的關係，還另包含著敵對和挑釁的關係。我們的看法是這同樣的模稜兩可也支配著人和神的關係。在這雙方之間有未曾解決的衝突，一方面是對父親的孺慕，另方面則對他的畏懼以及子對父的挑釁，這就構成了我們對於宗教的解釋：其重要特色，以及其中具有決定性的週期興衰。[33]

至於邪魔（Evil Demon），我們知道他被視為神的反論（antithesis），然而在本質上仍與神非常接近。他的歷史不像神那般受到好好研究；不是所有的宗教都把邪靈這個神的對立者收入其中，而其在個人生命史中的雛形，到目前為止也都還停留在曖昧狀態中。不過，有一事是可確定的：當舊神被新神驅逐之後，他們可轉變為惡鬼。當一個民族被另一民族征服之後，他們那些落敗的神在征服者眼中，很少不轉變為魔鬼的。基督信仰中

86

---

32 譯註：模稜兩可（ambivalent, ambivalence）一詞是精神分析的關鍵術語，用以指稱人的情感、情緒狀態中同時包含著矛盾的兩面，譬如愛恨交加，豔羨妒恨，等等。

33 參見《圖騰與禁忌》（1912-13）以及雷克（Reik 1919）。譯註：雷克的英譯本《儀式：精神分析學》（*Ritual: Psychoanalytic Studies*. New York: Norton, 1931.）

的邪魔——中世紀的魔鬼——根據基督宗教的神話，他在本質上就是帶有神模樣的落敗天使。[34] 在此不需動用很多分析的洞察力就可猜到，神和鬼本是同一回事——是同一個人物，後來分裂成兩個帶有對立性質的人物。[35] 在宗教的源初時期，神本身仍擁有各種恐怖的特色，後來集合起來形成自己的一個對立面。

我們在此就有了我們都熟悉的此一過程之實例，透過此例可看見其中的矛盾——即模稜兩可——如何裂變為兩個反差尖銳的對立者。在神的本性之中有矛盾，那只不過是個人與其父親之間模稜兩可關係的反映。如果慈祥而正直的神是在替代他的父親，那麼，不令人意外地，他對父親的敵意態度，亦即對他的忿怒與畏懼、對他的怨恨，應會找到替代性的表達，也就是會創造出撒旦來。因此，看起來，父親對一個人而言，既是上帝也是魔鬼的雛形。但我們應可預料，宗教中一定帶有不可抹滅的印記，把上古原初父親的事實保留下來，而他的存在乃是個毫無節度的邪惡——比較不像上帝而更像魔鬼。

事實上，對於父親，要在個人的心靈生活中呈現出這種撒旦觀點的跡象，那並不容易。當一個小男孩在扮鬼臉時，我們無疑會看出，這是用來嘲弄父親的；還有，無論男孩或女孩在晚上會怕有小偷或強盜，那也不難辨認是從父親形象中分離出來的一部分。[36] 動物也一樣，當牠們出現在兒童的動物恐懼症中，最常就

87

---

**34** 譯註：這個落敗天使（fallen angel）一般常見的譯名為「墮落的天使」。在本文中已經講明了，是跟著被征服者一起「落敗」，而不是「墮落」。

**35** 參照雷克（Reik 1923），第七章。譯註：雷克這本書《自己的神與他人的神》（*Der eigene und der fremde Gott*）沒有英譯本。

**36** 在家喻戶曉的童話「七隻小山羊」當中，狼父的扮相是個小偷。〔這則童話中顯要的人物出現在《狼人》個案史（1918b）。〕

是父親的替身，有如遠古時代的圖騰獸。但魔鬼是複製的父親且可做為他的替身，這在他處都不如這個十七世紀畫家的魔鬼學神經症這麼明顯。那就是為何在本文的開頭，我預告了這類魔鬼學個案史會產出純金般的材料，而在後代的神經症（不再呈現為迷信反而更多像是慮病）則必須用分析工作，從自由聯想和症狀的礦脈中辛苦提煉。[37] 對於我們這位畫家的疾病分析做更深入的穿透，很可能會更增強我們的信念。一個人會因為父親亡故而患上憂鬱症以及工作抑制，這本非什麼不尋常的事情。當這些事態發生時，我們得到了結論：這個人對父親的依附關係中帶有強烈的愛，而且我們也記得嚴重的憂鬱症經常以哀悼的神經症形式出現。[38]

我們在這點上無疑是對的。但我們若進一步結論道，這種關係只是一種愛，那我們就錯了。相反地，他對於喪父的態度中愈是帶有模稜兩可的印記，則他愈有可能會轉變為憂鬱症。對於模稜兩可的這般強調，為我們預備好一種可能性，即父親會遭遇由尊轉卑的過程，正如我們在畫家的魔鬼學神經症中所見到的狀況一樣。假若我們可在克里斯多夫·海茲曼個案中學到的，也如我們在跟我們做分析的患者身上那樣，盡其可能學得更多些，那

---

**37** 事實上，在我們的分析中，我們很難得成功發現以魔鬼做為父親的替身，這也許指出了：會來尋求分析治療的人，在他們心目中這類中世紀神話的角色都早已玩完了。對於早幾個世紀的虔誠基督徒來說，魔鬼信仰的沉重義務並不比相信上帝來得輕鬆。事實上這要點在於：他需要魔鬼以便於抓住上帝。對上帝的信仰逐漸褪色，有很多理由可說是首先影響到魔鬼角色的重要性。如果我們夠大膽，敢於把「魔鬼是父親的替身」這觀念運用於文化史，我們或許也可以對於中世紀的獵巫（判巫）之事投以新的眼光〔在恩斯特·鍾斯（Ernest Jones 1912）論夢魘的書中已有一章談到巫的問題。〕

**38** 譯註：對於這點，請回顧本書中的〈哀悼與憂鬱〉。

## 88

麼，要誘發出這種模稜兩可的情緒，亦即讓他回憶起在何時，以及在什麼狀況的激引下，讓他對父親產生畏懼與忿恨，那就不是件難事了；還有，更重要的，是發現某些意外因素加進了這套典型的恨父動機中，而這套典型必定是遺傳自父子之間的自然關係。也許我們還可繼而發現特殊的解釋，用在畫家的工作抑制上。很可能他的父親曾反對他想要成為畫家。果如其然，那麼，他在父親過世後就不能施展他的藝術，一方面這是一種常見的現象的表露，叫做「延宕的服從」（deferred obedience）[39]；另一方面，由於他不能自營生計，那會使得他益發渴望父親這位保護者來照料他的生活。就延宕的服從那方面來說，那也同時表達了他的懺悔以及成功達到的自我懲罰。[40]

不過，既然我們不能把這種分析實施於 1700 年過世的克里斯多夫・海茲曼身上，我們應可滿足於能在他的個案史中帶出某些細節特色，亦即可用以指示他對於父親的負面態度有其典型的誘發原因。我們發現的特色雖不算多，也並不特別驚人，但卻非常有意思。

我們首先就來推敲一下數字九所扮演的角色。他跟邪靈所簽的約，為期九年。在這點上，可確信無疑的是波騰布魯恩鄉下神父的報告，寫得相當清楚：「他遞出一封契約書，簽的期限是九年。」（*pro novem annis Syngraphen scriptam tradidit.*）寫這封介紹信的日期為 1677 年九月一日，其中也含有這樣的訊息，即

---

**39** 〔與此相同的一例可見於「小漢斯」（1909b）的分析。〕

**40** 譯註：「懺悔」是以「所失（失去父親）」這個事態為對象的自責，而「自我懲罰」則是以自我做為責備的對象。這裡包含的「自我／對象」關係就是一種模稜兩可。

這份契約即將在幾天後到期：「……到期日就近在本月的二十四日。」（*quorum et finis 24 mensis hujus futurus appropinquat.*）因此這份契約書的簽約日期應為 1668 年九月二十四日。[41] 就在同一份報告書中，還有另一處用到數字九。畫家宣稱自己對於邪靈的誘惑，在他最終的降服之前，曾經抵擋過九次——「*nonies*」（九）。這個細節在後來的報告書中都未再提起。在院長的證詞中用到一個片語「*post annos novem*」（在九年之後），而編輯者在總結摘要中也重複了一次「*ad novem annos*」（有九年）——證明了這個數字沒有被忽視。

九這個數字，我們都已從神經症的幻想中熟知。那是懷孕期的月數，不論它在哪裡出現它都會把我們的注意力引向懷孕的幻想。在這位畫家的案例中，很顯然，這數字指的是年而不是月；且把這數字也用來指其他要事，勢必受到反對。但誰知道它是否可泛指很多其他能跟懷孕扯上關係的聖潔之事？我們也不必因為從九月到九年的轉變而自亂腳步。我們從夢 [42] 裡知道，「無意識心理活動」可以多麼自由地運用數字。譬如，舉例來說，在夢中出現五這個數字，這就一定可以追溯回到五在醒著的生活中有何重要；但是醒時的五是指五歲，或是指一群五人，這就大不相同；同樣地，指五元鈔票或五顆水果，也有很大差別。也就是說，數字保留著，但用它來指稱什麼，就會隨著凝縮（condensation）或誤置（displacement）的脈絡需求而改變。夢中的九年因此很容易對應於現實生活中的九個月。夢作對於醒著

---

41 矛盾的事實在於兩份契約書上的簽約之年都在 1669，這問題留到後面再來推敲。

42 〔參見《夢的解析》（1900），第六章，F 節。〕

時的數字還有別的玩法，因為它可以完全不在乎此物為何，因而根本不把它當作數字來看。夢中的五塊錢可以代表現實中的五十、五百或五千塊。

至於畫家與魔鬼的關係，還有另一個細節，帶有性的指涉。我曾提過他第一次與魔鬼的會面，他看見邪靈以誠實公民的模樣現身。但第二次，魔鬼已經不成人樣，是裸體的，而且有兩對女性的乳房。[43] 在他往後幾次的見鬼經驗中，乳房都沒消失，有時一對、有時兩對。其中只有一次，魔鬼除了乳房之外，還展示了特大的陽具，延伸成一條蛇。他把女性的性徵強調為下垂的大乳房（沒有任何地方涉及女性的陰器），這會對我們造成驚人的矛盾，因為我們的假設是：魔鬼對畫家的意義在於他是父親的替身。其實，以這種方式來呈現魔鬼，已經很不尋常了。通常的「鬼」以其單純的形式而言，或以數字來現蹤，或甚至被描繪為女鬼，這些都不奇怪；但**這個**魔鬼，有具體的身軀及人格，是地獄之主，上帝之敵，竟會被呈現為男性以外的樣子，乃至成了個超級男性，頭上長角，有尾巴，有很大的蛇形陽具——這些模樣，我相信，是前所未見的。

這兩項微薄的指標給了我們一個典型因素的觀念，亦即決定了畫家與其父之間的負面關係者究竟是什麼。他的反抗乃是他的女性態度（feminine attitude）針對父親而凝聚為一場幻想，他在其中就是個小孩（九歲大）。我們從分析經驗中確知這種阻抗，也知道它會在傳移中採用各種奇異的形象，並對我們造成極大的麻煩。在畫家對失去父親的哀悼中，他對父親的孺慕之情高漲，

90

---

**43** 譯註：參見本文的附圖。

並在其中重新激活了他長久以來一直壓抑著的懷孕幻想，而他必須以一場神經症來強制對抗自己，以及貶低他的父親。

但是為什麼他的父親，既然已被貶低到魔鬼的地位，還要在身上帶著女性的性徵？這樣的特色在乍看之下難以詮釋；但很快地，我們發現了兩種互競而不互斥的解釋。一個男孩子對於父親的女性態度遭到壓抑，就是在他瞭解他和一個女人要成為情敵，互相爭奪父親時，其先決條件就是會失去他的陽具——換言之，遭到閹割。對於女性態度的拒斥因此而成為反抗閹割的結果。經常看到的最強烈的表達形式就是一種反過頭來的幻想——把父親閹割——把**他**變為女人。由此，魔鬼的乳房就會對應於主體本身的女性氣質（femininity）在父親替身上的投射。

這第二種解釋，亦即在魔鬼身上的女性添加物，不再帶有敵對的意思，反而是親愛的情感。在採用此形象時已指出一個孩子對於母親的愛慕被誤置到父親身上；其中暗示了此前對母親有強烈的固著，而這也是在慾望的輪替中，承載著孩子恨父之情的一部分。[44] 大大的胸脯正是母親的性徵，其中帶有對此性徵的負面情感——她沒有陰莖——而此時的孩子甚至尚未自知有此情愫。[45]

如果我們這位畫家對於要接受閹割之事一直懷恨在心，也使得他不可能平息對父親的孺慕之情，那就完全可以理解他為何需要轉而求助於母親的形象。他宣稱只有馬利亞采爾的聖母才能解

**44** 譯註：這是說，在固著於戀母時，父親成為情敵，是以生恨。至於「慾望的輪替」，就是指在戀母／戀父之間不同時期的輪轉——戀母在先，戀父在後。

**45** 參見《李奧納多‧達文西及其童年回憶》（1910）。

除他跟魔鬼的約定，以及他會在聖母誕辰之日（9月8日）重獲自由。至於簽約之日——九月二十四日——是否也以類似的方式決定，我們當然無從知曉。

在精神分析對於兒童心靈生活的觀察中，很罕見的是一個孩子對於正常成人會有如此難以置信的嫌惡，有如這個男孩的女性態度對於父親以及對於懷孕幻想會達如此之甚。我們只能在薩克森省最高法院法官丹尼爾·保羅·史瑞伯（Daniel Paul Schreber）出版了他的精神疾病以及康復過程的自傳[46]之後，才能了無罣礙地討論這個議題。我們從這本極富價值的書中讀到，這位法官在他大約五十歲時開始死命相信上帝——後者清楚地現身為他的父親，亦即史瑞伯醫師——決定要將他去勢，把他當作女人來用，並讓他懷孕生下「來自史瑞伯精神的新品種人類」[47]（他自己的婚姻沒生孩子。）在他反抗神意時，在他看來那是非常不公平並且「悖逆了天地萬物的道理」，他因此患了帶有妄想症狀的病，在其中纏鬥多年後，只留下一點點後遺症。這位秉賦不凡的作者寫下了自己的個案史，但連他自己都沒料到，竟然揭露了一種典型的病因。

這種對於閹割或對於女性態度的反抗，阿德勒竟把它從有機

---

46  《我的神經症回憶錄》（*Denkwürdigkeiten eines Nervenkranken*, 1903）[ 譯
    註：英譯本 Schreber, D. P. (1988) *Memoirs of My Nervous Illness*. Cambridge,
    Mass: Harvard University Press.] 參見我對此一個案的分析（1911c）。[ 譯
    註：佛洛伊德對此一個案的分析，參見英譯本 Freud, S. (1911) 'Psychoanalytic
    Notes upon an Autobiographical Account of a Case of Paranoia', in *The Standard
    Edition of the Complete Psychological Works of Sigmund Freud*. Vol. XII, 1-82.
    London: The Hogarth Press.]
47  譯註：參見中譯本佛洛伊德著、王聲昌譯、宋卓琦審閱（2006）《史瑞伯：
    妄想症案例的精神分析》，台北：心靈工坊文化。

的脈絡中割裂。他把這些連結到膚淺或虛假的權力渴望，並將此設定為一種獨立的「男性抗議」。因為神經症只能起於兩種趨勢之間的衝突，那就有理由可將「每一種」神經症的病因歸諸於男性抗議，在於它正是針對女性態度而來的抗議。這說法很正確，即男性抗議在性格形成時都扮演一定的角色——在某類人身上還扮演很大的角色——而我們在分析這種神經症男性時所碰到的就是他生猛的阻抗。精神分析把男性抗議所應有的重要性附隨在閹割情結上，但不接受其中帶有神經症的全知全能和無所不在的性質。男性抗議有個最鮮明的案例，在分析中帶著我所見過的所有顯著反應和性格特質。這位患者前來尋求治療是因為他的頑念神經症當中，有些症狀顯現了男性態度和女性態度之間難解的衝突（閹割恐懼和閹割慾望）清楚表達出來。除此之外，患者還發展出受虐幻想，這完全是衍生自接受閹割的願望；而他甚至越過這些幻想而進入泛轉後的真實處境中。他的整個狀態就座落在——阿德勒的理論也正像這樣——對於幼年時固著的愛所作的壓抑和否認。[48]

史瑞伯法官所發現的一條康復之途是他決定放棄對閹割的阻抗，將自己委身於神為他打造的女性角色。在此之後，他變得神智清明與安詳，也能夠經由療養院的過程而出院去過正常生活——唯一的例外點，就是他每天都奉獻幾個小時來培養他的女性氣質，且逐日精進，達到他深信是神為他決定的目標。

---

**48** 〔佛洛伊德對於阿德勒的「男性抗議」做了較長篇幅的討論，見於他在幾年前寫的〈一個小孩挨打了〉（1919e）。〕

# IV. 兩份契約書

在我們這個畫家故事中，值得注意的細節是他說他跟魔鬼簽了兩份不同的契約書。

第一份，以黑色墨水寫道：

我，Chr. H.，在此與吾主立約為其義子，為時九年。

第二份，以血書寫道：

Chr. H.，我與此撒旦簽約，為其義子，在九年之內，吾身吾靈俱屬於他。[49]

當《凱旋誌》進行編輯之時，以上兩者的原文都說是典藏在馬利亞采爾聖堂，且都記著同一年份——1669 年。

我已經記下好幾條關於兩份契約書的參考要點；現在我建議進入更細微之處，雖然正是在此處會有過度高估瑣碎問題的危險。

任何人會跟魔鬼簽兩次約都是很不尋常的，尤其是第一份文件在以第二份來取代的情況下，仍不會失去它本身的效度。此事也許對於慣熟魔鬼學材料的人來說不算稀奇，但對我而言，我只能就個案本身來看其中特別怪異之處，而我的懷疑之所以被激起

---

**49** 譯註：此處的兩份契約書內容和上文（第二節）顯示的略有不同。在上文註腳中附有德文原文，這裡顯示的有一點簡化，但無損於原文的意思。

是因為我發現報告書在這一點上有不一致之故。對於這些不一致做仔細檢視，會使我們在未料想到的情況下，對此個案史獲得更深的理解。

波騰布魯恩鄉下神父的介紹信寫得很簡單明瞭。其中只提到一份契約書，也就是畫家九年前所寫的血書，在幾天之後就是到期日——九月二十四日〔1677〕。因此那起草日期應該是九月二十四日，1668 年；不幸的是，這個日期雖可推論得知，卻未曾明確寫出來。

94

法蘭西斯可院長的證詞，如我們所見，出現於幾天之後（9月 12 日，1677 年），陳述的已是比較複雜的事態。可信的是，假定在這中間，畫家給出了比較準確的訊息。證詞說道，畫家曾經簽過兩份契約：一是在 1668 年（根據介紹信，這日期應也是正確的），用黑色墨水寫的，以及另一份「*sequenti anno* [ 寫於次年 ] 1669」，用血寫的。他在聖母誕辰日（9 月 8 日）取回的契約書是血書——也就是後一份，1669 年所簽。但在院長證詞中沒有成為問題，因為他只說「*schedam redderet* [ 應交還書契 ]」以及「*schedam sibi porrigentem conspexisset* [ 看見他遞給他契約書 ]」，宛若問題中的文件就只有一份。但是後來的故事進展，以及從《凱旋誌》的彩色封面頁，確實清楚看見魔鬼手持的是**紅色的**書契。這故事後來的進展，如我已經講過的，是畫家在 1678 年五月回到馬利亞采爾聖堂，那是他在維也納又經歷了邪靈進一步的誘惑之後；他當時懇求能透過聖母進一步的恩寵也討回他用墨水寫的第一份契約。這到底是怎麼發生的，不像第一次那樣，並沒有完整的描述。我們只看到「*quâ juxta votum redditâ* [ 這是根據他的禱告而得到的歸還 ]」；而在另一個段

落，編輯者說這份契約書是由魔鬼丟給畫家的「縐縐的，並裂成四片」，其時在 1678 年五月九日，約在晚間九點左右。

無論如何，兩份契約書上的日期同樣是在 1669 年。

其中的不相容性，要嘛是無關緊要，不然就會把我們導入如下的軌道。

假若我們把院長證詞當作起點，看成比較仔細的描述，我們就會直面著好些個難題。當克里斯多夫·海茲曼向波騰布魯恩的鄉下神父告解說，他被魔鬼緊逼，而時限就要到了，他只能在當時（1677 年）想起他在 1668 年所簽的約——也就是第一份，用墨水寫的（這在介紹信中說是唯一的一份，但卻被描述為血書）。但就在幾天之後，在聖堂裡，他所關心要取回的卻是後一份用血寫的契約書，在當時尚未到期（1669-1677），也因此讓第一份契約過期了。這後面的一份在 1678 年以前沒再提起——也就是說，它已經到了第十年。更且，為何兩份契約書都簽在同一年（1669），然而其中有一份明明說到期日是在次年（'*anno subsequenti*'）？

編輯者必定注意到這個難題，因為他曾企圖把它除掉。在他的前言中，他採用了院長的版本，但把其中一個特殊細節做了修飾。他說：畫家在 1668 年用墨水跟魔鬼簽約，但後來（'*deinde vero*'）用血寫。他由此而跳過了兩份報告中都寫著簽約日是在 1668 年，也忽略了院長證詞中寫的年份在兩份契約書中的不同。他只是維持了魔鬼歸還的兩份文件上日期的一致。

在院長證詞當中，「在次年」之後有一段括弧中的文字，是這樣寫的：「在此，採用了次年（下一年）而非尚未到期的年份，正如常發生在口頭約定之後；因為兩份書契（契約書）

95

上所指的是同一年，其中用墨水寫的一份在本證詞之前尚未歸還。」[50] 這段文字顯然是由編輯者所添補的；因為院長只看過一份契約書，就不可能說兩份書契上所簽的年份相同。更且，把這段文字放在括弧裡也必定是有意要顯示其本係添加之語。[51] 這也代表了編輯者的另一企圖，即融通不相容的證據。他同意第一份契約寫於 1668 年；但他認為，既然這年份早已過期了（那意指9 月份），畫家才把年份增加了一年，使得兩份書契可顯示為同

96　一年。他還提到事實上一般人常在口頭上做了同樣的事情，在我看來就是為他的整套解釋之詞打印上一個標記：微弱的遁詞。

　　我無法得知，我對於這個案件的陳述是否給讀者造成一個印象，讓他對於這些細微的細節也引發了興趣。我自己發現對於這整件事不可能達到任何確定的真相；但在研究這些混亂的事態時，我點開了一個觀念，有利於還原整個事件的自然圖像，雖然文本證據不能完全與此相符。

　　我的觀點是這樣的：畫家第一次來到馬利亞采爾聖堂時，他只提到一份契約書，依常規用血來書寫，而契約即將到期，故簽約的時間必須在 1668 年九月——這些全都正如鄉下神父的介紹信裡所寫的。在馬利亞采爾聖堂，他拿出來的這份血書，也就是魔鬼在聖母的逼迫下交還的。我們知道接下來發生了什麼事。畫家不久就離開聖堂前往維也納，在那裡感到很自在，直到十月中旬。之後他又開始受折磨、見鬼現身，就是又看見邪靈對他上下

---

**50**　譯註：證詞中的原文如下：'*sumitur hic alter annus pro nondum completo, uti saepe in loquendo fieri solet, nam eundem annum indicant syngraphae, quarum atramento scripta ante praesentem*' *attestationem nondum habita fuit.*'

**51**　〔這段添加的文字在書寫時所用的字體明顯小於院長證詞的原文。〕

其手。他再度覺得需要救贖，但面對著解釋上的難題——為何在聖堂的驅魔趕鬼沒讓他獲得持久的得救。如果他回來時還是一副七葷八素毫無曾經得救的樣子，他當然不會受到馬利亞采爾聖堂的歡迎。在這左右為難之際，他發明了另一份較早的契約書，是用墨水寫的，因此這對於後來的血書產生干擾，聽起來還頗為可信。再回到馬利亞采爾聖堂，他也取回了這所謂的第一份契約書。此後他終於被邪靈放過；但在此同時他做了別的事情，這才讓我們看見他的神經症有其背景。

那些圖畫無疑是在他第二次待在馬利亞采爾聖堂期間所做的：封面頁，一個單一構圖，也包括了契約書的圖樣。他企圖編造的新故事回頭和舊的契約核對一下，就給了他一個尷尬的局面。很不幸的是他的新發明只可能是較早的契約而不是後來的那份。因此，他無法避免困窘的結果，就是他先前所得的救贖——即那份血書——期限過早（第八年），而另一份——墨書——期限過晚（第十年）。而他罔顧重複編造故事時會發生的錯誤，即誤將早晚兩份契約書的簽約日期都寫成 1669 年。這個錯誤很重要地顯現出他無意間表現出的誠實：它讓我們得以猜出那所謂的較早一份契約實則是在較晚的時間編造出來的。編輯者顯然沒在 1714 年之前，甚至可能沒在 1729 年之前動手編修這份材料，發現他必須盡可能解決這一經推敲就會冒出的矛盾。他發現攤在他眼前的兩份契約書，其簽約日期都是 1669 年，他就只好訴諸於逃避，也就是把院長的證詞添加進來。

要不是很容易看出其中的弱點，不然這篇重建之作會是很吸引人的。參考文獻中已經讓兩份契約書存在了，一份墨書一份血書，都在院長的證詞裡。因此我有兩個選項，一是指控編輯者篡

改了證詞，這篡改和他把證詞加進來的用意緊密相關；或者坦承我也無法解開這團糾結。[52]

　　讀者一定在很早之前就會有這樣的判斷：這整段討論都是很表面的，而其中牽涉的細節也太不重要。但這件事情若能在某方向上繼續追索，就會顯出新意。

　　我剛才已經表達過這個觀點，亦即畫家很懊惱他會受到這病程所驚，所以他就發明了一份早先簽過的契約（墨書），以便向馬利亞采爾聖堂的神父說通他自己的狀況。現在我要向讀者做個說明——他們雖然相信精神分析，但不信魔鬼；還有他們也許會

---

**52** 這位編輯者，在我看來，也是被兩面夾擊。一方面他發現，在鄉下神父的介紹信以及在院長的證詞中皆然，其中所說的契約（或無論如何是指第一份契約）是在 1668 年簽訂的；另一方面，保存在檔案中的兩份契約書上，所簽的日期都是 1669 年。由於他手上有這兩份契約書，對他來說當然就是確實簽過兩份契約。假若（如我所相信）院長的證詞只提到一份契約書，他就必須在證詞中添加一筆參考文獻來證明另一份契約書的存在，用假設推斷後者為真，以便消除其間的矛盾。文本篡改是在他把文件添加進來之前，也只有他能在其中做任何補寫。他必須在添補之時加上幾個字來作連綴「*sequenti vero anno* [ 但在次年 ] 1669」，因為畫家在那張封面頁上曾經很吃力地寫下（已嚴重磨損的）幾行字：

「一年之後他
…可怕的威脅以
…圖二的形象，誤逼
…用血簽下契約書。」

['*Nach einem Jahr würdt Er*
…*schrökhliche betrohungen in ab-*
…*gestalt Nr. 2 bezwungen sich*
…*n Bluot zu verschreiben.*']

畫家說是在「誤逼」中寫下他的書契——對此誤逼，我已盡我所能假定了我可嘗試的解釋——在我看來顯得比實際上的簽約更有意思（譯註：「誤逼」的原文 [*Verschreiben*] 有一語雙關之義——「簽約／誤筆」——這在中文翻譯時碰巧也出現了。）

反對我的做法，因為向這個可憐蟲（*hum miserum*，他在介紹信中被如此稱呼）提出控訴是挺荒謬的。他們會說，血書和他先前所謂的墨書，都一樣出自他的幻想。在現實中，根本沒有魔鬼對他現身，而這整套跟魔鬼立約的事情只存在於他的想像中。這我都知道，但也知道：你不能否定這個可憐的人有權為他原初的幻想提出新篇來作補充，如果事態的改變看來是有此需要。

但在此也一樣，事態的進展還不只如此。總之，兩份契約書的存在不像是魔鬼現身那般的幻想。那是既有的文件，根據複製者以及修道院院長的保證，保存在馬利亞采爾聖堂，所有的人都可摸到看到。因此我們陷入一個兩難處境。要嘛我們假定兩份據說是畫家透過神寵而取回的書契，實際上是由他自己在有需要之時寫的；要不就得不顧所有的嚴肅保證、不顧所有目擊證人肯定這是簽名封緘的文件，我們必須否認馬利亞采爾聖堂以及聖藍伯特教堂所有神父的可靠性。我必須承認，我不願意對神父們置疑。我傾向於認為，事實上那位編輯者，出於對一貫性的旨趣，對院長證詞動過一些手腳；但是像這樣的「增修補訂」，並不遠離連當代業餘史家都會使用的手法，還有，在所有事件當中，使用這些手法實皆出於真心誠意。正如我已經說過的，其中沒有任何條件可壓迫他們對於療癒不全或繼續誘惑所做的說明。在另一方面，可敬的神父們實際上已建立一套很好的說辭，博得我們的信賴。就連在教堂中進行驅魔趕鬼的場景描述，你也許看了會覺得有點不安，但那也都是用嚴謹文字寫下，好讓你相信的。所以那些文本都沒什麼，除了要責怪的就是畫家本人而已。毫無疑問他在教堂進行懺悔禱告之時，手上已握有血書契約，而他後來把它另行製作出來，才從魔鬼約會中回到他的那些聖靈事件的助

手們身邊。[53] 也不必認定那即是後來在檔案中保存下來的同樣書契，另外，根據我們的重建，文件上所簽的年份很可能是 1668 年（在驅魔趕鬼之前九年）。

## V. 神經症的進一步發展

　　情況果真是如此的話，我們要處裡的問題就不是神經症而是詐欺，這個畫家就是騙子和偽造文書者，不是個因魔鬼附身而受苦的人。但是，就我們所知，在神經症和詐騙之間有相當滑溜的轉渡階段。若要假定畫家已寫好這份文件以及下一份，隨時帶在身邊，我也看不出這有何困難——他那時的狀態很奇特，類似於人會見鬼見神那模樣。如果他真的要讓他和魔鬼立約的幻想成真，並且獲得救贖的話，實際上他沒有別的路可走。

　　另一方面，在維也納寫的日記，後來在他再度到訪馬利亞采爾聖堂時交給那裡的神職人員，可是蓋著真誠的戳記。它無疑可讓我們對其動機有更深的洞識——或毋寧會讓我們說，他在私心濫用神經症。

　　日記的條目所涵蓋的時間是從驅魔成功後開始，直到次年，1678 年的一月十三日。

　　到十月十一日，他在維也納都覺得很好，在那裡他是寄寓於一位已婚的姊姊家；但在那之後，他又出現新的發作，有幻視、痙攣、意識喪失，還有很痛苦的感覺，這終於使他在 1678 年五

---

**53** 譯註：這段描述是以「聖靈事件的助手」觀點來說的，並且把「手上已握有血書」和「後來另行製作」契約血書視為同一回事，因為那些驅魔趕鬼的目擊證人只是在描述他們的所見所聞，後來的報告也真實紀錄了這樣的見聞。

月再度回到馬利亞采爾聖堂。

他的新病故事可分成三個階段。首先，誘惑來自一位儀容得體的騎士，嘗試說服他把載有允許他加入聖玫瑰園兄弟會的文件拋棄。他抗拒了這個誘惑，而同樣的事情次日再度發生；只不過這次事發的場景是個裝飾華麗的大廳，其中有高貴的紳士和美麗的仕女翩翩起舞。先前誘惑過他的同一位騎士給他的提議和畫作有關[54] 並承諾給予一筆相當可觀的金錢做為回報。他以禱告來使這幻視消失，但幾天之後又重複出現，場面還更加壯觀。這次騎士送來的是一位最漂亮的仕女，坐在筵席桌邊勸誘他來加入他們的伴侶圈，而他覺得對這位誘人的美女難以抗拒。更為驚人的是在此不久之後出現的幻視。他看見更為壯麗的大廳，其中有「由金飾製成的王座」。騎士們站在周圍等候國王蒞臨。同一位一直來找他的人現在走近他，召喚他走上王座，因為他們「要以他為王，且永遠尊崇他」。這場奢華無度的幻想在此結束了透明無比的誘惑故事，第一階段。

對於這些，難免會產生嫌惡之感。一場禁欲的反應由此冒出頭來。在十月二十日出現了一道強光，伴隨著一陣聲音，自稱是基督，命令他發誓棄絕這個邪惡的世界並且在曠野中事奉神六年。畫家顯然為此聖顯而受到比先前的魔鬼現身更深的苦；這次發作持續了兩個半小時後才醒過來。在下一次發作時，有光圍繞的聖顯更加不友善。祂斥責他不遵從神命，並讓他掉入地獄，看看那些遭受天譴的人會有什麼可怖的命運。顯然，這沒什麼效用，因為這有光圍繞且自稱基督者還重複出現好幾次。每一次畫

---

54 這段話我看不懂。譯註：佛洛伊德說他「看不懂」的是指什麼，我也不懂。

家所經歷的乃是一種**不在場**與迷狂，延續好幾個小時。在這些有光圍繞的人物現身當中，最強烈的一次迷狂，他首先被帶到一個城鎮，街上的人所幹的盡是些見不得人的暗事；然後，相反地，帶到一片可愛的草原，其中的隱士們都過著聖潔的生活，且都受到具體的神恩神寵。在其中現身的不是基督而是聖母本身，提醒他要記得她對他做過什麼，並叫他要遵從神子的命令。「由於這樣也無法真正得到解決」，次日基督再度現身，以威脅和承諾來給他一陣結結實實的申斥。最後他投降了，並決心要離開凡塵來服事他應盡的義務。以這股決心，第二階段結束。畫家聲稱從此之後他就不再有幻視，也不再受誘惑。

102

然而，他的決心似乎不夠堅定，或者他一定蹉跎了太久未予執行；因為就在他的獻身期間，十二月二十六日，在聖史蒂芬大教堂（St. Stephen's Cathedral），瞥見一位身材高躰的女郎伴隨著一位衣著瀟灑的紳士，他禁不住想著讓自己來取代那紳士的地位。這就召來了懲罰，而當晚他整個人如同遭到雷擊。他看見自己在烈焰當中昏死過去。有人企圖喚醒他，但他在房間裡滿地打滾，直到有血從他的嘴巴和鼻子裡冒出來。他覺得自己被熱火和腥臭包圍，並且他聽見聲音對他說道：他是受到天譴才會陷入如此狀態，作為他那些虛矯無聊思想的懲罰。之後邪靈鞭打他，並告訴他，此後每天都會受到這樣的折磨，直到他下定決心加入修院為止。這些經驗一直持續寫到日記的最後一次紀錄（1月13日）。

我們看見這位不幸的畫家受到誘惑的幻想，接著是他的禁欲，之後來的是懲罰幻想。這場受難故事的結局，我們已經知道了。五月裡他到了馬利亞采爾聖堂，說了較早的墨書契約故事，

他把他持續受到魔鬼折磨的事歸因於此，之後他也要回了這份契約，並且獲得療癒。

在他第二度待在聖堂期間，他畫的圖畫都有拷貝收在《凱旋誌》裡。他下一步符合了日記中禁欲期的要求。他實際上沒有到曠野中變成一個隱士，而是加入了慈善修士會：*religiosus factus est*（成為真正的宗教人）。

讀過這份日記，我們對此故事的另一部分獲得洞識。我們應該記得，畫家會跟魔鬼立約是因為在他父親死後，他覺得沮喪以致不能工作，他很煩惱不能自己營生。這些因素：憂鬱、工作抑制、以及對父親的哀悼，在某些方面都是互相牽連的，不論是以單純的或以複雜的方式。也許見鬼現身的道理在於那掛滿乳房的邪靈要來成為他的養父。這個希望沒有實現，所以畫家持續陷入低潮。他沒辦法工作，或是他運氣不好沒受到足夠營生的雇用。鄉下神父的介紹信裡說他是「*hunc miserum omni auxilio destitutum*」（這個可憐無助的人）。因此他不僅陷入道德的困境，還受苦於物質上的需要。在他的〔日記中〕對於後來的幻視所做的說明，我們發現其中處處標記著——也正如場景描述中顯示著——就算有第一次成功的驅魔趕鬼，他的處境實際上沒發生任何改變。我們這才知道這個人實際上已失敗到一無是處，以致沒有人會信任他。在他的第一次幻視中，騎士問他「到底想做什麼，既然已經沒人跟他站在一邊」。在維也納的首串幻視中，所算計的完全是個窮漢子一廂情願的幻想，滾落在世界的底層，渴望獲得享樂：華麗的大廳，高級的生活，成套的銀製餐具，漂亮的女人。我們在此發現他跟魔鬼的關係中所缺的一切都顯現出來。在他陷入憂鬱狀態時，他無法享受任何事物，也逼得他拒絕

103

任何迷人的東西。在驅魔趕鬼之後，憂鬱症似乎得以緩解，於是一切凡俗的慾望又活躍起來。

在他的禁欲幻視當中，他一度向他的引導者（基督）抱怨，就是沒有人對他有任何信任，因此他才沒辦法讓那些命令得以兌現。但他得到的回答，很不幸地，我們聽來難懂：「雖然他們不會相信我，然而我很清楚發生了什麼事，但我不能宣布。」不過，其中特別能帶來啟發的乃是這位天界的嚮導給了他一些隱士的體驗。他走進一個洞穴，其中有位老人已經坐在那裡六十年，而在回答他的問題時，他也知道這位老人每天都由神的天使餵食。然後他自己看見天使如何把食物帶給老人：「三盤食物，一條麵包，一塊麵餅，以及一些飲料。」在隱士吃完後，天使把所有東西收拾帶走。我們可以看到這虔誠的幻視給了畫家什麼誘惑：那是用來招引他接受一種存在模式，在其中他可以不愁吃穿。在最後這個幻視中，基督對他開口說話，也很值得注意。在一頓威嚇之後說，如果他不能證明自己的乖順，就會有事發生，104　讓人不得不信服〔於此 [55]〕，基督給了他直接的警告：「我可以不理會那些人；就算他們會迫害我或不給我幫助，上帝也不會遺棄我的。」

克里斯多夫・海茲曼十足是個藝術家以及世界之子，發現他自己很難放棄這個充滿罪惡的世界。然而，以他所處的無助地位來看，他最終還是聽從了。他進了修會。以此，他的內在掙扎和他的物質需求終於獲得了結。在他的神經症中，此一結果反映在事實上就是由於取回了所謂的第一份契約書，他的痙攣

---

[55]　〔括弧中有一德文 'Daran'（於此）。〕

與幻視都不再發作。實際上他的魔鬼學疾病在這兩部分都有同樣的意義。[56] 他所要的就單純只是讓他能平安度日。他先嘗試經由魔鬼之助來達成此目的，但其代價就是不能得到救贖；當此途徑失敗時，他必須放棄，轉而向教士求助，而代價就是會失去自由以及生活上可能有的享樂。也許他自己就是個運氣很糟的可憐鬼（poor devil）；[57] 也或許他是太沒效率、太沒才能以致無法營生，還有他就是那種會被人稱做「一輩子吸奶的人」（eternal sucklings）──沒辦法讓自己從母親那至福的乳房脫離，只能一輩子靠別人來餵養──如此這般，他的病史就一路沿此發展下去，從他的父親，經由魔鬼之為父的替身，直到教會裡那些虔敬的神父。

　　如果只經由表面觀察，海茲曼的神經症看起來就像一場化裝舞會，但底下卻是一場肅殺的，也很常見的，生之掙扎。事實雖然並不總是如此，但經常少有例外。分析師常發現一種很沒效的治療對象，就是「雖然在其他方面都很健康，但有些時候會出現神經症徵候」的生意人。他在業務上碰到的災禍讓他覺得自己可將淪入神經症做為副產品；這就讓他便於利用症狀來隱藏他在真實生活中值得擔憂的事情。但在此之外，他的神經症不帶有任何更有用的目的，而他在此所耗盡的力氣，如果用來理智地處理險境，對他會更好些。

　　在大多數的案例上，神經症具有更多的自發性，也更能獨立於自我保存和自我維護的興趣之外。在造成神經症的衝突中，可

---

56　譯註：「這兩部分」是指上述的「內在掙扎」和「物質需求」。
57　譯註：這個「鬼」不用大寫，所以不用稱為「魔鬼」。

能會危及純粹的力比多興趣，或是和自我保存有密切關係的力比多興趣。在所有的例子中，神經症的動力皆相同。蓄積起來的力比多，由於不能以現實的成功來滿足，經由退行的早期固著之助，會透過壓抑的無意識找到釋放之途。患者的自我既然能從此過程中「因病獲利」（gain from illness），就會為神經症打氣，雖然從經濟學面向來看，毫無疑問這是有傷害的。

我們這位畫家的生活窘境，假若其中的物質需求沒有迫使他強化對父親的渴求，那也不一定會引發一場魔鬼學神經症。在他的憂鬱症過後，魔鬼也被趕走了，他無論如何還是得面對一種天人交戰的掙扎：在力比多的生活享樂及自我保存興趣，和他必須做出的慾望棄絕之間。有意思的是，我們看見畫家意識到這兩部分病情之間的統一性，因為他把兩者都歸因於他和魔鬼所簽的契約上。但在另一方面，他對於邪靈所為和神跡力量之間沒辦法做出清楚區分。他對兩者的描述像是一套黔驢之技：兩者都是魔鬼的顯現。

# 附錄

# *Appendix*

# 精神分析面面觀：與張凱理對談

致讀者：

　　本書原邀請張凱理醫師（Kelly）寫一篇推薦序〈古典精神分析前傳〉，後來本人看了他的原稿之後，覺得其中很有商榷的餘地，因此寫了一函向他請教。函文發出不到一天，Kelly又迅速寫來〈答覆老宋〉一文。

　　這種來回商榷的文字，在目前我們能看到的精神分析文獻上，實際上從未出現。因此，這就形成一次史無前例的商榷文，非常值得讀者以期待的方式閱讀。

　　現將推薦序原稿，加上我的商榷回函〈Discussion with Kelly〉，再加上〈答覆老宋〉，然後是我對該文加上註腳的〈答覆老宋（with notes）〉，全部合編在此，以附錄的形式呈現。這種呈現方式也已獲得張醫師的首肯，算是我們共同打開了「精神分析後傳」的一扇窗。

宋文里

# 古典精神分析前傳：一個 1923 年後的讀法

譯者有心，選譯了五篇佛洛伊德的文章，時間橫跨 1914-1922 年，意思是說，選在〈The Ego and The Id〉（1923）之前，「尚未涉及第二模型」（structural hypothesis）（〈譯者導讀〉，頁 15，註二）。[1]

古典精神分析，包括本我心理學（Id Psychology，Id 譯者譯為「伊底」）和自我心理學（Ego Psychology），意思是說，譯者企圖呈現的是，本我心理學。

1920 年代，精神分析，正在發生蛻變，這個「解釋架構重心的移轉」，促成了客體關係理論的誕生。一般的理解，這個移轉的重要推手，就是費倫齊（Sandor Ferenczi）。

推手在於，其與鸞克（Otto Rank）合寫的《精神分析的發展》（1924），以至 1932 年，他的臨床日誌《桑多·費倫齊的臨床日誌》（*The Clinical Diary of Sándor Ferenczi*，1988 年英譯本才出版），除了促成英國客體關係理論的發展之外，他也促成了，近三十年關係學派精神分析（Relational Psychoanalysis）的復興。

前者，我想，跟他曾經是克萊恩（Melanie Klein）的分析師，想必對克萊恩，有過某種無法明說的影響，以及英國中間學派（middle school）四君子（Fairbairn、Guntrip、Winnicott 和 Balint）之一的邁可·巴林（Michael Balint），正是他的繼承人

---

1　這本書，雖意在第一模型（topographic hypothesis），但五篇選文中有兩篇，〈哀悼與憂鬱〉（1915, 1917）、〈論自戀症：一則導論〉（1914），與客體關係理論，和自體心理學有關。

有關。

　　後者，從蘇利文（Harry Stack Sullivan）的人際精神分析（Interpersonal Psychoanalysis），蛻變以至成為，關係學派精神分析的復興，起因於蘇利文要其學生湯普森（Clara Thompson）赴布達佩斯從學並被費倫齊分析，也起因於費倫齊和 R・N（瑟文 [Elizabeth Severn] 的代號）的臨床試驗、互相分析（mutual analysis）。

　　從精神分析史而言，二戰期間，多數猶太裔的歐陸分析師，被迫害以致流離失所，這是一個精神分析的大遷徙（diaspora）。他們離開歐洲後，多數定居於美國，而美國精神分析學會，不承認非精神醫學背景的 lay analysts，遂造就美國精神醫學的鐘擺，在戰後二十年，擺向精神分析，以之為顯學，而這個精神分析，恰恰就是自我心理學。

　　這是寇哈特（Heinz Kohut），在 1960 年代後期，開始醞釀自體心理學時的語境，意思是說，寇哈特的對話，是與自我心理學對話，而不是與英國的客體關係理論對話。但有趣的是，冥冥中，寇哈特的自體客體（selfobject）概念，與客體關係理論，互為呼應。意思是說，寇哈特或許沒有自覺，不知不覺中，他完成的自體心理學，也屬於上述「解釋架構重心的移轉」的歷史潮流。雖然自體（self），作為核心概念，對於客體關係理論諸君而言，畢竟未及。我曾說，客體關係理論和自體理論，是我們理解人的兩大基石，是一個銅板的兩面，而寇哈特正是第一個，把這個銅板翻過來的人。意思是說，客體關係理論諸君，講了這麼久客體關係，卻無法用主詞來說明，這是「誰的」客體關係。意思是說，他們用詞上，只能用 ego，但是無法用 self。

而復興於 1983 年的關係學派精神分析，米契爾（Stephen Mitchell）和格林伯格（Jay Greenberg）合寫的《精神分析理論中的客體關係》（*Object Relations in Psychoanalytic Theory*）。當時，英國客體關係理論諸君和寇哈特皆已過世。意思是說，他們上承人際精神分析，多年來不被認可，但一脈相傳，始終未熄的香火，和 1983 年之前，五十年精神分析發展，留下的滿漢全席，然後，他們走自己的路，那就是強調關係（relationality）[2]的「關係學派」。至此，英語系的精神分析，大致如是。

　　拉岡學派，則是另一個瑰麗離奇的法國故事，與上述皆不同，簡單講，拉岡研討班三十年，完成了用結構主義改寫佛洛伊德，最後幾年則已跨到後結構主義，但未完成。

---

**2**　精神分析簡史如下：
　　　1. Id psychology
　　　2. Ego Psychology
　　　3. Object Relations Theories
　　　　　－ Kleinians（Melanie Klein, Wilfred Bion）
　　　　　－ Middle School（The Independent School）（D. W. Winnicott,
　　　　　　　W. R. D. Fairbairn, Harry Guntrip, Michael Balint）
　　　　　－ Attachment Theory（John Bowlby, Mary Ainsworth, Mary Main）
　　　4. Self Psychology（Heinz Kohut）
　　　　　－ Intersubjectivity Theory（Robert Stolorow, George Atwood,
　　　　　　　Donna Orange, Bernard Brandchaft）
　　　　　－ Specificity Theory（Howard Bacal）
　　　5. Relational Psychoanalysis（Stephen Mitchell, Lewis Aron）
　　　6. Lacanians
　　　7. Interface with neuroscience
　　　　　－ Neuropsychoanalysis（Mark Solms）
　　　　　－ Interpersonal Neurobiology（Allan Schore, Daniel Siegel）
以關鍵字分別之，則精神分析共有七關鍵字：id、ego、object、self、relationality、language、brain。

以上，描繪了 1923 年後的精神分析，那跟這本書，1923 年前的精神分析，有什麼關係？

　　你要理解，精神分析，是從非理性的，無以明之的，驅力開始的，意思是說，拿掉潛意識，拿掉本我，就沒有生命的洋流（undercurrent），沒有精神分析可言。

　　用我的話來說，客體關係理論和自體理論，是理解人的那個銅板的兩面，而自我心理學，就是那個銅板上，細緻的紋路，本我心理學，則是「吹一口氣」，那個銅板遂活起來。

　　意思是說，譯者意在，導引我們，回到精神分析，開始的頭三十年，回到那口無明的氣，及其所衍。依此，本書副標題應為，「古典精神分析前傳」。

　　意思是說，譯者心中當有，古典精神分析後傳，乃至古典精神分析之後，諸學派的文選待譯，讀者們，請期待。

張凱理

台齡身心診所主治醫師

2022 年 7 月 30 日

# Discussion with Kelly

## （宋文里回應張凱理）

08/01/2022

Hi, Kelly (as my students used to call you),

　　看到你寫的，本來要列為推薦序的原稿，我的直覺是你沒看過我先前出版的《重讀佛洛伊德》一書。尤其是我為該書兩部分寫的兩篇導讀。我很同意你想把目前這本選集的構想表達為「古典精神分析前傳」的意思，不過，我有幾個閱讀理解上的麻煩，想就教於你。

　　首先是命題成立的先決條件——用字的問題：我在導讀第一篇中，特闢篇幅談目前流傳的精神分析術語，有好幾個問題重重的誤譯／誤解問題。理由俱足，也許你也該看看。這裡是你的原文：

> 「你要理解，精神分析，是從非理性的，無以明之的，
> 驅力開始的，意思是說，拿掉潛意識，拿掉本我，就沒
> 有生命的洋流（undercurrent），沒有精神分析可言。」

　　如果在這麼重要的宣稱中，兩個關鍵字「潛意識／本我」都來自誤譯，也是出於誤解而流傳成俗，那麼，我們要如何開始討論「拿掉／沒有」的問題？

　　接著，更精要的問題來了：

我曾說，客體關係理論和自體理論，是我們理解人的兩大基石，是一個銅板的兩面，而 Kohut（寇哈特）正是第一個，把這個銅板翻過來的人。意思是說，客體關係理論諸君，講了這麼久客體關係，卻無法用主詞來說明，這是「誰的」客體關係。意思是說，他們用詞上，只能用 ego，但是無法用 self。

這意思是想說「他們用詞上，只能用 ego，但是無法用 self」——但這不是佛洛伊德的問題。在佛洛伊德的原文中，無論是 ego 或 self，一概稱為 das Ich (the I)，於是，所謂 Id Psychology、Ego Psychology、Psychology of the Self 的分別，都是英美精神分析進入二代之後的庸人自擾。關於佛洛伊德用字的問題，用的即使是 ego 或 self，也有一定的脈絡。對此，有一篇鞭辟入裡的析論，請參閱 McIntosh, D. (1986). The Ego and the Self in the Thought of Sigmund Freud. *Int. J. Psycho-Anal.*, 67:429-448.[3]

佛洛伊德最早談到「自我心理學」，至少有這麼一句話：「因此早發性癡呆症和妄想症也會給我們帶來探入自我心理學（psychology of the ego）的洞識。」（佛洛伊德〈論自戀症〉*S.E.* XIV [1914-1916], 82）——這裡的「自我心理學」不是指安娜・佛洛伊德及其徒黨在美國所建立的 Ego Psychology（常譯為「自我心理學」）。佛洛伊德當時不可能料到，或提示了後代自我心理學的發展。有關 Ego Psychology 較為全面的批判，可

---

3　這是我很想翻譯的一篇重要文獻。

參閱 Wallerstein, R. S. (2002). The Growth and Transformation of American Ego Psychology. *J. Amer. Psychoanal. Assn.*, 50(1):135-168。[4] 至於佛洛伊德所謂「早發性癡呆症和妄想症也會給我們帶來探入自我心理學（psychology of the ego）的洞識」，那更可能的發展，至少應是有如寇哈特的 Psychology of the Self——因為在佛洛伊德的原文中，這些都有如上文所述，是「關於 das Ich (the I) 的心理學」。

另外，我不愛用「古典精神分析」來稱呼佛洛伊德研究，因為所有的「後精神分析」都起源於佛洛伊德，卻不知怎地，一本書 *Freud and Beyond* 被翻譯為《超越佛洛伊德》，我不認為這種史觀值得相信，譬如你列出的那串「簡史」，一開頭就不但不超越，反而是一場精神分析的退化史——所謂 Id psychology ／ Ego Psychology 之別，那分明就是 American Ego Psychology 那幫人的胡鬧——因此，我不認為這個包含著中文誤譯和美國誤解的解釋是個妥當的說法：「古典精神分析，包括本我（譯者譯為『伊底』心理學 [Id Psychology]），和自我心理學（Ego Psychology），意思是說，譯者企圖呈現的是，本我心理學。」——佛洛伊德本來就沒有 Id Psychology ／ Ego Psychology 之別，而我怎會跟著完全不對頭的「本我」，企圖呈現那個瞎搞的心理學？

後來提到 Lacanians（拉岡學派），把法蘭西風景視為一場另類演出，這是相當英美本位的觀點，倒是讓我想到英國本身的絕對另類，Bion（比昂），你在「中間學派（middle school）

---

**4**　這又是另一篇必須翻譯出來，讓我們的知識界有機會「以正視聽」的鴻文。

四君子」當中沒提到他，當然，一來是根本沒有所謂「中間學派」，二來是連 object relations theories（客體關係理論）恐怕也包不下他。這是一場「本位主義」佔場子的遊戲，風行於美國，現在順便替英國拉拔一下，但總是漏掉一些（後來發現非常重要的）不在其位者——我覺得你在敘述寇哈特之時，也隱約看見這位芝加哥山人當時正被東西兩岸的「American Ego Psychology 那幫人」所排擠。

　　總之，史觀，是很重要的問題。我在談中文世界的精神分析時，就明白說，我們只在史前史之中，也就是根本還構不到「前傳」的地步。2002 年，我到成都去參加中文世界舉辦的第一次「國際精神分析研討會」，一開場，他們的領導講話，說「精神分析已經是國家重點科技」，我起了雞皮疙瘩；沒多久，就發現台灣的「國際精神分析師認證」，必須通過「中國總會」的認可。我跟陳傳興在開會第二天就溜了。場上的翻譯——中文／英文／法文——亂成一團，陳傳興在第一天曾上台去指正法文翻譯不當，居然被大會主持人趕下台。我上台報告時，在場邊應該擔任英文口譯的一位台灣分析師，卻站在「中國總會」的本位，自動停擺，讓我自己用雙語發表（也就是需要兩倍時間），史前的洪荒，至今猶存創傷。

　　我們碰過好幾次面，可惜都不是可以討論的場合。我聽過學生提起你好多次，但除了欽羨仰慕之外，也沒有看到討論的內容。這算是我們第一次有內容的遭遇，我想就不應該是 in absentia，更不該用 in effigie 的方式。敬陳如上。順問

　　暑安

　　　　老宋（as called by my students）

# 答覆老宋（**with notes**）

Kelly 的迅速回應一也許是太迅速了

老宋看了之後，查詢一些資料，

給了一些註腳，算是另一種商榷回應的方式

08/02/2022

Dear 老宋，

一、

前傳的「前」，是前半生的意思，不是之前的意思，

依此，後傳，是後半生的意思。

二、

關於譯詞，

Unconscious  潛意識，前意識

Id (das Es) (It) 本我，伊底

我會建議，不要在譯詞上費勁計較，

如果真有爭議，那我們乾脆，用詞上不要翻譯，直接用英文就

好。[5]

---

5    宋註：這是一本中文翻譯的作品，「費勁計較」正是本書的本務，尤
     其對於關鍵詞，涉及字源學辨正之時，這更是不可輕易省略的功夫。
     Kelly 不想計較，以致會寫出「Unconscious 潛意識，前意識」這樣的筆
     誤──我判定是筆誤，因為沒有人會把 Unconscious 譯成「前意識」，也

三、

佛洛伊德原本那句話，「Wo Es war, soll Ich werden」

*S.E.* 譯為：「Where id is, there shall ego be.」
但實為：「Where it is, there shall I be.」[6]

前者，是 ego psychology
後者，是 self psychology

---

就是把 Unconscious 和 Preconscious 混為一談。先前用「潛意識」來做為 Unconscious 譯名的人，才會在碰到「前意識」時出現如此混亂的局面——在中文世界裡，很多人現在還處在這種混亂當中。至於「我們乾脆不要翻譯」的說法，一方面在目前的學術討論上已經相沿成習，另方面則可能來自醫師需用英文寫病歷的那個「專業次文化」——這固然可以跳過很多不必要的計較，但也避開了和患者溝通的麻煩。我在看病時常會幫醫師翻譯他用的英文，並且提醒他，此時用英文，很多患者會聽不懂的，在溝通的語言上不是好習慣。

**6** 宋註：佛洛伊德原本那句話，「Wo Es war, soll Ich werden」，在英譯文中對於原文「Ich」出現了兩種譯法：「ego / I」，但這就是因為翻譯，才會作弄出來的問題，不是佛洛伊德原文的問題。佛洛伊德一貫不變的是用同一個字「Ich (das Ich)」，所以我才說：英譯、中譯在這個用語問題上都是「庸人自擾」。至於 Es / Ich（It / I）兩者之別，那才是佛洛伊德理論的要點所在——為什麼用了如此不同的字來說「我」？一個叫「本我」一個叫「自我」，是嗎？非常抱歉，我認為前者恰恰是佛洛伊德要避免的意思。把原文作個正確的翻譯，英文為「It」中文為「它」，兩者都和該句中的「我」有別。這是佛洛伊德費盡心思的選擇，最該參閱的是佛洛伊德本人在 *The Ego and the Id* 一書中的說明，以及葛羅岱克（Georg Groddeck）在 *The Book of the It* 中所出版的通信文本，道出 the It 的來龍去脈。要之，「本我」就是個徹頭徹尾不信不達的誤譯。我們既然無法避免翻譯，只好在困擾重重的語言現況中，想辦法披荊斬棘作出適當的選擇，正如 Kelly 也一樣，必要時會辨認出那句的「實為」，而不是不明究底沿用 *S.E.* 的偏斜譯法。

四、

英國客體關係諸君中，除了 Winnicott（溫尼考特）用過 true self、false self 之外，只有 Guntrip（岡崔普）直接用過 self 這個字。

五、

「解釋架構重心的移轉」，這個片語，是我理解精神分析史的關鍵，移轉指的是，從 libido（力比多），oedipus complex（伊底帕斯情結），psychosexual development（性心理發展），pleasure seeking（享樂尋求），轉移到，pre-oedipal（前伊底帕斯），object seeking（客體尋求），attachment（依附）。

一般說法是，前者處理的是，精神官能症（neurosis），後者處理的是，比精神官能症嚴重的 that area。

*that area ...*

過去半個世紀多  諸作者  不約而同都在講的  那個地方

- The phenomena of borderline and narcissism
- The paranoid-schizoid position (Melanie Klein)
- Borderline Personality Organization (BPO) (Otto Kernberg)
- Basic Fault (Michael Balint)
- The insecure attachment (John Bowlby)
- Poor differentiation of the self (Murray Bowen)
- Enmeshed/Disengaged vs. Clear Boundaries (Salvador Minuchin)
- Self Disorders (Heinz Kohut)

- Where the conditions for one to be one cannot be taken for granted.

（宋文里按：這最後一句是在說：「以上各議題是否得以成立的諸多條件，還不能視為理所當然。」）

六、

順便說一下，關於克萊恩，我認為，她 bypass（繞過）了自我心理學（那是安娜佛洛伊德的招牌和地盤），直接接上了 id psychology，尤其是衍伸了佛洛伊德後期的死之慾（Thanatos），意思是說，克萊恩，應該會認為，她才是忠實於原始佛洛伊德的。

七、

我同意拉岡對自我心理學的批判，ego，的確是想像（imaginary）出來的，它是一個忙碌的管家婆，奔波招架於 superego/id/external reality 三方之間，忙著用自衛機轉，捉襟見肘，達成 compromise formation，讓人不要自知，不要醒來，

有人說，精神分析，講的不過就是，人如何自欺（self deception），

ego，當之無愧，就是自欺高手

意思是說，二戰後，ego psychology，在美國獨大，是一個墮落。[7]

---

7　宋註：對於「ego psychology 在美國獨大，是一個墮落」，我在上文提供

八、

英國情況好一些，因為克萊恩和安娜，1941 年 controversial discussion 之後，英國精神分析，ABC 三派並存，意思是說，安娜的 ego psychology 在英國也算一派，但相較之下，是比較小的學派，最大的學派，當然是克萊恩學派（Kleinian）。

九、

中間學派，是不願投靠克萊恩，也不願投靠安娜，的那些，就算中間學派（the middle school），也叫獨立學派（the independent school）[8]，但其實，散兵遊勇，不成其為，一個結構完整的幫派。其中，各個人狀況不同，比如說：

溫尼考特（Winnicott），與克萊恩和安娜都稱友善，但我的讀法是，溫尼考特的書寫，是對克萊恩而發。

費爾貝恩（Fairbairn）位在愛丁堡，不在倫敦爭議現場，他有哲學背景，一輩子完成的事情，就是用十來個命題，顛覆了佛洛伊德，比如說，命題一就是，人不是追求逸樂（pleasure

---

一篇公允的批判回顧，非常值得參看（Wallerstein, R. S. (2002). The Growth and Transformation of American Ego Psychology. *J. Amer. Psychoanal. Assn.*, 50(1):135-168）。這才是改寫目前常見教科書之誤的絕佳機會。我已承諾要把此文翻譯出來，讀者也該期待的正是這種撥亂反正的「後傳」。

8　宋註：不論稱為「中間學派」或「獨立學派」，都是誤名，不能當真。那些不加入安娜 佛洛伊德／梅蘭妮·克萊恩論戰雙方的諸君子，正如 Kelly 所言：「但其實，散兵遊勇，不成其為，一個結構完整的幫派」，只不過，「還更其實」的是，他們應稱為 the independents，也就是各自獨立的個體，他們從未企圖結成一個 school（學派）。

seeking），而是尋找客體（object seeking）[9]，費爾貝恩在講的是schizoid condition，他與克萊恩關係良好，克萊恩的 PS position 的 S，就是引用費爾貝恩的貢獻。

岡崔普（Guntrip）則一般說來，被精神分析圈內忽略，因為他不是分析師，但他被費爾貝恩和溫尼考特兩人，前後分析了近二十年，所以對中間學派，知之甚深，有人說，岡崔普其實就是，第一個 self psychologist。

再者，邁可・巴林（Michael Balint），他跟費倫齊（Ferenczi），都是匈牙利人，這就是布達佩斯學派，雖然這個學派，是沒有圍牆的那種校園，費倫齊的故事很莽撞，也很勇敢，改天再說。

邁可・巴林，一般說來，在英國，是被忽略的作者，意思是說，匈牙利人，畢竟打不進英國人的圈子。

我的老師，保羅和安娜・歐恩斯坦（Paul & Anna Ornstein），也是匈牙利人，五六〇年代，巴林曾在辛辛那提大學精神科定期造訪客座，這是在寇哈特提出 self psychology（自體心理學）之前的事。

---

9　宋註：「人不是追求逸樂（pleasure seeking），而是尋找客體（object seeking）」，這樣的說法，哪裡「顛覆」了佛洛伊德？讀過《超越享樂（逸樂）原則》一書的人，應知道，此書不是在追求逸樂，而是在闡說超越逸樂原則之後，人的最終目的指向了「死本能」──這難道可說是佛洛伊德「顛覆了他自己」嗎？──這種曾經如潮水般的「反佛洛伊德腔調」正是在 ego psychology 當道之時的美國所流行的說法。1970 年代，那股潮流退潮之後就再也不曾重返。只是在潮流邊緣的中文世界，至今還有很多人無法分辨這種腔調的不當之處何在。

後來，提出 optimal responsiveness、specificity theory 的霍華·巴卡爾（Howard Bacal），就是在辛辛那提當住院醫師，在保羅·歐恩斯坦引薦下，赴英多年，曾被邁可·巴林分析，返美後，又被寇哈特分析，遂跨中間學派和自體心理學。

## 十、

比昂（Bion），不是中間學派，他是不願意被倫敦窒息的克萊恩學派掌門人，[10] 他去加州是正確的，尋找陽光的選擇，雖然臨過世，他還是選擇死在英國。

## 十一、

最後關於中國，我近七年，用力中國觀察，部落格與之相關條目，逾三萬條，中國的精神分析，心理治療，業界實況，以至治療文化，都有彎道超車，集中力量辦大事，的野蠻成長的力道。

義大利籍的分析師，迪亞哥·布索（Diego Busiol），曾寫書說明，為什麼香港沒有精神分析。

那，為什麼中國大陸有，為什麼台灣有

中國有的，是什麼精神分析 [11]

---

**10** 宋註：關於比昂做為「克萊恩學派掌門人」之說，恐有誤。比昂在晚年（1968-1977 之間）既然都待在加州，不太可能還扛著英國學派掌門人的頭銜。但他指導的幾位美國精神分析師，後來成立了加州精神分析中心。

**11** 宋註：這裡應該是個問號。上文說過，中國有「列為國家重點科技的精神分析」，但這種「野蠻成長」是不可能的宣稱，裝模作樣而已。有一點，台灣也一樣，把「取得分析師證照」做為獲得專家權威地位的證明。這種文憑主義所無法證明的正是有沒有分析能力的問題——受訓一年、兩年，乃至七

台灣有的，是什麼精神分析[12]

（宋文里按：再追問下去，就是整個中文世界已有的，是什麼精神分析。）[13]

Kelly

---

年、八年，都可能獲得某種證照——相較之下，你會相信那種走終南捷徑的分析師能來給你分析嗎？另外，作為一個兩岸皆準的參照座標：中國國家科學院以及中央研究院當中不曾出現精神分析專業的院士。所以，「國家重點科技」果真只是沒有大師、也無人指導的「什麼」（不用問號）。

[12] 宋註：這裡應該也是個問號。我對此問一直有個明確的答案，是在寫〈創真行動：閱讀史瑞伯的一種他者論意義〉一文（《應用心理研究》，53 期，215-250）之時所稱的「正在發掘精神分析史前史的土地上」。摘錄一段如下：

「自由聯想對於我們來說，是要把一些『不像話』的瘋狂語言帶出來的方法。這裡說的『我們』是指還沒有發展出精神分析知識的華人世界。在精神分析這種知識的傳統中，自由聯想早已變成一種制式的官方語法。然而精神分析的語言究竟是不是我們的（華人知識的）語言？這問題不容易用三言兩語來回答，因為我們還活在一塊正在發掘精神分析史前史的土地上。」

[13] 宋註：再附記一筆「有什麼」／「是什麼」的證據：在 PEP（精神分析電子出版物資料庫）所收錄的 83 種期刊全文當中，可看到唯一的一份中文期刊是 *Chinese Annual of Psychoanalysis*。開篇引言說：「我們計畫每年以相同的格式發表新的 Chinese Annal of Psychoanalysis，也非常期待看到一些未來的中文年刊的陸續出版，我們會繼續加強與中國精神分析領域的聯繫。」——結果這份中文年刊的全部作者都不是華人，並且只在 2017 年出了一期，至今沒有後續的第二期。很具體反映了「這是什麼」的問題。

## 【附錄二】
# 英漢譯名對照

## A

- Abraham, Karl 亞伯拉罕
- act out 演現
- action language 行動語言
- active 積極的
- Adler, Alfred 阿德勒
- agnosia 認知不能症
- agnostic aphasia 認知不能失語症
- ambivalent, ambivalence 模稜兩可
- amplitude 振幅
- anaclitic 附屬型
- analogy 類比
- analysis of the ego 自我的分析
- Ανάγκη *anánkē* 必然性
- Anticathexes 反投注
- antithesis 反論
- anxiety dream 焦慮夢
- Aristophanes 亞里斯托芬尼斯
- assimilatory 同化性的
- asymbolic aphasia 符號不能失語症
- attachment 依附型
- Augenverdreher 歪眼的
- auto-erotic 自體愛戀
- auto-erotism 自體愛欲

## B

- Bernheim, Hippolyte 伯恩翰
- Bleuler, E. 布魯勒
- borderline 邊界線
- Breuer, Josef 布洛伊爾
- Brother Chrysostomus 克里索斯多穆修士
- Busch, Wilhelm 威廉‧布許

## C

- Calkins, Mary Whiton 寇肯斯
- censoring agency 審查機制
- censorship 審查；審查機制
- Charcot, Jean-Martin 沙考
- ciliate infusoria 滴蟲
- Clorinda 可羅琳達
- commensurate 共量
- complexes 情結
- conception 觀念；想法
- condensation 凝縮
- conservative 保守的
- constitutional 精神結構的
- construction 建構
- conversion 反轉
- **Cs.** 意識系統

## D

- daemonic force 魔力
- demonological 魔鬼學的
- depth-psychology 深層心理學
- Ding 物
- displacement 誤置
- dissimilatory 異化性的
- dream work 夢作
- drive 驅力
- dualistic 二元論的
- dynamic 動力論的

## E

- economic 經濟學的
- economics of pain 痛苦的經濟學
- ecstasy 迷狂
- ego, the 自我
- ego-instinct 自我本能
- egoism 自我中心症
- ego's instincts 自我本能
- ego-libido 自我力比多
- ego-syntonic 自我調諧
- ego ideal 自我理想
- Ellis, Havelock 艾理斯
- embodiment 體現
- Eros 愛洛思
- erotogenicity 動情性
- 'erotogenic' zones 「動情」區帶
- eternal sucklings 一輩子吸奶的人
- evenly suspended attention 平均懸浮的注意

- Evil Demon 邪魔；惡鬼
- Evil Spirit 邪靈

## F

- Father-Substitute 父親的替身
- feature 模樣
- Fechner, G. T. 費希納
- feminine attitude 女性態度
- femininity 女性氣質
- Ferenczi, Sándor 費倫齊
- fixation 固著
- Fliess, Wilhem 威廉・弗利斯
- Franciscus (Father) 法蘭西斯可神父
- function of reality 現實功能
- functional phenomenon 函數現象

## G

- gain from illness 病之所得
- germ-cell 幼芽細胞；胞芽
- *Gerusalemme Liberata* 《耶路撒冷的解放》
- Goette, A. 哥特
- Gomperz, Heinrich (Professor) 龔佩爾茲教授
- grammatology 圖示學
- Groddeck, G. 葛羅岱克

## H

- Hartmann, Heinz 哈特曼
- Heine, H 海涅

# N

- Näcke, Paul 保羅‧內克
- narcissism 自戀；自戀症
- neurotic phobia 神經症式的恐懼
- neurotics 神經症患者
- Neustadt on the Moldau 莫爾道河畔新鎮
- Nirvana principle 涅槃原則

# O

- object-cathexes 對象投注
- object-choice 對象選擇
- object-libido 對象力比多
- object-love 對象愛
- object-presentation 對象呈現
- object-relationship 對象關係
- object relations theory 對象關係論；客體關係論
- obsessional neurosis 頑念神經症
- Odysseus 奧德賽
- omnipotence of thoughts 思想萬能
- Order of the Brothers Hospitallers 慈善修士會
- overdetermined 多重決定的

# P

- paraphasia 亂語症
- paraphrenics 妄想分裂症患者
- parapraxes 失誤動作
- passive 消極的

- pathogenic 病因
- Payer-Thurn 派耶 - 涂恩
- **Pcs.** 前意識系統
- perceptual 知覺上的
- petitio principii 丐題方式
- Pfeifer 普費佛
- *Philoctetes* 《費羅克鐵提斯》
- phobias 恐懼症
- pleasure principle 享樂原則
- poor devil 可憐鬼
- possession 附身
- Pottenbrunn 波騰布魯恩
- preconscious 前意識
- pregenital organizations 前生殖期組織
- pretext 前文本
- primal father 原初父親
- primary 初級
- primary cathexis 初級投注
- primitive peoples 初民
- principle of constancy 恆定原則
- projection 投射作用
- protista, protozoa 原生物、原生質
- prototype 初型
- psychic agency 心靈機制
- psychical or psychic energy 心靈能量
- psychical process 心靈過程
- psychogenic 心因的
- psychogenesis 心理發生
- psychology of repression 壓抑心理學
- psychology of the ego 自我心理學
- psycho-physical parallelism 心身平

行論
- psycho-physiology 心理生理學
- punishment dreams 懲罰夢

## Q

- quantity of excitation 激動量
- quiescent 靜止的

## R

- Rank, Otto 奧圖・鑾克
- reaction-formation 反動形成
- reality principle 現實原則
- reality testing 現實考驗
- the realm of the preconscious 前意識域
- regression 退行
- registration 登錄
- rejuvenating 活力恢復
- representation 再現，呈現
- repressed, the 被壓抑者
- repression 壓抑
- resistances 阻抗

## S

- Sache 事
- Sadger 薩德格
- sadistic 虐待狂式的
- sadism 虐待狂
- Salpêtrière 薩佩堤葉額醫院
- Schreber case 史瑞伯個案
- St. Stephen's Cathedral 聖史蒂芬大

教堂
- secondary 次級
- self-regard 自我關愛
- sexual perversion 性泛轉
- Silberer, Herbert 賀伯特・西爾伯惹
- sine qua non 僅此無他
- the size of the ego 自我的大小
- Sophocles 索佛克里斯
- sublimation 昇華
- self-preservation 自我保存
- sexual researches 性探索
- slipper-animalcule 拖鞋狀的微生物
- somatic process 身體過程
- sound image 聲音意象
- Spielrein, Sabina 莎賓娜・史畢蘭
- A. Stärke A・史塔克
- sub-consciousness 潛意識
- substitutive or reactive formations 替代或反動的形成
- supermen 超人

## T

- Tancred 坦可雷德
- Tausk, Victor 維多・陶斯克
- testing 考驗
- thing-presentation 事物呈現
- threshold 閾限
- timeless 非時間性的
- topographical 地誌學的
- transference 傳移
- transference neuroses 傳移神經症
- traumatic neurosis 創傷神經症
- triptych 三連畫

● *Trophaeum Mariano-Cellense* 《馬
利亞采爾聖堂的凱旋誌》

# U

● **Ucs.** 無意識系統
● Unconscious, the 無意識
● unconscious consciousness 無意識
的意識
● unconscious psychical 無意識心靈
● unpleasurable 非享樂的；苦的

# V

● verbal aphasia 字詞失語症
● visual letter-image 視覺字母意象

# W

● war neuroses 戰爭神經症
● Weismann, August 外司曼
● without quality 無性質
● Woodruff 伍德魯夫
● Word 語詞
● word-presentation 語詞呈現

Master 084

# 魔鬼學：從無意識到憂鬱、自戀、死本能
Freud Is Back II: Selected Works of Sigmund Freud

著—西格蒙特・佛洛伊德（Sigmund Freud）　選文、翻譯、評註—宋文里

出版者—心靈工坊文化事業股份有限公司
發行人—王浩威　總編輯—徐嘉俊
責任編輯—裘佳慧　內文排版—龍虎電腦排版股份有限公司
通訊地址—106 台北市信義路四段 53 巷 8 號 2 樓
郵政劃撥—19546215　戶名—心靈工坊文化事業股份有限公司
電話—02）2702-9186　傳真—02）2702-9286
Email—service@psygarden.com.tw　網址—www.psygarden.com.tw

製版・印刷—中茂分色製版印刷事業股份有限公司
總經銷—大和書報圖書股份有限公司
電話—02）8990-2588　傳真—02）2290-1658
通訊地址—242 新北市新莊區五工五路 2 號（五股工業區）
初版一刷—2022 年 11 月　ISBN—978-986-357-248-0　定價—580 元

本書收錄之〈論自戀症：一則導論〉、〈哀悼與憂鬱〉、
〈超越享樂原則〉、〈十七世紀魔鬼學神經症的案例〉諸篇繁體中文譯稿，
經由果麥文化傳媒股份有限公司授權心靈工坊使用。

國家圖書館出版品預行編目資料

魔鬼學：從無意識到憂鬱、自戀、死本能 / 西格蒙特・佛洛伊德（Sigmund Freud）
著、宋文里選文、翻譯、評註 . -- 初版 .
-- 臺北市：心靈工坊文化事業股份有限公司，2022.11
　面；　公分 . -- (Master ; 084)
譯自：The Standard Edition of the Complete Psychological Works of Sigmund Freud,
S.E.
ISBN 978-986-357-248-0（平裝）

1. CST：精神分析學

175.7                                                          111013308

## 書香家族 讀友卡

感謝您購買心靈工坊的叢書，爲了加強對您的服務，請您詳填本卡，
直接投入郵筒（免貼郵票）或傳眞，我們會珍視您的意見，
並提供您最新的活動訊息，共同以書會友，追求身心靈的創意與成長。

書系編號— Master 084　　　書名—魔鬼學：從無意識到憂鬱、自戀、死本能

姓名 _____　　是否已加入書香家族？ □是 □現在加入

電話 (O) _____ (H) _____　　手機 _____

E-mail _____ 生日　年　月　日

地址 □□□ _____

服務機構 _____　　職稱 _____

您的性別—□1.女 □2.男 □3.其他

婚姻狀況—□1.未婚 □2.已婚 □3.離婚 □4.不婚 □5.同志 □6.喪偶 □7.分居

請問您如何得知這本書？
□1.書店 □2.報章雜誌 □3.廣播電視 □4.親友推介 □5.心靈工坊書訊
□6.廣告DM □7.心靈工坊網站 □8.其他網路媒體 □9.其他

您購買本書的方式？
□1.書店 □2.劃撥郵購 □3.團體訂購 □4.網路訂購 □5.其他

您對本書的意見？
□ 封面設計　1.須再改進 2.尚可 3.滿意 4.非常滿意
□ 版面編排　1.須再改進 2.尚可 3.滿意 4.非常滿意
□ 內容　　　1.須再改進 2.尚可 3.滿意 4.非常滿意
□ 文筆／翻譯 1.須再改進 2.尚可 3.滿意 4.非常滿意
□ 價格　　　1.須再改進 2.尚可 3.滿意 4.非常滿意

您對我們有何建議？
_____
_____

□本人同意 _____（請簽名）提供（真實姓名/E-mail/地址/電話/年齡/
等資料），以作爲心靈工坊（聯絡/寄貨/加入會員/行銷/會員折扣/等之用，
詳細內容請參閱http://shop.psygarden.com.tw/member_register.asp。

心靈工坊
|PsyGarden|

10684台北市信義路四段53巷8號2樓
讀者服務組 收

免 貼 郵 票

（對折線）

# 加入心靈工坊書香家族會員
## 共享知識的盛宴，成長的喜悅

請寄回這張回函卡（免貼郵票），
您就成為心靈工坊的書香家族會員，您將可以──

⊙隨時收到新書出版和活動訊息

⊙獲得各項回饋和優惠方案